AF239603

HEYNE ‹

FRITZ WEPPER

EIN UNENDLICHER AUGENBLICK

Die Autobiographie

Geschrieben mit Anna Butterbod

WILHELM HEYNE VERLAG
MÜNCHEN

Sollte diese Publikation Links auf Webseiten Dritter enthalten,
so übernehmen wir für deren Inhalte keine Haftung,
da wir uns diese nicht zu eigen machen, sondern lediglich
auf deren Stand zum Zeitpunkt der Erstveröffentlichung verweisen.

Zitat S. 199: Coupland, Douglas: Generation X, Goldmann, München 1995

Penguin Random House Verlagsgruppe FSC® N001967

2. Auflage
Originalausgabe 2021

Copyright © 2021 by Wilhelm Heyne Verlag, München,
in der Penguin Random House Verlagsgruppe GmbH,
Neumarkter Straße 28, 81673 München
Redaktion: Kerstin Lücker
Umschlaggestaltung: Eisele Grafik-Design
Umschlagfoto: Markus Tedeskino
Satz: Satzwerk Huber, Germering
Druck und Bindung: GGP Media GmbH, Pößneck
Printed in Germany
ISBN: 978-3-453-21819-2

www.heyne.de

Inhalt

Du musst das Leben nicht verstehen

Du musst das Leben nicht verstehen,
dann wird es werden wie ein Fest.
Und lass dir jeden Tag geschehen
so wie ein Kind im Weitergehen von jedem Wehen
sich viele Blüten schenken lässt.

Sie aufzusammeln und zu sparen,
das kommt dem Kind nicht in den Sinn.
Es löst sie leise aus den Haaren,
drin sie so gern gefangen waren,
und hält den lieben jungen Jahren
nach neuen seine Hände hin.

Vielleicht wundern Sie sich darüber, dass ich meine Biographie mit einem Gedicht von Rainer Maria Rilke eröffne. Aber diese elf Zeilen beeindrucken mich so sehr, dass ich sie unbedingt weitergeben möchte. Rilke findet schönere Formulierungen, als ich es je könnte. Darum habe ich zuerst ihn sprechen lassen.

Es gab zahlreiche Verwandte, Freunde und Kollegen, die in den vergangenen Jahren gesagt haben: »Mensch, Fritz, du musst unbedingt deine Geschichten aufschreiben!« Denn ich erzähle gerne aus meinem Leben. Was mich lange davon abhielt, war der Gedanke, dass ich, wenn ich alles von Geburt bis heute ganz offiziell zu Papier bringe, auch wissen müsste, warum es so passiert ist, wie es passiert ist. Doch das ist nicht der Fall.

Ich selber verstehe mein Leben hie und da nicht, finde aber, dass man das auch gar nicht muss.

Um Rilke in meinen Worten wiederzugeben: Leben ist das, was passiert, während wir versuchen, es zu analysieren. Glück und Trauer, Erfolge und Niederlagen, richtige und falsche Entscheidungen – das alles gehört unabdingbar dazu. Das weiß ich aus eigener Erfahrung nur zu gut. Erst, wenn wir bereit sind, diese Bandbreite an Emotionen immer wieder anzunehmen, sie loszulassen und offen zu sein für Neues, wird das Leben wie ein Fest. Augenblick für Augenblick.

Einige von Ihnen kennen mich vielleicht als Harry Klein in *Derrick* oder Bürgermeister Wolfgang Wöller in *Um Himmels Willen*. Andere haben Zeitungsberichte über mich gelesen. Aber lassen Sie sich von mir sagen: Manches, was darin steht, ist einfach nicht wahr. Das wurde mir bewusst, als ich kürzlich einige der 28 dicken Ringordner zur Hand nahm, die meine Mutter für mich angelegt hat. Ab dem Zeitpunkt, als ich meinen ersten Film drehte, hat sie bis 2005, wenige Jahre vor ihrem Tod, alle Artikel abgeheftet, die ihr in die Hände kamen. Die Fotos auf den von ihr ordentlich angefertigten Ausschnitten zeigen immer mich, doch in den Texten suche ich den echten Fritz häufig vergeblich.

In diesem Buch soll das anders sein. Da lesen Sie ausschließlich vom echten Fritz. Dabei mache ich keinen Unterschied zwischen der öffentlichen und der privaten Person. Der Fritz ist der Fritz, durch und durch, immer schon gewesen.

Außer mir könnte das niemand besser belegen als die Menschen, die mir nahestehen. Daher habe ich sie gebeten, in meiner Biographie von mir zu erzählen. »Was darf ich denn sagen?«, fragten einige. »Alles«, antwortete ich. Denn nur so wird es authentisch. Ich wollte mir nicht nur die süßen Lebens-Rosinen rauspicken. Daher geht es in den folgenden Kapiteln neben happy times auch um Tod und Verlust, um Versagen und Verzeihen.

Ich möchte Ihnen nun diejenigen vorstellen, deren Meinungen und Erzählungen dort, wo es passt, auftauchen. Familie und Freunde, das ist meine Partei. Die würde ich immer wieder wählen, über allem und jedem. Dazu zähle ich meinen Bruder **Elmar Wepper** und **Susanne »Sanne« Kellermann**, die mir meine jüngste Tochter Filippa schenkte. Dann meine Tochter **Sophie Meister**, die die Liebe zwischen mir und meiner verstorbenen Frau Angela krönte. Angela brachte zwei Töchter mit in die Ehe: **Valerie von Hohenzollern-Brenske** und **Stephanie Haag**, die ich als meine Töchter bezeichne, auch wenn wir es nie durch eine Adoption amtlich machten.

Meine Freunde **Leopold »Poldi« Prinz von Bayern**, **Bernd »Bernie« Herzsprung**, **Timothy »Tim« Barker**, **Maximilian »Max« Heiden**, **Dietmar »Didi« Küffer** und **Werner Mang** stärken mir privat das Rückgrat, und das schon seit Jahrzehnten. Sie bieten mir auch Paroli, ob ich es will oder nicht. Das ist Freundschaft, und davon werden Sie lesen.

Michaela »Michi« Häusler war neun Jahre lang meine Maskenbildnerin am Set von *Um Himmels Willen* und **André Bäuch** zuerst mein Fahrer, dann mein Freund.

Diese Menschen kennen mich. Sie haben Fritz Wepper lachend, weinend und schimpfend erlebt. Alle diese Seiten will ich im Folgenden zeigen. Und zwar nicht, damit Außenstehende mein Leben verstehen. Ich tue das auch für meine Tochter Filippa, die mich immer wieder über die vielen Fotos ausfragt, die in meinem Zuhause hängen. Unsere Dialoge verlaufen ungefähr so:

»Papi, wie alt warst du, als du deinen ersten Hund bekommen hast?«

»Das war 1954, da war ich 13 Jahre alt.«

»Hast du mit ihm im Garten gespielt?«

»Ja, im Hirschgarten, da gab es noch Bombentrichter, in denen sind wir mit dem Fahrrad herumgefahren.«

»Papi, was sind Bombentrichter?«

Ich bin zu dem Schluss gekommen, dass es schade wäre, wenn meine Geschichten und Erfahrungen irgendwann ganz verloren gingen.

Meine jüngste Enkelin Claire kann noch nicht lesen. In meiner Fantasie male ich mir aus, wie sie irgendwann dieses Buch in den Händen halten wird. Claire wird lesen, was ich in meinem Leben alles erlebt habe, was gut lief und was wehtat. Sie muss mein Leben nicht verstehen, genauso wenig wie ihr eigenes. Mein Ziel wäre erreicht, wenn Filippa, Claire und möglichst viele andere Leser am Ende eine Erkenntnis mitnehmen: wie wichtig jeder einzelne Augenblick ist.

Kapitel 1

In unserem Familienalbum klemmt ein handtellergroßes Schwarz-Weiß-Foto, das mich beim Durchblättern jedes Mal melancholisch werden lässt, obwohl es eigentlich ein fröhliches Bild ist. Es wurde an Ostern 1944 aufgenommen, im Garten meiner Großmutter »Mering«. Sie war die Mutter meiner Mutter und wir nannten sie nach dem Ort, in dem sie lebte, südlich von Augsburg. Die Mutter meines Vaters war für uns die Oma »München«. Auf dem Foto bin ich fast zweidreiviertel Jahre alt, trage Shorts und einen Strickpullover. Ich blicke freudestrahlend auf zwei Ostereier in meinen kleinen Fingern, der Stolz auf diesen wertvollen Fund steht mir ins Gesicht geschrieben.

Meine selbst gefundenen Ostereier im Jahr 1944

Doch so sehr ich mich auch bemühe, ich kann mich nicht in diese Zeit zurückdenken.

Alle Erinnerungen sind gelöscht, und damit auch die an meinen Vati. Er war an jenem Osterfest auf Fronturlaub bei uns – einer seiner letzten Besuche, bevor er ab dem 15. Januar 1945 im Krieg vermisst wurde und ich ihn für immer verlor. Die Unsicherheit, ob er nicht doch eines Tages wiederkommen würde, begleitete mich meine ganze Kindheit hindurch. Seelisch vermisst habe ich Vati mein Leben lang. Was würde ich dafür geben, mich an ihn erinnern zu können! Zu wissen, wie es sich in seinen Armen anfühlte oder wie mein Name aus seinem Mund klang. Alles, was ich habe, sind Schwarz-Weiß-Fotos und die Geschichten, die meine Mutter wieder und wieder erzählte. Weil ich Vati nie bewusst erlebt hatte, hörte ich sehr genau hin – auch um später alles meinen Kindern weiterzugeben. Muttis Geschichten machten das Schicksal meines Vaters fühlbar.

Wenn ich mir Fotos von Vati anschaue, erkenne ich den Sohn von meinem Bruder Elmar in ihm wieder, Elmar junior. Die gleichen dichten Augenbrauen, die markante Nase und dunkle Augen, die warm durch eine Brille blicken. Weihnachten 1944 kam Vati ein letztes Mal nach Mering. Vor dem Krieg hatte er Jura studiert und der Bürgermeister von Mering bot ihm bei diesem Aufenthalt eine Position im Rathaus an. Er sagte: »Herr Wepper, wir bräuchten einen, der sich juristisch auskennt.« Aber mein Vater lehnte ab, weil er seine Kameraden an der Front nicht im Stich lassen wollte. Wäre er dageblieben, hätte er überlebt. Es waren ja nur noch vier Monate, bis am 8. Mai 1944 die Waffen nach fast sechs Jahren Krieg schwiegen. Das war wohl Schicksal. Eines, mit dem sich meine Mutter nie abfand. Als sie ihren Mann das letzte Mal sah, war sie erst 25, er drei Jahre älter. Bis zu ihrem Tod glaubte sie an seine Rückkehr, ging nie wieder eine neue Beziehung ein. Aus Erzählungen von Verwandten und Freunden, die meine Eltern zusammen erlebt haben, weiß ich, dass sie ein großes Liebespaar gewesen sein müssen. Der Vati hat die Mutti zärtlich »Botschilein« genannt. Warum, wusste sie selber nicht mehr, aber erwähnt hat sie es gerne und dabei gelächelt.

Sicher haben Elmar und ich die Mutti auch mal weinend erlebt, aber ihre Gesinnung war die Hoffnung. Und danach hat sie gelebt. Mutti überschüttete uns mit Liebe. Ich weiß noch, dass auf ihrem Nachttisch ein Foto von einer Arzneiflasche stand. Die trug ein Etikett mit der Aufschrift »Dreimal Liebe täglich!« Das war durch und durch wepperisch. Mutti gab uns ständig seelische Umarmungen. So viele, dass wir sie manchmal fast abwehren wollten. Aber Liebe schadet nicht, das lernten wir früh von ihr. Wir haben uns zu Hause gefühlt bei Mutti. Ich bin erst mit 23 ausgezogen, der Elmar war noch länger daheim.

Unsere Erziehung war geprägt von Wärme und Fürsorge. Mutti hat uns nie Steine in den Weg gelegt, sondern sie, wenn da welche waren, aus dem Weg geräumt. Wir wurden nicht durch Verbote gesteuert, sondern durch Freude an Dinge herangeführt. Das war die Grundhaltung meiner Mutter. Und die machte nicht nur uns, sondern auch sie selber glücklich.

Kriegsbedingt hatte ich viele Frauen um mich herum: Neben meiner Mutter gab es durch Omas und Tanten eine sehr starke weibliche Präsenz. Vielleicht habe ich später deswegen nur Töchter gezeugt. Emanzipation war für mich nie ein Thema, in unserer Familie wurde sie mir Tag für Tag vorgelebt. Frauen waren für mich nie das schwache Geschlecht. Ich habe sie immer gemocht, verehrt oder geliebt.

Als meine Mutti mit mir schwanger war und die ersten Wehen einsetzten, bat sie ihre Schwiegermutter um Hilfe. Sie riet ihr, ein heißes Bad zu nehmen. Aber laut Muttis Erzählungen muss es mir dadurch im Bauch zu ungemütlich geworden sein. Ich wollte mit aller Macht raus und meiner Mutter blieb nichts anderes übrig, als den Krankenwagen zu rufen. Nach fünf Fahrminuten erblickte ich an der Maillinger Straße im Münchner Stadtteil Neuhausen das Licht der Welt. Geboren am 17. August 1941 um 7.50 Uhr – ein Sonntagskind! Und als solches fühlte ich mich auch, obwohl ich mitten in den Zweiten Weltkrieg hineingeboren wurde.

Ich habe die gesamte Feldpost aufbewahrt, die meine Eltern sich schickten. Drei Monate nach meiner Geburt schrieb Mutti Ende November 1941 an meinen Vater:

> *(…) Was sagst Du zu Deiner jungen, kleinen Familie? Du wirst staunen, wie groß Fritzi schon ist und wie »frech«. Das ist ein richtiger Bub. Schreien kann er ganz tüchtig, eine kleine Feldwebelstimme. Ich glaube immer, er bekommt die »Großmütternase«. (…) Im Geheimen rechne ich doch immer auf deinen Besuch an Weihnachten. Denn heute wurde im Rundfunk bekanntgegeben, dass an den Feiertagen von Weihnachten keine Zivilpersonen reisen dürfen, da die Kämpfer vom Osten in Urlaub fahren. Vielleicht hast Du auch das große Glück und bist dabei. (…)*
> *Vielleicht bekommst Du diesen Brief gerade am Christabend. Wenn ich nur bei Dir sein könnte. Darf ich Dir das sagen, dass ich Dich sehr sehr lieb habe? Ich freue mich riesig auf Deinen Besuch. Wie wird unser Wiedersehen sein? Ich lasse Dich gar nicht mehr los. (…) Du wirst momentan gar nicht wissen, zu wem Du zuerst gehst. Natürlich musst Du unseren lieben Fritzi zuerst begrüßen, denn Vati hat ihn noch gar nie gesehen und begrüßt.*

Ich wünsche Dir einen schönen Weihnachtsabend, alles
Liebe, viele innige Küsschen,
Dein kleines Botschilein mit dem lieben Fritzi

Als die Luftangriffe auf München immer heftiger wurden, kam meine Mutter mit mir bei Oma Mering unter. Eine wunderbare Großmutter, sehr liebevoll. Bei ihr in der Wiesenstraße mussten wir keine Angst ums Überleben haben.

Im Garten wuchsen Birnen und Äpfel, Kohlrabi und Tomaten, Schnittlauch und Petersilie. Nach der Kartoffelernte haben wir die Knollen ins Feuer geworfen und sie nachher mitsamt der Haut gegessen. Ein Genuss! Oma machte einen köstlichen Tomaten-Gurken-Salat, sie konnte ausgezeichnet kochen. Genau wie ihre Tochter. Mutti machte den besten lauwarmen Kartoffelsalat der Welt. Ich habe als Erwachsener versucht, ihn genau so hinzukriegen, mit Sieglinde-Kartoffeln, Zwiebeln und warmer Rinderbrühe – aber an Muttis Qualität bin ich nie ganz herangekommen.

Mein Bruder Elmar wurde am 16. April 1944 in Augsburg geboren. Er lag in einem Kinderwagen, der aussah wie ein Cadillac. Ein kleines Etwas. Ich drückte ihm einen Finger ins Auge, als wäre er eine Puppe. »Lass das, das ist dein Brüderlein«, schimpfte meine Mutter. »Der lebt ja«, sagte ich. »Bleibt der jetzt immer bei uns?« Meine Bruderliebe habe ich erst entdeckt, als Elmar im Krankenhaus lag. Mit drei hatte er Scharlach und landete auf der Isolierstation. Mutti durfte rein – ich nicht, wegen der Infektionsgefahr. Ich stand unten vorm Krankenhaus und sah ihn im zweiten oder dritten Stock am Fenster stehen. Ein kleines Männchen mit einem Riesenschal. Da liefen bei mir die Tränen. Als Elmar wieder gesund nach Hause kam, haben Mutti und ich sein Gitterbett mit Süßigkeiten behängt, so glücklich waren wir.

Meine Mutter hat immer dafür gesorgt, dass alles zwischen Elmar und mir möglichst fair ablief, dass jeder die Chance hatte, sich zu freuen und keiner auf den anderen eifersüchtig war.

Elmar: Fritz und ich haben ein sehr herzliches Verhältnis. Ich bin nicht nur froh, einen Bruder zu haben. Ich bin froh, den Fritz als Bruder zu haben. Obwohl wir in manchem verschieden sind, empfinden wir viel Zuneigung und Verständnis füreinander. Ich weiß aus eigener Erfahrung, dass das nicht selbstverständlich ist. Zwischen den Geschwistern meiner Mutter gab es immer wieder Eifersüchteleien oder Streitigkeiten.

Als Kind habe ich nie verstanden, warum der eine Onkel wegen irgendeiner Kleinigkeit zwei Jahre lang nicht mit dem anderen geredet hatte. Fritz und ich gehören zusammen, trotz aller Querelen und Situationen, wo man vielleicht mal denkt: »Es kann nicht sein, dass ich so einen Bruder habe!« Das Fundament unserer Zusammengehörigkeit stand nie zur Disposition. Keiner von uns hat je gesagt: »Soll der doch sein Leben leben, ist mir egal.« Unten an der Basis waren wir immer zusammen.

Nach Kriegsende kamen wir zu dritt zurück in unsere Fünf-Zimmer-Wohnung in der Arnulfstraße in München-Neuhausen. Die Stadt war zerstört, fast jedes zweite Haus lag in Trümmern. In unserem Treppenhaus war eine Bombe eingeschlagen, die Stiege wurde mit Holzbrettern gerichtet. In der Wand unseres Kinderzimmers klaffte zum Hausflur hin ein riesiges Loch. Als Ziegelsteine für die Reparatur kamen, habe ich daraus mit Freunden munter ein Häuschen gebaut.

Hungrig ins Bett mussten wir in den Nachkriegsjahren nur ein einziges Mal, das vergisst weder der Kopf noch der Körper. Meine Mutti schickte Elmar und mich mit einer Mohrrübe ins Bett, um das nicht vorhandene Abendessen zu überbrücken. Das ist die größte Entbehrung, die ich je erlebt habe.

Elmar: Ich erinnere mich an eine Situation nach dem Krieg. Wir hatten noch keine Heizung und sind im Winter schon um vier oder fünf Uhr nachmittags ins Bett gegangen. Mutti lag in der Mitte, ich links, Fritz rechts. Wir kuschelten zu dritt unter einer grünen Daunendecke, die ich heute noch vor mir sehe. Dann hat unsere Mutter Geschichten vorgelesen. Diese Momentaufnahme werde ich nie vergessen.

Die Zerstörung um uns herum nahmen wir nicht als solche wahr. Wir sahen die Ruinen vielmehr als gigantischen Spielplatz. Eines unserer liebsten Ziele war der nahe gelegene Königliche Hirschgarten. In der Parkanlage hatten Bomben tiefe runde Krater ins Erdreich gerissen. Auf deren Steilwänden drehten wir mit Fahrrädern unsere Runden. Um ein bisschen Geld zu verdienen, sammelten Elmar und ich im Hirschgarten Kupferdrähte. Die konnten wir dann verkaufen und uns für zehn Pfennige eine kleine Wundertüte mit Süßigkeiten leisten. Am Gasthaus im Hirschgarten wurden Spiele für Kinder angeboten, so was wie Sackhüpfen und Eierlauf. Für 50 Pfennige schoben wir beide das Kinderkarussell an. Als wir älter waren, sind wir natürlich auch im Gasthaus auf ein frisch gezapftes Augustiner eingekehrt.

Wir bewegten uns quasi auf den Spuren unseres Ururgroßvaters Andreas Weber, denn der war im Hirschgarten Königlich Bayerischer Revierjäger gewesen. Er zählte zu den

*Das bin ich mit meiner
Mutti Helma und meinem
Bruder Elmar (r.)*

wenigen, die 1814 lebend aus dem Feldzug Napoleons gegen Russland zurückkamen. Danach wurden ihm und 59 weiteren Soldaten goldene Tapferkeitsmedaillen verliehen. Ich wäre in unserer Familie eigentlich der direkte Erbe dieser Medaille gewesen. Aber irgendein fragwürdiger Schlawiner hat sie sich unter den Nagel gerissen. Medaillen wie diese werden oft eingeschmolzen, um sie zu Geld zu machen. Für mich aber zählt bei Erinnerungen an meine Vorfahren der ideelle Wert. Daher habe ich mir später für 3500 D-Mark ein anderes Exemplar dieser Tapferkeitsmedaille aus Amerika bestellt, als seelischen Ersatz.

Sophie: Das Gedenken an die Großeltern und andere Vorfahren spielt bei Papi eine große Rolle. Es hat etwas

Heiliges für ihn. Genau wie Gräber. »Du warst jetzt seit Jahren nicht bei der Omi am Grab!«, hat er schon geschimpft. Aber ich bin keine Grabgängerin. Ich trage meine Großmutter in Gedanken, Erinnerungen und Anekdoten bei mir.

Wäre mein Ururgroßvater Offizier gewesen, wäre er geadelt worden. Als einfachem Soldaten aber wurde ihm für seine besonderen Verdienste immerhin ein Wunsch gewährt. Er bat um eine Namensänderung, um sich von der Masse abzuheben. Von der Zunft der Weber gab es damals jede Menge. Mein Ururgroßvater ließ daher aus seinem Weber einen Wepper machen. Darum trägt meine Familie heute diesen Namen.

Meine Mutter versuchte, eine vorbildliche Wepper zu sein: Wenn Elmar und ich morgens aufstanden, war schon alles blitzblank. Ich kann mich nicht entsinnen, dass mal irgendwo was rumgelegen hätte. Bei uns zu Hause war es nicht spießig, aber sehr ordentlich.

Ein weiteres Anliegen von ihr war, uns für die schönen Künste zu begeistern. Sie schickte uns unter anderem zu einer Klavierlehrerin. Jede Woche hielt diese Dame für Elmar und mich eine Doppelstunde ab. Erst musste Elmar mich eine Stunde ertragen, dann war's andersrum. Leider entpuppte sich die Lehrerin nicht gerade als pädagogische Leitfigur: Wenn wir falsch spielten, schlug sie uns den Klavierdeckel auf unsere kleinen Finger. Schrecklich! Als sie uns dann noch vorwarf, wir hätten Seiten aus ihrem Notenheft entwendet, meldete meine Mutter uns ab. Diese Unterstellung wollte Mutti nicht auf uns sitzen lassen. Einerseits war ich froh darüber, andererseits bedaure ich es bis heute, dass ich dadurch aufgehört habe, dieses Instrument zu spielen. Denn ich liebe Klaviermusik über alles.

Mutti war eine große Anhängerin von klassischer Musik, sie liebte die Oper und das Ballett. Sie weckte nicht nur unser Interesse für verschiedene Genres, sondern vermittelte uns auch, wie faszinierend und bedeutsam solche Formen der Unterhaltung sind. Vielleicht lenkte sie Elmar und mich so schon unbewusst in unsere spätere Berufsrichtung.

Auf Muttis Grammofon hörten wir Mario Lanza und den österreichischen Tenor Richard Tauber. Mittwochabends war das Wunschkonzert mit Moderator Fred Rauch im Bayerischen Rundfunk Pflicht. Aber das Highlight jeder Woche war für Elmar und mich der Sonntag: Da wurden im Kino die Wildwest-Abenteuer von »Hopalong Cassidy« gezeigt, einem tugendhaften Cowboy, der auf seinem Schimmel Topper unermüdlich Bösewichte bekämpfte. Wir aßen um Punkt zwölf zu Mittag, um 14 Uhr ging die Filmvorstellung los. Wenn wir frech waren, durften wir nicht hingehen. Dann gaben wir alles, um das Herz unserer Mutter doch noch irgendwie zu erweichen. Meistens klappte es. Einmal malten wir uns als winzige Männchen oben auf ein weißes Stück Papier. Unter uns erstreckte sich ein riesiger See aus Tränen über den Rest des Blattes. Mutti musste lachen – und ließ uns gehen.

Wenn wir nach unseren Kinoabenteuer nach Hause kamen, erschufen wir dort unsere eigene Wildwest-Welt. Wir brauten sogar aus Essig, Wasser, Salz und Pfeffer unser eigenes Feuerwasser zusammen. Diese Mischung war ungenießbar, aber keiner durfte beim Trinken mit der Wimper zucken. Wir spülten es tapfer herunter wie unsere Helden auf der Leinwand. Beim Spielen war Elmar immer der Indianer, ich der Cowboy.

Als Siebenjähriger ging ich mit Helga, unserer Freundin aus der Nachbarschaft, am Faschingsdienstag tanzen. Mutti bastelte aus Sackleinen einen Hut, eine Trapperweste und eine Hose mit Fransen für mich. Ich wünschte mir echte Cowboystiefel, aber weil die nicht aufzutreiben waren, durfte ich in Muttis Schaftstiefel schlüpfen. Eine zierliche Größe 36, aber natürlich trotzdem viel zu groß für mich. Ich hatte darin gar kein Gefühl – zum Leidwesen der als Squaw verkleideten Helga, der ich bei jedem Tanzschritt auf die Indianersandalen trat. »Ei, Ei, Ei, Maria«, lautete der Text eines berühmten Schlagers damals. Doch von Helga hörte ich nur: »Au, au, au!«

Mutti hat Tränen gelacht, als ich ihr davon erzählte. Sie lachte so sehr, dass das Wohnzimmer bebte. Mutti besaß einen tollen Humor. Von klein auf las sie uns Graf-Bobby-Witze vor. Die Episoden um eine fiktive Wiener Witzfigur erlangten in den 1960-Jahren so viel Popularität, dass schließlich sogar Graf-Bobby-Filme mit Peter Alexander in der Hauptrolle gedreht wurden. Ein typischer Witz geht so:

> Graf Bobby überquert die Grenze. Routinemäßig fragt ihn der Zollbeamte: »Alkohol, Zigaretten, Schokolade?«
> »Nein, danke«, sagt Bobby. »Für mich nur eine Tasse Kaffee!«

Das Humor-Gen habe ich von meiner Mutter geerbt. Auch ich erzähle gerne Witze, das bereitet mir einen Heidenspaß.

Die erste Berührung mit dem Theater hatten Elmar und ich in unserem Kinderzimmer. Wir spannten eine Schnur zwischen zwei Stühle, hängten ein Badehandtuch darüber und inszenierten mit den hölzernen Kasperlefiguren unseres Vaters eigene Stücke. Die Figuren sind inzwischen an die hundert Jahre alt, aber noch so gut erhalten, dass die von Hand gemalten Augen des Kaspers immer noch bayrisch blau strahlen. Wir spielten für Mutti und Oma »München«, die Mutter unseres Vaters. Da gab es dann auch mal eine Reichsmark als

Belohnung. Aber deswegen haben wir's nicht gemacht. Wir luden die beiden zur Vorführung ein, weil es uns so viel Spaß machte. Irgendwann gelangten wir an ein Buch mit Stücken aus der Feder des Schriftstellers Franz Graf von Pocci, auch der »Kasperlgraf« genannt, weil er die Figur des *Kasperl Larifari* erfand. Wir versuchten, gleichzeitig das schwere Buch zu halten, die Texte zu lesen und sie spielerisch umzusetzen, kehrten aber schnell zu unseren spontanen Erfindungen zurück, weil uns diese Methode als wesentlich leichter erschien.

Elmar und ich ließen uns immer etwas einfallen. Auch an Weihnachten sorgten wir auf kreative Weise für Unterhaltung unterm Tannenbaum.

> **Elmar:** Als Fritz 15 war und ich zwölf haben wir ein Tonband besprochen mit der *Heiligen Nacht* von Ludwig Thoma. Das war die Weihnachtsgeschichte nach dem Lukasevangelium in bairischem Dialekt. Noch Jahre später wurde dieses Band an Weihnachten abgespielt, das wurde zur Tradition. So wie die Weihnachtsgans mit Kartoffelknödeln und Vogerlsalat am ersten Weihnachtstag.
>
> Die Gans haben wir als Erwachsene alternierend zubereitet, ein Jahr war Fritz dran, im nächsten ich. Das wichtigste haben wir zwei aber immer zusammen gekocht: die Soße, die mit etwas Orangenabrieb verfeinert wurde. Dazu ein guter Wein und eine Ansprache. Weihnachten war immer das Familienfest. Mutti steuerte einen Obstsalat bei, auch der war Tradition.

Noch heute hängen an meinem Tannenbaum alte Ornamente, die einst meine Mutter gekauft hat. Sie erinnern mich an meine Kindheit. Dazu kommt anderer Schmuck, den wir über die

Jahrzehnte gesammelt haben. Das ist dann wie ein richtiger Christ-Stammbaum.

Am 24. Dezember gab es bei uns einmal Karpfen blau mit Kartoffeln, weil meine Mutter den so liebte. Elmar war neun, ich zwölf, als das Exemplar fürs Abendessen in unserer Badewanne schwamm. Wir tauften den Karpfen Kasimir und hätten ihn gerne gerettet – aber meine Mutter ließ sich nicht erweichen. Kasimir wurde mit einem Holzhammerschlag auf den Kopf betäubt und landete schließlich auf unseren Tellern. So wurde uns vorgelebt: Wir überleben, weil wir in der Lage sind zu töten. Daher war es für mich später etwas ganz Natürliches, auf die Jagd zu gehen und zu fischen.

Als ich in die Grundschule kam, das war die Winthirschule in unserem Wohnviertel Neuhausen, lernte ich dann, wie man nicht einfach nur überlebt, sondern sich auch bei seinen Mitmenschen beliebt macht. Denn in der Pause breitete ich im Sandkasten die »Kleine Stadt« aus, so nannten Elmar und ich eines der Spielzeuge, mit denen sich schon unser Vater als kleiner Junge die Zeit vertrieben hatte. Meine Mutter gab sie an uns weiter. Die »Kleine Stadt« besteht aus zig liebevoll bemalten Häuschen, Türmen und Mauern aus Holz. Das war damals etwas ganz Besonderes, da scharrte sich die ganze Schule drum.

Vati stammte aus einer vermögenden Familie, er war in einem Jugendstilhaus mit Speiseaufzug in der Tizianstraße im Stadtteil Gern groß geworden. Seinem Vater gehörten zwei kleinere Kaufhäuser in München. Als Junge besaß Vati nicht nur die »Kleine Stadt«, er durfte auch reiten. Es gibt ein Foto von ihm auf einem Pferd.

Elmar: Fritz besitzt ein Gemälde von unserem Großvater väterlicherseits, der mit einer Zigarre in der Hand in

Elmar, Sanne und ich mit der »Kleinen Stadt« von Vati

einem Ledersessel sitzt. So etwas hat man damals in Familien, wo man sich's leisten konnte, anfertigen lassen.

In meinem Haus hängt ein Foto von 1920 an der Wand, das ist 1,20 Meter hoch und 80 Zentimeter breit, eine völlig ungewöhnliche Größe. Auf diesem Bild sitzt mein Großvater und hat meinen dreijährigen Vater auf dem Schoß, im Hintergrund steht mein Urgroßvater. Mein Sohn möchte das Foto später unbedingt erben. Er sagt: »Das ist mein Großvater, mein Urgroßvater und mein Ururgroßvater.« Für meinen Enkel liegt es noch mal eine Generation weiter zurück. Ich liebe dieses Foto.

In späteren Grundschuljahren fiel ich durch das Rennrad meines Vaters auf. Das ließ ich mir herrichten, sobald meine

Beine lang genug waren, um die Pedale zu erreichen. Das Rad verfügte über Gangschaltung und Ballonreifen, damit war ich unter Gleichaltrigen der Star. Zum Wittelsbacher-Gymnasium bin ich dann ganz cool mit dem Moped gefahren.

In der Pause haben wir Gymnasiasten mit 14 oder 15 trotz Androhung von Höchststrafe das Schulgelände verlassen und sind in fünf flinken Minuten am Circus Krone vorbei zum Augustiner-Keller gelaufen, einem der größten Biergärten Münchens mit über hundert Jahre alten Kastanien. Wir stürzten uns eine Maß rein, es musste wirklich schnell gehen, denn die Pause war nur 20 Minuten lang. In den Osterferien verdienten sich ein paar Klassenkameraden in der Augustinerbrauerei etwas dazu und waren daher mit Freibier-Banderolen ausgestattet. Eines Morgens hechtete ich mit zwei Freunden wieder einmal durch den Westeingang des Biergartens. Wir mussten so abrupt die Fußbremse reinhauen, dass der Kies unter unseren Füßen in alle Richtungen stob. An einem der langen Tische im Freien saß nämlich unser Biologieprofessor Herzinger und schaute uns genau ins Gesicht. Das Herz rutschte uns in die Hosentasche und wir dachten schon, uns drohe das sibirische Straflager. Aber: Professor Herzinger hatte eine Maß und ein Schnapsglas vor sich stehen. Wortlos führte er seinen rechten Zeigefinger an den Mund. Wir verstanden: Schweigen bitte! Daran hielten wir uns alle, auch der Professor.

Mein treuester Freund während der Schulzeit schoss als furchtloser Cowboy an meiner Seite immer mit zwei Faschingscolts aus der Hüfte. Er war sehr stolz auf seinen Vater, weil der so viele Berufe hatte, darunter Bademeister und Zeitungsverkäufer. Wenn ich meinen Freund am Monatsanfang besuchte, war der ganze Küchentisch voll mit noch ungeöffneten oder bereits leeren Bierflaschen. Er war damals 14 und da hat sein Vater gesagt: »Leih mir doch mal a Zigaretten!« Doch er bekam zur Antwort nur ein: »Leck mi doch am Arsch, i trink ja dei Bier ah ned.«

Seine Familie hatte ungebetene Untermieter: In ihrer Wohnung hausten Mäuse, die pausenlos Junge bekamen. Es stank tierisch, was unserer Freundschaft aber keinen Abbruch tat.

Nachdem Konrad Adenauer 1955 nach Moskau gereist war und dort die Rückführung der deutschen Kriegsgefangenen aus der Sowjetunion veranlasst hatte, sind mein Bruder Elmar und ich jede Woche ins Kino gegangen. Dort wurden in der Wochenschau Bilder von den Kriegsheimkehrern gezeigt, die in Friedland ankamen. Wir haben immer geschaut, ob Vati dabei ist, entdeckten aber nie sein Gesicht in der Menge.

In den kommenden Jahren und Jahrzehnten nutzten wir jede Gelegenheit, um das Schicksal unseres Vaters zu klären. 2006 stellten wir eine Suchanfrage beim Deutschen Roten Kreuz, aber ohne Erfolg.

Das Thema trieb mich so um, dass ich sogar ein »Medium« aufsuchte, also eine Frau, die Botschaften von Engeln oder Verstorbenen empfangen kann. Ein Freund hatte mir die Dame empfohlen, für mich war es mein erster Termin dieser Art. Ich fuhr zu einem Reihenhäuschen außerhalb von München und da öffnete mir ein bürgerlicher Engel die Tür. Eine Frau zwischen 50 und 60 mit blonden Haaren – aber das Äußerliche spielte gar keine Rolle. Wichtiger war ihre himmlische Ausstrahlung. Wir sprachen miteinander, um uns ein bisschen kennenzulernen. Und dann fragte sie mich auf einmal: »Herr Wepper, haben Sie die Ecke von der Zeichnung gefunden?«

Dieser Satz durchfuhr mich wie ein Blitz. Denn die Frau spielte auf etwas an, von dem sie gar nichts wissen konnte. Diese Geschichte kannten außer mir nur meine Mutter und mein Bruder. Es ging um eine Zeichnung, die mein Vater einmal angefertigt hatte. Mit Buntstiften hatte er eine Dampflok auf Papier gebannt, die auf den Betrachter zufährt. Ein wunderschönes Bild, das wir zweimal gefaltet in einem Umschlag aufbewahrten. Als Kind holte ich es gefühlt Tausende Male raus und faltete es auseinander, um die feinen Striche zu studieren. Mit der Zeit bekam das Blatt Risse und plötzlich war eine Ecke weg. Sie fand sich nie wieder auf und irgendwann war die ganze Zeichnung spurlos verschwunden. Warum wusste die Fremde davon?

Eine weitere rätselhafte Szene spielte sich ab. Die Dame verkündete: »Als kleiner Junge hatten Sie keine echte Lederhose, Ihre Großmutter hat Ihnen eine gehäkelt.« Sie zeichnete mir genau auf, wie die Hosenträger mit den speziellen Brustbändern ausgesehen hatten, die außer mir kein anderes Kind so trug. »Ich hatte Kontakt mit Ihrem Vater«, erklärte das Medium schließlich. Mehr als das konnte sie mir nicht sagen. Aber das reichte mir, ich wollte gar nicht weiter nachbohren. Ich war seelisch überglücklich und mehr als zufrieden. Diese Frau hatte eine himmlisch-weltliche Verbindung hergestellt. Für mich war das ein Beweis für ein Leben nach dem Tod. Es gibt ja viele Menschen, die eine Nahtoderfahrung hatten und von einem Licht am Ende des Tunnels erzählen. Ich glaube daran, es macht mir Mut.

Erst 2008 brachte eine Journalistin, die für eine Zeitschrift recherchiert hatte, Licht in unser familiengeschichtliches Dunkel. Sie fand heraus, dass mein Vater als Feldwebel der 25. Panzerdivision angehört hatte. Nach Weihnachten 1944, wo er uns ein letztes Mal besucht hatte, kehrte er zu seinen Kameraden nach Polen zurück. Am Warka-Brückenkopf, südwestlich von Warschau, waren da schon seit Oktober kriegerische Auseinandersetzungen im Gange. Bei denen fielen 500 000 Russen, Polen und Deutsche – und laut der Recherchen zählte mein Vater zu ihnen.

Unweit von der Brücke, im Örtchen Pulawy, hat man inzwischen eine Gedenkstätte errichtet. Dort haben Tote ihre letzte Ruhe gefunden, die aus zwei Massengräbern nahe des Gefechtsortes geborgen wurden. Ob mein Vater darunter ist, ist nicht hundertprozentig sicher. Wie genau er zu Tode kam, auch nicht. Aber der Name Friedrich Karl Wepper ist im Gedenkbuch der Erinnerungsstätte verzeichnet.

Elmar und ich hatten überlegt, ob wir Mutti berichten sollten, dass Vati an der Weichsel zu Tode gekommen ist. Elmar sagte: »Ja, das machen wir.« Das Vermisstsein ihres Mannes war für Mutti unerträglich. Es ist besser, über das Wo und Wie informiert zu sein, als dieses Fragezeichen aus Granit ein Leben lang vor sich herzuschieben. Mutti war unglaublich tapfer, als wir ihr vom Ergebnis der Nachforschungen erzählten. Wir wollten unbedingt zu der Gedenkstätte nach Polen reisen. Doch bevor ich Vati wiederfinden konnte, verlor ich meine Mutter.

Im Mai 2009 lag sie mit einem Schulterbruch im Krankenhaus. Das Tragische aber war, dass sie sich dort einen Krankenhauskeim zuzog. Ihr Zustand war zunächst nicht wirklich beunruhigend. Ich war zu einem Golfturnier in Kitzbühel eingeladen und fragte einen der Ärzte, ob es verantwortbar sei, dort hinzufahren. »Spielen Sie ruhig Ihr Turnier, Herr Wepper«, lautete die Antwort.

Man nimmt ja eigentlich zum Golfen kein Handy mit, aber ich hatte es an diesem Morgen in meiner Hosentasche. Ich setzte gerade zum ersten Abschlag an, da macht es brrrrrrt. Elmar war dran und sagte: »Fritzi, du musst kommen, die Mutti liegt im Sterben.«

Ich ließ sofort alles stehen, holte meine Tochter Sophie ab und fuhr mit ihr ins Krankenhaus. Aber da war Mutti schon nicht mehr ansprechbar. Wir kamen noch am Vormittag an und um 17.17 Uhr ist sie an multiplem Organversagen gestorben. Es war schrecklich, aber ein würdiger familiärer Abschied.

> **Elmar:** Für Fritz steht die Familie im Vordergrund. Er fragte mich vor etlichen Jahren: »Wenn die Mutti mal nicht mehr da ist – wer gibt uns dann den Zusammenhalt, den sie geleistet hat?« Wir haben uns immer um unsere Mutter geschaart. Sie war die Zentralfigur. Ich habe jeden Tag mit ihr telefoniert, manchmal auch nur ganz kurz. Es ist anders geworden nach ihrem Tod, aber den Familienzusammenhalt haben wir uns bewahrt. Fritz sagt gerne den Satz: »Dick fließt das Blut«, und den meint er so. Wenn von außen irgendeine Gefahr droht, gibt es in unserer Familie einen Schulterschluss.

Als meine Mutter ging, waren wir alle da: Elmar und seine Frau Anita, meine Frau Angela und unsere Tochter Sophie. Ich hielt als Letzter Muttis Hand, wenn man das so sagen kann. Denn man legt seine Hand nicht auf die eines Sterbenden, man schiebt sie darunter. Damit derjenige loslassen kann. Und das hat meine Mutter dann auch getan. Da war sie 89 Jahre alt.

Mir dagegen fiel es lange Zeit sehr schwer, meine Mutter loszulassen. Geholfen hat mir letztendlich eine Psychologin, die mich 2011 im Krankenhaus besuchte. Ich lag wegen einer lebensbedrohlichen Blutvergiftung dort. Doch ein befreundeter Arzt merkte, dass mir nicht nur dieser Umstand aufs Gemüt schlug. Er sorgte dafür, dass die Krankenhauspsychologin zu mir kam. Ich erzählte ihr, dass es mir seit Wochen nicht gut gehe. Dass ich mich wie gefangen und gehemmt fühle von depressiven Gedanken.

Da fragte sie mich: »Herr Wepper, wie sind Sie denn nach dem Tod Ihrer Mutter mit der Trauer umgegangen?«

Ich schaute sie nur fragend an.

»Ich fürchte, dass Sie gerade erst anfangen, den Tod Ihrer Mutter anzunehmen.«

Dieser eine Satz führte bei mir zu einer Riesenerkenntnis. In dem Moment war ich endlich bereit dazu, meine Mutter loszulassen.

Die Psychologin verabschiedete sich mit den Worten: »Jetzt haben Sie damit angefangen.«

Dieser kleine Dialog löste meine innerliche Krise auf, von jetzt auf gleich. Ich konnte meinen inneren Frieden finden. Daraus habe ich gelernt: Bei nachfolgenden OPs oder Reha-Maßnahmen habe ich immer mit jemandem vom psychologischen Dienst über das gesprochen, was passiert ist. Das lief sehr professionell ab und hat mir gutgetan. Früher hätte ich so etwas freiwillig nie in Anspruch genommen. Denn in meiner Generation galt jemand, der einen Therapeuten um Rat bittet, als verrückt. Erst in dieser Extremsituation habe ich eine Wertschätzung für diese Leistung entwickelt.

Nach dem Tod meiner Mutter habe ich zu ihr gebetet, dass sie mir die Kraft geben möge, ihre Grabrede zu halten. Anscheinend hat sie mich gehört. Denn am Tag der Beerdigung war ich wie ein Fels in der Brandung. Mutti wurde auf dem Winthirfriedhof in Neuhausen beigesetzt, diese Ehre wird nur Menschen zuteil, die zum Todeszeitpunkt mindestens 30 Jahre in angrenzenden Stadtteilen gelebt haben – oder berühmten Münchnern wie Oskar von Miller, der das Deutsche Museum gründete. Mein Ururgroßvater Andreas Wepper erhielt nach seinem erfolgreichen Feldzug im Namen Napoleons ein Ehrengrab dort. Meine Mutter und weitere Verwandte teilen sich nun einen Grabstein mit ihm.

Sechs Steinstufen führen hinauf zur weiß getünchten Winthirkirche auf dem Friedhofsgelände – einer der schwersten

Wege meines Lebens. Man sagt ja, wenn die eigene Mutter stirbt, ist das die seelische Durchtrennung der Nabelschnur. Auch, wenn ich es inzwischen weitgehend verarbeitet habe, macht mich die Endgültigkeit immer noch traurig. Dieser Schnitt tut heute noch weh.

Nach dem Verlust meiner Mutter war es mir umso wichtiger, mich auf die Spuren meines Vaters zu begeben. Nachdem mir auch aus Termingründen die Reise nach Polen über viele Jahre hinweg nicht gelungen war, half mir schließlich der Zufall. Oder war es ein Wink des Himmels? Im Mai 2019 wurde in Bad Tölz ein Denkmal für Gregor Dorfmeister enthüllt, der 1958 den autobiografisch gefärbten Antikriegsroman *Die Brücke* verfasst hatte. Mit der Kinoversion ein Jahr später begann meine Schauspielkarriere, daher blieb ich Dorfmeister immer verbunden. Ich besuchte 2018 auch seine Aussegnung und Beerdigung. Bei der Denkmalenthüllung lernte ich einen Vertreter vom Volksbund Deutsche Kriegsgräberfürsorge kennen, der mir seine Visitenkarte gab. Nur zwei Monate später besuchte ich die Gedenkstätte in Pulawy, der Volksbund hatte alles organisiert. Meine Tochter Sophie begleitete mich, das war mir sehr wichtig. Sie hat eine wepperische Position bezogen, eine besonders fürsorgliche und liebevolle. Sophie wollte mich unterstützen und ihren Großvater würdigen.

Sophie: Für mich war es ganz klar, dass ich Papi nach Polen begleite. Schon seit über 20 Jahren hatten er und mein Onkel sich bemüht, der Omi mehr Klarheit zu verschaffen. Das war die Saat für diese Reise. Der Plan war eigentlich, sie mit meiner Großmutter, meiner Mutter und meinem Onkel anzutreten. Zusammen, als Familie.

Nach dem Tod meiner Großmutter 2009 stand für meine Eltern und mich fest: Wir machen das trotzdem. Meine Mutter wollte unbedingt mit! Doch die Reise kam erst nach ihrem Tod 2019 zustande. Und so war es für mich doppelt wichtig, mitzufliegen.

Die Sonne schien warm, es ging ein leichter Wind. Polen war wunderschön! Wir fuhren durch Wälder, durch die mein Großvater – damals ein unglaublich junger Mann – vielleicht voller Angst gekrochen oder gerannt ist. Das konnte ich mir in dem Moment gut vorstellen. So viele Menschen hatten dort ihr Leben gelassen! Doch an diesem Tag lag ein unglaublicher Frieden über allem.

Elmar: Als Fritz zu der Gedenkstätte nach Polen reiste, kam eine Journalistin mit, die Fotos machte. Aber ich wollte diesen Besuch nicht in Begleitung der Presse machen. Wenn, dann fahre ich mit meinem Sohn auf eigene Faust hin.

Sophie und ich wurden vom Flughafen in Warschau abgeholt und fuhren etwa zwei Stunden bis nach Pulawy. Ich war überrascht, wie grün alles war, wie viele Laubbäume dort standen. Absolut idyllisch und friedlich. In meiner Vorstellung war alles grau, schmutzig und kalt gewesen. Mir kam ein Kriegserlebnis in den Kopf, das mein Vater meiner Mutter erzählt hatte: Er und zwei Kameraden robbten in Russland über den Erdboden und befanden sich plötzlich mitten im Feindesgebiet. Ein russischer Soldat entdeckte die drei deutschen Soldaten am Boden, mein Vater in der Mitte. Aber statt Alarm zu schlagen, stieg der Russe stillschweigend über seine Feinde hinweg. Mein Vater schaute ihm kurz dankend in die Augen, drehte dann wieder sein Gesicht Richtung Boden. Dieser Mensch muss großartig gewesen sein! Doch einer der Kameraden meines Vaters hatte so große Angst, dass er noch vor Ort an einem Herzschlag starb.

In Pulawy fühlte ich mich Vati sehr nah. Das, was stets weit weg erschien und sich in meiner Fantasie abgespielt hatte, wurde plötzlich konkret und greifbar. Wie schrecklich musste es hier gewesen sein! Die grausame Gewalt, die Kälte. Wie sehr muss er sich gewünscht haben, zu Hause in München zu sein mit seiner geliebten Helma und seinen zwei kleinen Buben. Was für ein schönes Leben hätte er leben können! Was war wohl das Letzte, an das er dachte? Hatte er ein Bild von uns im Geiste vor sich, als er starb? Trauer und Wut überkamen mich. Wie fürchterlich sinnlos sein Tod war! Wie gerne hätten wir unseren Vater bei uns gehabt.

Diese Reise war äußerst wichtig für mich. Die ewige Frage »Wo ist mein Vater?« ist nur schwer zu ertragen. Endlich hatte ich eine Antwort darauf, konnte ihn geografisch und seelisch lokalisieren. Einmal den Ort zu sehen, wo das alles passiert ist, verschaffte mir Erleichterung. Das Vermisstsein ist das Schlimmste, was es gibt. Es ist schlimmer als die tragischen Tatsachen, die bei der Suche nach meinem Vater zutage traten.

Sophie: Ich habe Papi da sehr emotional erlebt. Die Suche nach seinem Vater hat ihn zeitlebens beschäftigt. Für Papi ist es ein Geschenk und eine große Gnade, dass es einen Ort gibt, den er besuchen konnte. Als ich klein war, hieß es noch, mein Großvater sei in Russland vermisst. Jedes Puzzleteil war für uns als Familie und speziell für Papi sehr wertvoll. Es werden immer noch Kriegstote ausgegraben, die sich identifizieren lassen. Vielleicht findet man meinen Großvater ja noch während meiner Lebenszeit.

Es gab in meinem Leben oft Momente, in denen ich mir vorgestellt habe, dass mein Vater sich sicher über das gefreut hätte, was mein Bruder und ich erreicht haben. Das war immer ein gutes Gefühl. Als junger Mann war ich mal in einem Nightclub. Ich tanzte alleine, war voller Glück und schaute nach oben. Ich sprach mit meinem Vater und sagte: »Vati, ich hoffe, dass du siehst, wie gut es mir geht, wie seelisch intakt ich bin.« Diesen Istzustand hätte ich gerne mit ihm geteilt.

Noch heute denke ich jeden Tag an ihn. Mein Hund Aron weckt mich morgens, wenn er raus muss. Manchmal um fünf Uhr, manchmal aber auch schon um drei oder vier. Dann gehe ich mit ihm die Treppe herunter bis ins Wohnzimmer, wo ich ihm die verglaste Holztür zum Garten öffne. Während er nach draußen in die Dunkelheit hechelt, setze ich mich in meinen weißen Sessel in der Ecke, falte die Hände, schließe meine Augen und bete: »Ewiger Vater, geheiligt werde dein Name …« Mein Gebet endet mit »Lieber Gott, gib der Mutti und dem Vati deinen Segen, das ewige Licht leuchte ihnen.« Den Andreas, meinen Ururgroßvater, schließe ich auch mit ein. Dann kommt der Rest der Familie, Freunde und Kollegen.

Ich gebe das Erbe unserer Eltern weiter: Mit der »Kleinen Stadt« und den Kasperlefiguren spielt jetzt meine Tochter Filippa. Ein hölzerner Bauernhof meines Vaters, mit dem sie viel Freude hatte, wurde beim vergangenen Weihnachtsfest an meine Enkeltochter Claire, die Tochter von Sophie, weitergereicht – samt Kühen, Hühnern, Pferd, Schwein, Hund und Katze. Das ist meine Kindheit. Unsere Eltern sind nicht mehr da. Aber ich tue alles, um die Erinnerung an sie am Leben zu erhalten. Dieses Kapitel ist ein Beitrag dazu.

Kapitel 2

Schauspieler wurde ich mit elf. Die Jahre danach, bis etwa Mitte 20, waren geprägt von Premieren, beruflichen wie privaten. Rückblickend erlebte ich Meilensteine, damals war ich mir dessen oft gar nicht bewusst. Die Dinge passierten einfach, noch ohne großen Plan dahinter. Und doch baute eine Erfahrung auf die andere auf. Ich erklomm Sprosse um Sprosse der Karriereleiter, konnte manche sogar behände überspringen.

Mein erster Welterfolg

Wer kann schon gleich zu Beginn seiner Karriere einen Welterfolg feiern? Ich erlebte das als gerade mal 18-Jähriger. Die erste große Produktion, an der ich beteiligt war, Bernhard Wickis Antikriegsfilm *Die Brücke*, erhielt 1960 einen »Golden Globe« als bester ausländischer Film und eine Oscar-Nominierung in derselben Kategorie.

Unter diesen Umständen konnte ich mühelos damit abschließen, dass die renommierte Otto-Falckenberg-Schauspielschule in München, zu deren Absolventen Mario Adorf und Otto Sander zählen, mich im Jahr zuvor abgelehnt hatte. Ein wunderbarer älterer Kollege erklärte sich diese Entscheidung, indem er meine Situation mit der eines zu cleveren ABC-Schützen verglich: Den Prüfern habe es möglicherweise nicht gefallen, dass ich vor der ersten Unterrichtsstunde schon das A und das B habe schreiben können. Vielleicht hatte der Schulleiter auch herausgefunden, dass seine Freundin sich mit mir traf. Was immer die wahren Gründe für die Absage waren, geschadet hat sie mir nicht.

Die Brücke ist einer der Filme, auf die ich besonders stolz bin. Ich sehe ihn jedes Jahr mindestens einmal, die Szenen haben eine solche Kraft, dass sie mich immer wieder packen. Einige Programmkinos zeigen *Die Brücke* bis heute, sogar in New York, das berichtete mir meine Freundin Liza Minnelli einmal. Lehrer setzen den Film im Unterricht ein, um ihren Schülern die Schrecken des Zweiten Weltkriegs näherzubringen. Die *Süddeutsche Zeitung* schrieb nach der Uraufführung: »Die Brücke ist einer der härtesten, bittersten Antikriegsfilme, die je über eine Leinwand liefen.«

Die Geschichte handelt von sieben Klassenkameraden, die in den letzten Kriegstagen einberufen wurden, und basiert auf wahren Begebenheiten. In der Absicht, sie aus den Gefechten herauszuhalten, erteilt ihr Unteroffizier ihnen den Befehl, eine strategisch unbedeutende Brücke zu bewachen. Doch genau dort verlagern sich die Kampfhandlungen hin.

Der von mir verkörperte Albert Mutz ist am Ende der einzige Überlebende.

Statt der geplanten drei Wochen drehten wir 1958 drei Monate lang im oberbayerischen Cham, östlich von Nürnberg. Wir sieben Jungs, darunter Michael Hinz und Volker Lechtenbrink, tauchten ab in eine Welt aus Schutt und Asche, trugen Soldatenuniformen und Gewehre. Wir dachten, es werde komplett mit Platzpatronen geschossen, aber plötzlich schlugen wenige Meter entfernt von uns Projektile in die Brückenmauer ein. Regisseur Bernhard Wicki, der für seine Arbeit mit dem »Bundesfilmpreis« ausgezeichnet wurde, setzte echte

Munition ein! Im Grunde war das lebensgefährlich, Gott sei Dank ist keinem etwas passiert.

In den Szenen, in denen wir Jungs völlig verzweifelt sind, brachte uns Wicki tatsächlich zum Weinen. Abends, wenn ich im Bett lag, ließen mich die grausamen Szenen, die wir vor der Kamera erlebt hatten, nicht los. Meine gespielte Angst wurde teilweise zu einer echten. Obwohl wir Jungs uns gut verstanden, fühlte ich mich manchmal einsam und hätte gerne meinen Cocker Spaniel Benny bei mir gehabt.

Elmar: Als ich 14 war und mich noch mit meiner Bären-Sammlung beschäftigte, war Fritz 17 und drehte *Die Brücke*. Ich fuhr Radl, er Auto. Durch die Filmerei war Fritz in einen ganz anderen Gesellschaftskreis eingebunden.

In den vielen Jahrzehnten unserer Beziehung hatten wir immer Phasen, wo wir uns ganz nah waren – und dann wieder Zeiten, in denen jeder sein Ding machte. Das empfinde ich als ganz natürlich. Eine Geschwisterbeziehung, in der der eine 40 Jahre lang kaum ohne den anderen auskommt, wäre mir suspekt.

Vom Dreh zu *Die Brücke* habe ich damals nichts mitbekommen, ich kann mich nicht daran erinnern, dass Fritz irgendetwas erzählt hätte. Aber ich habe mir den Film im Kino angeschaut und er hat mich nicht nur beeindruckt, sondern ging ganz tief rein in mein Jungenherz.

Irgendwann in den 1970er-Jahren waren die Probeaufnahmen für *Die Brücke* im Fernsehen zu sehen. Bewegendes Material, das ich zu gerne auf Band hätte. Auch da sollten wir schon vor Bernhard Wicki in Tränen ausbrechen. Mir fiel das nicht schwer. Ich dachte an das Schicksal meines Vaters im Krieg und Muttis Trauer über seine Abwesenheit. Da bedurfte es keiner Fantasie mehr.

Ich hatte die Rolle bekommen, weil Bernhard Wicki mich drei Jahre zuvor in dem Theaterstück *Eskapade* gesehen hatte. Das war 1956, im Herbst begann der Ungarische Volksaufstand gegen die russische Diktatur. Um diese politische Entwicklung zu würdigen, inszenierte Trude Kolman, die Gründerin des Kabaretts Die Kleine Freiheit in der Maximilianstraße, einen passenden Stoff. Ich war 15 und stand schon auf der Besetzungsliste, aber die Rolle meines Bruders in dem Stück war noch offen. Da meinte Frau Kolman: »Fritz, du hast doch einen kleinen Bruder. Bring ihn mal mit.« Und so wurde Elmar auch zu meinem Bühnen-Bruder. Die Theaterkritiker liebten uns! Einer schrieb: »Beeindruckend waren die Gebrüder Fritz und Elmar Wepper. Selten hat man ein Brüderpaar so reizend auf einer Münchner Bühne agieren sehen.«

> **Elmar:** Während Fritz sich schon ganz wohlfühlte auf den Bühnenbrettern, waren diese Auftritte für mich mit einer Mischung aus Freude und Unsicherheit verbunden. Ich war ja noch ein kleiner Bub und dieses Engagement bedeutete für mich vor allem viel Aufwand: Wir kamen nach den Vorstellungen abends immer erst um neun oder zehn nach Hause und mussten ja am nächsten Tag wieder in die Schule.

Bernhard Wicki saß im Zuschauerraum und sprach Elmar und mich an, als wir nach der Premiere vor dem Theater auf die Straßenbahn warteten. Wenn ich meine Augen schließe, sehe ich ihn vor mir mit seinen zurückgekämmten schwarzen Haaren und dem akkurat gestutzten Schnurrbart. Er lobte uns, es habe ihm sehr gut gefallen. Ich fühlte mich geehrt, denn natürlich hatte ich Wicki erkannt. Er war zu der Zeit ein gefeierter Bühnen- und Filmschauspieler.

Wicki behielt mich offensichtlich im Hinterkopf und lud mich in seiner Funktion als Regisseur dann zum Casting für *Die Brücke* ein. Bevor es losging flüsterte er mir zu: »Fritz, ich wollte dir nur sagen, du spielst die Rolle. Aber ich muss die Probeaufnahmen für die Produzenten machen.« Ich habe ihm sehr viel zu verdanken.

Mein erster Ball mit einem Minister

Verteidigungsminister Franz Josef Strauß war so begeistert von der »Brücke«, dass er mich zum Faschingsball im Deutschen Theater einlud. Er hatte dort einen Tisch für zwölf vielversprechende Jungschauspieler reserviert. Ich war um Punkt 20 Uhr da und Strauß saß schon höchstpersönlich am Tisch. Das Motto des Abends lautete »Dschungelfest« und er hatte es auf seine Weise umgesetzt. Über seinem Smoking trug er ein beigefarbenes Safarihemd.

Wir unterhielten uns an dem Abend unter anderem über meine bevorstehende Wehrpflicht . Ich wollte lieber weiter Filme drehen, als zur Bundeswehr zu gehen. »Rufen Sie mich an, da kann man immer was machen«, sagte er. Dieses Angebot schlug ich dankend aus, aber ich befolgte später einen Tipp, den mir jemand anderes gab: Ich zog auf dem Papier nach Westberlin, wo die Wehrpflicht bis zur Wende nicht existierte.

Strauß und ich blieben in Kontakt, gingen auch gemeinsam auf die Jagd. Ein bekanntes Zitat von ihm lautet: »Erst mal hören Sie mir zu, dann pflichten Sie mir bei.« Aber mir gegenüber gab er sich immer recht locker. Einmal, da war er schon

Bayerischer Ministerpräsident, sagte ich zu ihm: »Ich muss Ihnen sagen, dass ich als Liberaler nicht unbedingt Ihre Partei wähle.« Er antwortete gelassen: »Das macht gar nichts, es wählen mich genügend andere.«

Nach seinem Tod am 3. Oktober 1988 wurde er im Prinz-Carl-Palais, zwischen Hofgarten und Englischem Garten, öffentlich aufgebahrt. Die Warteschlange von Kondolierenden reichte bis zur Ludwigstraße, das sind gut 500 Meter. Auch Angela und ich reihten uns ein. Sein Sarg wurde schließlich, so wie es früher bei bayerischen Königen üblich war, auf einer Lafette von sechs Pferden durch die Ludwigstraße zum Siegestor gezogen. Tausende Münchner standen am Rand, unglaublich viele weinten. Das war herzergreifend.

Meine ersten Autogrammkarten

Nach *Die Brücke* erhielt ich meine ersten eigenen Autogrammkarten. Ich ging zum Shooting in ein Fotostudio an der Brienner Straße. Die Besitzer waren in der Branche bekannt für gute Porträtfotos. Stolz hielt ich mein Schwarz-Weiß-Konterfei in den Händen und noch stolzer händigte ich es an die Ersten aus, die danach fragten.

Meine Autogrammkarten kamen gleich rege zum Einsatz. Denn ich drehte zwischen 1958 und 1968 fast 50 Fernsehspiele – von Thornton Wilders *Unsere kleine Stadt* bis zu Shakespeares *Othello*, mit Ruth Leuwerik, Lili Palmer, Martin Held, O. W. Fischer. Peter Frankenfeld, der später die berühmte Samstagabendshow *Musik ist Trumpf* moderierte, brachte mir einen Zaubertrick bei, wie man Zigaretten verschwinden lässt.

Gedreht wurde oft in den Bavaria Filmstudios in München, aber auch in Hamburg, Berlin, Köln und Wien. Ich war Anfang 20, immer beschäftigt und viel unterwegs. Mein Alltag war von Arbeit geprägt, mit der ich gutes Geld verdiente, ich konnte mich nicht beschweren.

Tim: Als ich Fritz Anfang der 70er-Jahre kennenlernte, arbeitete ich für eine der größten PR-Agenturen in Los Angeles. Im Gegensatz zu vielen meiner männlichen Klienten aus dem Filmgeschäft fühlte er sich nicht wie Gottes Geschenk ans Universum. Fritz war einfach ein liebenswerter und bescheidener Kerl.

Noch heute schreibe ich gerne Autogramme, weil das der einzige Kontakt ist, den ich als Fernsehschauspieler mit meinen Zuschauern habe.

Stolz unterschrieb ich meine ersten Autogrammkarten

Mein erster Kampf für Gerechtigkeit

Eigentlich bescherte mir die Natur nicht gerade die optimalen Voraussetzungen für eine Karriere als Schauspieler. Als ich mit zehn Jahren aufs Wittelsbacher-Gymnasium kam, war ich der Zweitkleinste meiner Klasse, ich lispelte und wurde wegen meiner roten Haare gehänselt. In der Schule riefen mir die Jungen nach: »Rote Haare, Sommersprossen sind des Teufels Artgenossen.« In Geschäften, in denen ich einkaufte, hieß ich nicht der Wepper Fritz, sondern nur »Rotfuchs«. Ich war sehr geknickt deswegen.

Trotz dieser Umstände wurde ich relativ schnell zum Klassensprecher gewählt. Ich bin ein Kämpfer, das zeigte sich auch schon in jungen Jahren. Meine Klassenkameraden erkannten meinen Gerechtigkeitssinn und merkten, dass ich bereit war, mich für sie einzusetzen.

Ein Beispiel: Es war damals üblich, dass Schüler gesiezt wurden, sobald sie das 16. Lebensjahr erreicht hatten. Doch es gab einen Professor in Kunsterziehung, der sich nicht an diese Regel hielt. Er trug rote Hosenträger, ganz künstlerisch. Und er duzte den Kleinsten in der Klasse, den Fifi, einfach weiterhin. Dieser sogenannte Kunstexperte war übrigens gar kein Professor, sondern nur Referendar, aber wir mussten alle Lehrkräfte so nennen.

Ich bin während der Stunde aufgestanden und habe gesagt: »Herr Professor, meinen Sie nicht, dass Sie den Fifi genau wie uns auch siezen sollten?«

»Das müssen Sie schon mir überlassen.«

»Nein, das tue ich nicht. Ich gehe jetzt zum Direktor und frage ihn.«

Ich stand auf und er rief: »Sie bleiben hier!«

Doch darauf hörte ich nicht. Ich flitzte aus dem Klassenzimmer und ging zum Büro des Schuldirektors. Als ich ihm berichtet hatte, was passiert war, erwiderte er nur: »Herr Wepper, sagen Sie meinem Kollegen, er müsse schon selber wissen, was er zu tun hat. Ich kann ihm das nicht mehr sagen.«

Ich bin zurück ins Klassenzimmer und unser Lehrer fragte neugierig: »Na, was hat der Herr Direktor gesagt?«

»Herr Professor, der Direktor lässt ausrichten: Sie müssten es wissen, dass Sie den Fifi zu siezen haben.«

Kurz versteinerte sich sein Gesicht, dann fuhr er mit dem Unterricht fort. Ab da hat unser Kunstlehrer auch den Fifi gesiezt und der klopfte mir dafür anerkennend auf die Schulter.

Zu dieser Zeit wollte ich eigentlich Kinderarzt werden. Ich hatte mir mal den Daumen so stark in einer Tür eingequetscht, dass sich der Fingernagel komplett ablöste. Ich saß eine halbe Stunde unter gnadenlosen Schmerzen in der Praxis. Der Arzt hat mich nicht gleich drangenommen, sondern mich mein Leid aushalten lassen. Da dachte ich: »So kann man doch als Mediziner nicht sein!« Ich plante, ein Kinderarzt zu werden, der sich seinen Patienten gegenüber emphatischer verhält.

Mein erstes Casting

Meine Zukunft wurde, ohne dass ich es damals ahnte, im Jahr 1952 im Flur des Wittelsbacher-Gymnasiums besiegelt. Ich war elf Jahre alt und mir kam ein älterer Herr im Anzug entgegen, den ich noch nie zuvor gesehen hatte. Später stellte er sich als Professor Eichler vor und ich erfuhr, dass er auch die Zwillinge Isa und Jutta Günther für den Film *Das dop-*

43

pelte Lottchen aus dem Jahr 1950 entdeckt hatte. Heutzutage wäre er sicher ein erfolgreicher Casting-Agent. Während die inzwischen auch online nach neuen Talenten suchen, waren sie früher in Schulen unterwegs.

Vielleicht fiel ich Professor Eichler gerade wegen meiner leuchtend roten Haare auf, Pippi Langstrumpf war ja blond gegen mich. Er fragte mich, wer ich sei. Ich dachte an den mahnenden Zeigefinger meiner Mutter, die mir eingeschärft hatte, nie mit Fremden zu reden und gab ihm höflich zu verstehen: »Wenn Sie etwas von mir wollen, kommen Sie bitte in die Klasse 1c.« (Damals begann die Zählung der Gymnasialklassen noch bei 1.)

Kurz nach Beginn des Unterrichts trat der Fremde tatsächlich ins Klassenzimmer. Nachdem er die Erlaubnis meines Lehrers eingeholt hatte, fragte er mich, ob ich mal Theater spielen wolle.

Zwei Jahre zuvor hatte ich meine erste Begegnung mit der großen Bühne gemacht. Meine Mutter besaß ein Theater-Abo und ging regelmäßig mit der Buchhalterin aus unserem Kaufhaus in der Schulstraße in München-Neuhausen in die Oper. Als Mutti mal krank war, durfte ich mit. Ich saß da in Hemd und Strickpullunder und werde den Moment nie vergessen, als der purpurne Vorhang aufging. Da öffnete sich eine neue Welt für mich, eine absolut märchenhafte. *Zar und Zimmermann* wurde gegeben, wir saßen ganz vorne, es roch nach Holz und Farbe, und ich konnte meine Augen nicht von der prächtigen Dekoration lösen. Es war die wundervollste Darbietung, die ich bis dahin erlebt hatte. Das schlug sogar die Kino-Begegnungen mit meinem Lieblings-Cowboy Hopalong Cassidy.

Daher war ich gleich Feuer und Flamme, als Professor Eichler mir in Aussicht stellte, selber auf einer Bühne zu stehen. Ich hatte das noch nie gemacht – aber was gab es zu verlieren? Ich würde einfach mein Bestes geben und schauen, was passierte.

Elmar: Fritz ist jemand, der losspringt, ohne genau zu wissen, wie es dort aussieht, wo er landet. Ich bin in gewisser Weise auch risikobereit, würde aber vorher überlegen: Da ist ein Graben, komme ich da drüber? Und ist es da hinten so, dass ich mir nicht wehtue, wenn ich aufkomme? Fritz hat eine Spontaneität, die mir immer imponiert hat.

Bei Charakterbestimmungen wie diesen muss man natürlich sehr vorsichtig sein. Denn es geht ja nur um ein Merkmal, das bei Fritz stärker ausgeprägt ist. Das heißt nicht, dass sein Leben durchzogen ist von unbedachten Aktionen. Das wäre absurd und dann würde er nicht da stehen, wo er heute steht.

Stephanie: Elmar ist viel pragmatischer als Fritz, sehr bodenständig. Fritz lässt sich schneller von Emotionen leiten.

Das Vorsprechen fand im Brunnenhof-Theater in der Residenz statt. Da waren um die 200 Kinder und es ging um die Besetzung des Kinderstückes *Peter Pan*. Der wurde vom damals 22-jährigen Hans Clarin gespielt, doch man suchte noch die »verlorenen Jungs«, die mit dem Helden in Nimmerland leben. Als ich an der Reihe war, fragte mich der Regisseur Bruno Hübner: »Was würdest du tun, wenn jetzt ein kleiner Vogel hereingeflogen käme?« Ich stellte mir die Situation vor, das war ganz leicht. Denn wir hatten vorm Küchenfenster ein Vogelhäuserl, an dem immer mächtig was los war. Ich fütterte die Tiere mit Sonnenblumenkernen und hatte ihr

Treiben schon oft beobachtet. Meine Fantasie wurde in diesem Fall also von einer ganz praktischen Erfahrung unterstützt.

Ich tat vor Hübner so, als würde ich den Vogel voller Überraschung wahrnehmen, ihm mit den Augen folgen und mich langsam nähern. Ich ließ den imaginären Vogel auf meinen zur Schale geformten Händen landen und brachte ihn zum nicht vorhandenen Fenster. Dort entließ ich den Piepmatz mit einer schwungvollen Aufwärtsbewegung in die Freiheit.

Das kam wohl an, denn mir wurde ein zweiter Termin zum Vorsprechen genannt, an dem nur noch eine Auswahl von 50 Kindern zusammenkam. Ich musste ein paar Sätze lesen und wurde daraufhin besetzt – genau wie Michael Hinz, mit dem ich lange befreundet war und der auch ein erfolgreicher Schauspieler wurde.

Die Proben waren für uns ein echtes Abenteuer, denn die Jungs von *Peter Pan* kämpften mit Schwertern gegen erwachsene Piraten. Mein Gegner hieß Rolf Günther, mit ihm verstand ich mich gut. Er meinte: »Fritz, wenn du einmal Schauspieler werden willst, dann komm zu mir. Ich unterrichte dich.« Dieses Angebot nahm ich dankend an. Als Teenager fuhr ich drei Jahre lang jede Woche mit der Bahn raus zu Rolf nach Gauting, wir übten Atem- und Sprechtechnik sowie Phonetik.

Theaterleute nennen ihre Wirkungsstätte den »Bau«. Ist jemand nicht vom »Bau«, merkt man das zum Beispiel daran, dass ihm die richtige Atemtechnik fehlt oder er nicht prononciert sprechen kann.

Als meine Tochter Sophie 16 war, erklärte ich ihr, dass die Schauspielerei ein Handwerk ist, bei dem man die Grundtechniken beherrschen muss. Man fängt damit an, dass man sich rücklings auf den Boden legt und ein Buch auf seinem Bauch platziert. Dann stellt man sich vor, durch die Nase an einer

Blume zu riechen – dabei sollte sich das Buch heben und senken. Klappt das, hat man schon mal die richtige Bauchatmung. Hinzu kommen Sprechübungen wie Na-na-na-na-na-na-na-na-na-ni-ni-ni-ni-ni-nu-nu-nu-nu-ne-ne-ne, pa-pa-pa-pi-pi-pi-pu-pu-pu-pu.

Das habe ich ein paarmal mit Sophie gemacht, aber dann sagte sie: »Papa, ich möchte jetzt einen richtigen Schauspiellehrer!« Da habe ich Rolf Günther angerufen. Er willigte fröhlich ein, obwohl er da schon 92 war.

> **Sophie:** Papi hat zwei-, dreimal versucht, mir selber etwas beizubringen. Aber wir haben uns fürchterlich gestritten, das funktionierte überhaupt nicht. Als ich zu Rolf kam, war er Anfang 90. Er war wahnsinnig fit, ging jeden Tag spazieren. Er konnte *Faust I* und *II* noch komplett auswendig! Rolf war ein kluger, wacher, jung gebliebener Geist und ein toller Gesprächspartner. Zwischen uns entstand eine echte Freundschaft, trotz des großen Altersunterschieds.

Später stand Sophie selber viele Jahre vor der Kamera.

Meine erste Gage

Das Brunnenhof-Theater, in dem wir *Peter Pan* aufführten, wurde behelfsmäßig errichtet, weil das Residenztheater im Zweiten Weltkrieg zerstört worden war. Während der Vorstellung fiel gerne mal die Heizung aus und die Zuschauer saßen mit Decken über den Knien im Theatersaal.

Oma München riet mir vor der Premiere: »Fritz, du brauchst keine Angst zu haben, das sind doch alles nur Krautköpfe.«

Das ist bayerisch für Kohlkopf und sie wollte mit diesem Spruch dafür sorgen, dass ich entspannter vor die Zuschauer trat. So ganz gelang mir das nicht. Kurz vor meinem ersten Auftritt stand ich seitlich in der Kulisse, sah in die grellen, bunten Scheinwerfer und fasste mir an die Stirn. Sie war richtig heiß. Nach der Vorstellung packte mich meine Mutti ins Bett und ich dachte: »Ach, das ist also das sogenannte Lampenfieber.« Tatsächlich war es nur eine gemeine Grippe.

Eine Stunde vor Beginn jeder Vorstellung mussten wir am Brunnenhof-Theater sein. Ich marschierte über Schutthaufen dorthin, München lag 1952 immer noch in Trümmern. Ich erhielt eine Gage von 25 Mark, gefühlt war ich auf dem Weg zum Millionär. Ich habe mir von diesem Geld die erste lange Hose gekauft und wurde so endlich die kurzen Modelle mit Strapsen los sowie die dazugehörigen Strümpfe, die kratzten, als seien sie aus Stacheldraht gestrickt. Auch meine erste Armbanduhr war finanziell drin, eine Junghans. Ich war selig. Seit diesem Zeitpunkt habe ich immer Geld verdient, bis heute.

Nach der Zeit im Brunnenhof-Theater ging ich ans Theater der Jugend, eine Art Barackenbau in der Leopoldstraße. Vom Gymnasium bin ich direkt mit der Straßenbahn dort hingefahren. Mein Mittagessen bestand meistens aus einer, manchmal auch aus zwei Bratwürsten, die es dort an einem Stand zu kaufen gab. Das klingt nach einem einfachen Essen, für mich aber war es ein Luxus, den ich mir dank meiner Gage leisten konnte.

Frisch gestärkt spazierte ich ins Theater der Jugend, wo ich mich selbst schminkte. Mein erstes Stück war *Pünktchen und Anton* von Erich Kästner. Als böser Gottfried Klepperbein, der Pünktchen erpressen will, musste ich mit Berliner Akzent sagen: »Ick heiße Jottfried Klepperbein und bin 'n ziemlich großes Schwein.« Manche Sätze vergisst man sein Leben lang nicht.

Schließlich wurde ich befördert und durfte den Anton spielen. Vor der Premiere kam Erich Kästner, der damals in München lebte, persönlich zu uns hinter die Bühne und wünschte uns toi, toi, toi. Ein sehr freundlicher Herr mit buschigen Augenbrauen, an mehr erinnere ich mich nicht.

Mein erstes Interview

Als elfjähriger Nachwuchsschauspieler wurde ich erstmals für eine lokale Tageszeitung von einer Redakteurin befragt. Meine Aussage ihr gegenüber lautete: »Ich wollte schon immer zum Theater.«

In ihrem Artikel hat sie dann das »schon immer« in Anführungsstriche gesetzt. Ich fühlte mich nicht ernst genommen und falsch interpretiert. Ein Zustand, der sich im Laufe meiner Karriere noch einige Male wiederholen sollte.

Mein erster Film

1954 drehte ich mit zwölf meinen ersten Film: *Sauerbruch – das war mein Leben.* Da war die Garde der deutschsprachigen Filmbranche dabei: Meine Mutter wurde von Heidemarie Hatheyer gespielt, den Sauerbruch mimte Ewald Balser. In einer Szene mache ich die Tür auf und sage: »Ich soll dich schön von meiner Mutti grüßen!«

»Wie heißt du denn?«

»Fritssssssss.«

Ich lispelte immer noch. Meiner Meinung nach lag das daran, dass meine Zunge zu lang war. Später wuchs mein Kopf drum herum, da erledigte sich dieses Problem von ganz alleine.

Das bin ich 1954, als ich meinen ersten Film drehte

Meine ersten Sendungen im Radio

Im deutschen Rundfunk war ich als Mitglied des Chors vom Wittelsbacher-Gymnasium zu hören. Ich hatte eine tolle Sopranstimme und sang mit 14, kurz bevor ich in den Stimmbruch kam, unter dem berühmten Dirigenten Eugen Jochum bei der Matthäus-Passion mit.

Dank meiner Theatererfahrungen durfte ich auch Kinderfunk machen. Meine Sendungen hießen *Trudl und Schorschi* und *Die Ahornstraße*. Dabei lernte ich Liesl Karlstadt kennen, die durch ihre komödiantischen Auftritte mit Karl Valentin zu einer Münchner Berühmtheit geworden war. Eine unvergesslich liebenswerte Frau, die ihren kleinen Hund mit ins Studio bringen durfte. Daran muss ich oft denken, weil ich heute meinen Aron auch mit an den Drehort nehme, wenn es möglich ist.

Mein erster Liveauftritt im Fernsehen

Trude Kolman, die mich für ihr Theaterstück *Eskapade* engagiert hatte, tat das 1956 auch für ein Bühnenstück mit dem Titel *Das Abschiedsgeschenk*. Das Besondere daran: Es wurde live aus einem Fernsehstudio übertragen. Drei Jahre zuvor hatte es das im deutschen TV erstmals gegeben, da konnten die Zuschauer auf dem Bildschirm in Echtzeit eine Vorstellung im Kölner Millowitsch-Theater miterleben.

Im Bayerischen Fernsehen sah das so aus: Nach den Nachrichten um 20 Uhr wurde auf dem Bildschirm ein von Hand gezeichneter Löwe eingeblendet, der auf seine Ellenbogen gestützt schlief. Darunter stand: »5 Minuten Pause«.

Der Löwe öffnete die Augen und es wurde eingeblendet »3 Minuten Pause«.

Als das Tier sich aufrappelte, hieß es »1 Minute Pause«.

Dann ging's los.

Was die Zuschauer nicht wussten: Während dieser fünf Minuten wurden im Fernsehstudio in München-Freimann die Kameras, die zuvor die Nachrichten gefilmt hatten, über einen Hof geschoben, rein ins große Studio.

Ich war fürchterlich aufgeregt! Einer Kollegin ging es ähnlich, sie erklärte kurz vor Beginn unseres Stückes hektisch: »Wenn ich einen Hänger habe, bitte sofort ›Bildstörung‹ einblenden.«

Aber es ging alles gut und ich war sehr zufrieden darüber, dass ich meine Nervosität unter Kontrolle bekommen hatte. Nach dem Dreh schminkte ich mich ab und ging zur Kasse, wo mir die Gage ausgezahlt wurde. Da war es schon 22 Uhr und der Intendant lud zu einem kleinen Umtrunk ein. Mich, den 15-Jährigen, hat er natürlich nicht angesprochen. Ich fuhr mit einem menschenleeren Bus nach Hause.

Die Feier mit den Kollegen hatte ich vielleicht verpasst, dafür belohnte ich mich selber – mit meinem ersten Fernseher: ein *Philips Tizian*, bei dem die Röhre so tief war, dass man das Gerät zwei Meter von der Wand entfernt aufstellen musste. Obwohl es damals nur drei Fernsehprogramme gab, war das natürlich toll. Besonders Mutti freute sich, weil häufig Ballettvorführungen gezeigt wurden.

Meine erste Freundin

Ich wurde nicht nur schauspielerisch reifer. Mit zehn Jahren hatte ich schon meinen ersten Kuss bekommen – von der gleichaltrigen Inge, die ich bei Oma Mering kennengelernt hatte. Sie war ein Mädchen aus der Nachbarschaft und als wir die Ostertage wieder mal auf dem Land verbrachten, schrieben Inge und ich uns gegenseitig kleine Liebesbriefe, die wir an einer Scheune unter einen Stein schoben, damit der Wind sie nicht fortwehen konnte. Auf einer Wiese bauten wir uns eine gemeinsame Wohnung aus Heu, mit Küche und Schlafzimmer, in dem natürlich rein gar nichts passierte.

Mit 16 war ich dann zum ersten Mal wirklich verliebt. Sie hieß Sibylle, genannt Bylla, und hatte große dunkelbraune Augen. Ich ging mit ihr in ein Jazzkonzert – und plötzlich spürte ich an meinem rechten Schuh einen leichten Gegendruck. Ich schwebte auf Wolke sieben!

Als ich mich nach einer halben Stunde traute, nach unten zu schauen, stellte ich fest, dass ich die ganze Zeit mit dem Bein des Stuhls geflirtet hatte. In Gedanken hatte ich schon sieben Kinder mit Bylla. Einige Wochen später gab sie mir den ersten Kuss, auf der Party eines Freundes, zu Elvis Presleys »Love Me Tender«. Meine Nervosität übertrumpfte da noch den Genuss des Moments, daher habe ich keine Erinnerung an die Qualität dieses Austauschs von Zärtlichkeiten.

Mein erstes Mal erlebte ich mit meiner Freundin Loli – das ist mir wiederum sehr wohl im Gedächtnis geblieben, die Details behalte ich aber für mich. Nur so viel: Ich war 18, sie 29.

Die Zeit, als ich die Damenwelt entdeckte – und sie mich

Elmar: Plötzlich hatte Fritz eine ältere Freundin, die Loli. Meine Mutter hat das toleriert und fand: »Es schadet nie, wenn die Frau ein bisschen erfahren ist.«

Als ich ihr später meine bezaubernde Freundin vorgestellt habe, war das hochproblematisch. Sie war Lehrerin, kam aus bestem Hause – aber nicht aus Bayern. Als sie Mutti mit »Guten Tag« statt mit »Grüß Gott« entgegentrat, war's schon gelaufen.

Die Beziehung zwischen mir und meiner Mutter war sehr stimmig. Sie hat uns mit viel Liebe und Herzensbildung erzogen, das war großartig. Ich habe ihr allerdings in Gesprächen auch vermittelt, dass es für mich in meiner Jugend nicht immer ganz einfach war. Vielleicht hätte sie mich mehr loslassen sollen. Bei Fritz hat sie es zugelassen – weil sie ja noch mich hatte.

Loli war eine tolle, erfahrene Frau. Das gefiel mir. Eine Zeit lang traf ich mich bevorzugt mit Damen, die ein bisschen älter waren als ich. Einmal kam ich an meinem Geburtstag nach Hause und da saßen drei meiner Verflossenen im Wohnzimmer. Meine Mutter verstand sich prima mit ihnen und hatte sie eingeladen. Aber ich kam mir an meinem großen Tag beim Anblick dieser weiblichen Übermacht ganz klein vor.

Mit Loli bin ich nach Riccione gefahren, ein Badeort bei Rimini. Ende der 1950er-Jahre machten da noch kaum Deutsche Urlaub, das war ein Geheimtipp und ganz was Besonderes. Wir waren in meinem ersten eigenen Auto unterwegs, einem weißen VW Käfer, und ich kam mir vor wie ein König. In unserem Familienalbum gibt es noch Fotos von Loli und mir, das war *grande amore!*

Vor einigen Jahren bin ich zum Ehrenbürger von Riccione ernannt worden. Warum, weiß ich gar nicht so genau, aber es war eine sehr schöne Ehrung vor Ort. Und einen Vorteil hat das Ganze: Falls ich dort jemals falsch parke, muss ich meinen Strafzettel nicht bezahlen.

Mein erster Höhenflug

Heinz Rühmann verdanke ich meine allerersten Momente über den Wolken kurz vor meinem 17. Geburtstag. Während der Dreharbeiten von *Der Pauker* im Sommer 1958 nahm er

Peter Kraus, Ernst Reinhold und mich mit auf einen Rundflug in seiner einmotorigen Cessna. Rühmann entschied sich für eine Traumroute.

Bis auf ein paar wenige Wattebauschwölkchen war der Himmel klar, rechts zogen die Ausläufer der Alpen an uns vorbei, links glitzerten erst Ammersee, dann Starnberger See, Tegernsee, Schliersee und Chiemsee in der Sonne. Ich verliebte mich auf einen Schlag noch ein bisschen mehr in meine Heimat Bayern. Und konnte nicht glauben, mit wem ich gerade durch die Lüfte brummte.

Ich verehrte Heinz Rühmann, hatte alle seine Filme gesehen: *Quax, der Bruchpilot, Die Feuerzangenbowle, Hauptmann von Köpenick* – was für eine Leistung, was für ein unsagbares Talent. An seiner Seite arbeiten zu dürfen, wenn auch nur in einer kleinen Rolle, fühlte sich unwirklich an. Aber er machte es mir leicht, weil er keine Starallüren an den Tag legte. Schon sein Wagen war überraschend bodenständig: Statt eines eindrucksvollen Schlittens fuhr Rühmann einen Volvo PV544, der wegen seines runden Hecks auch »Katzenbuckel« genannt wurde.

Wir hatten eine Beziehung auf Augenhöhe – auch im wahrsten Sinne des Wortes, denn ich überragte ihn gerade mal um eine Fingerbreite. Es gab Menschen, die ihm das Prädikat »schwierig« anheften wollten. Solche negativen Gerüchte werden oft von Zeitgenossen in die Welt gesetzt, die neidisch sind. Ich liebe Neider! Denn sie sind die Bestätigung dafür, dass man etwas richtig macht.

Ich kann nur ein Loblied auf Rühmann singen. Er war ein sehr konzentrierter und professioneller Kollege und wurde höchstens fuchsig, wenn jemand vor laufender Kamera seinen Text nicht konnte. Dann war er demjenigen gegenüber nicht gerade fröhlich gestimmt. Ich hatte meine Passagen stets parat, daher blieb die Stimmung gut.

Rühmann und ich drehten 1960 noch zusammen *Mein Schulfreund* und spielten in den kommenden Jahren die ein oder andere Runde Golf zusammen, im Münchener Golfclub in Straßlach. Wann immer wir uns auf einer Preisverleihung trafen – den »Bambi« hatte er ja gefühlt abonniert –, griff Rühmann mit beiden Händen nach meiner Rechten und drückte sie ganz fest. Ich verehrte ihn, er schätzte mich. Das war eine gute Basis für unser Verhältnis.

Meine erste Tournee

Im Frühjahr 1964 ging ich das erste Mal auf Theatertournee. In *Colombe* spielte ich einen engstirnigen Ehemann mit einer illustren Mutter: die wurde von Elisabeth Flickenschildt dargestellt, einer der Großen des deutschen Theaters. »Flicki«, wie ich sie rufen durfte, ging auf die 60 zu und hatte mehr als ihr halbes Leben auf der Bühne verbracht. Sie war berühmt für ihre ausdrucksstarke Stimme und ihr gerolltes »R«.

Wir stemmten 97 Vorstellungen in drei Monaten, fuhren gemeinsam im Bus durch Deutschland, Österreich und die Schweiz. Flicki war eine großartige Kollegin und nahm mich unter ihre Fittiche. Ich positionierte mich bei jeder Vorstellung in der sogenannten Gasse – das sind die Zwischenräume zwischen den Bühnenvorhängen – und hörte mir einen bestimmten Monolog von ihr immer und immer wieder an.

Wir spielten mal vor 300 Zuschauern, dann vor 900 oder sogar vor 2000. In Detmold war der Theaterraum bei unserer Ankunft eiskalt. Da habe ich einen Bühnenarbeiter losgeschickt. Er sollte uns eine Flasche Cognac holen, falls die Heizungen nicht schnell genug für eine angemessene Betriebstemperatur sorgen würden. Wir Schauspieler nippten hinter der Bühne aus Plastikbechern an dem hochprozentigen Heizmittel. Doch am meisten gewärmt hat uns an diesem Abend der glühende Schlussapplaus.

Zuschauer sind das Ziel aller unserer Aktionen. Treffen wir ihr Herz, erfüllen sie auch unseres.

Meine erste Auszeichnung

Am 28. Juni 1964 erhielt ich mit 22 Jahren in der Deutschen Oper Berlin meine erste Auszeichnung: den »Bundesfilmpreis als bester Nachwuchsschauspieler« im Kriegsdrama *Kennwort Reiher.*

Mein Bundesfilmpreis, der damals noch als »Filmband in Gold« verliehen wurde

Meine Mutter hat in einem ihrer Ringordner sogar die Einladung zur Preisverleihung abgeheftet, die ich damals erhielt. Die war an unsere Münchner Adresse gegangen, ich war aber gerade in Berlin. Mein Bruder schickte sie mir hinterher, zusammen mit einem Brief, den er ordentlich auf der Schreibmaschine getippt hatte. Er beendete ihn mit folgenden Worten:

Es verbeugt sich vor dem Noch-nicht-Filmpreisträger, dein Elmar, Mutti und Benny

In einer anderen Klarsichthülle steckten allerlei Glückwunsch-karten und ein Telegramm von Hedy, die in *Die Brücke* für die Kostüme zuständig gewesen war. Sie schrieb:

> Herzlichsten Grato zum Bundesfilmpreis – Stop
> Habe es gar nicht anders erwartet – Stop
> Halte meine Feststellung dass du Saubazi bist trotz-dem aufrecht = deine Hedy

Saubazi, so nennen wir Bayern einen Schlawiner. Vielleicht war ich einer, aber fortan auf jeden Fall ein preisgekrönter!

Mein »Bundesfilmpreis« steht heute in meinem Haus am Tegernsee auf einem etwa 1,50 Meter breiten Bücherregal, ne-ben anderen Auszeichnungen, die später dazukamen, so wie zahlreiche Pokale, die ich mir auf der Trabrennbahn und auf dem Golfplatz erkämpfte. Auf eine gerahmte Urkunde bin ich besonders stolz: In Portugal schaffte ich im Jahr 2000 ein spektakuläres »Hole-in-one«: Ich traf auf dem Penha Longa Atlântico Golf Course das Loch mit nur einem Schlag aus ei-ner Entfernung von 162 Metern.

Bei der Vorbereitung zu diesem Buch fand ich ein Zei-tungsinterview aus den 1960ern, in dem meine Mutter er-wähnte, ich stünde bei jeder neuen Rolle wieder ganz am Anfang und fühle mich wie ein »kleines Würstchen«. Aber das stimmt so nicht. Als »kleines Würstchen« kann man kei-ne Schauspielrollen annehmen. Seit meinem elften Lebens-jahr bin ich vielmehr in immer größer werdende Schuhe hineingeschlüpft, wurde vor den Augen meines Publikums vom unerfahrenen Jungen zum ernst zu nehmenden Schau-spieler.

Ich stellte mich allen Herausforderungen, mit denen ich konfrontiert wurde, habe nie gesagt: »Das kann ich nicht.« Ich sehe alles erst mal positiv, auch wenn mein Selbstbewusstsein nicht immer ungetrübt war.

Aber statt mich zu fragen: »Schaffe ich das?«, konzentrierte ich mich lieber auf eine andere und für mich viel wichtigere Frage: »WIE schaffe ich das?« Wie setze ich die nächste Rolle möglichst glaubwürdig um? Wie reiße ich die Zuschauer so mit, dass ihr Applaus ehrlich ist oder sie beim nächsten Mal wieder einschalten?

Denn darum geht es ja. Und da sind wir wieder beim Handwerk. Wenn du das beherrschst, kannst du gar nicht schlecht sein. Der Mut, den ich aus diesem Bewusstsein zog, wurde zum seelischen Motor, der mich auf der Karriereleiter höher kraxeln ließ, Sprosse um Sprosse.

Ich wollte kein Stern sein, der in den Himmel geschossen wird. Ich wollte zwar irgendwann dort oben ankommen, brauchte aber die innere Gewissheit, jedes neue Level aus eigener Kraft zu erreichen und mich dort halten zu können.

Wenn das gelang, griff ich weiter nach oben.

Bernie: Fritzi ist ein Workaholic. Hat er nichts zu tun, tut er was. Er ist permanent in Bewegung, den Blick nach vorne auf das nächste Abenteuer ausgerichtet.

Kapitel 3

Wie viele Freunde braucht man im Leben? Diese Frage beantworte ich nicht mit Quantität, sondern mit Qualität. Meine wirklich engen Freunde kann ich an zwei Händen abzählen. Mir reicht das.

»Zeige mir deine Freunde, und ich sage dir, wer du bist«, lautet ein altes Sprichwort. Daher ist es an der Zeit, die Menschen vorzustellen, die mich schon seit vielen Jahren durchs Leben begleiten – in manchen Momenten müsste es wahrscheinlich eher heißen: »die mich ertragen«. Mit dem Wepper hat man es nämlich nicht immer ganz leicht, das weiß ich schon. Wenn ich zum Beispiel in meinem Kopf Probleme wälze, posaune ich das auch Vertrauten gegenüber nicht groß heraus. Da werde ich eher schweigsam oder ziehe mich zurück. Meine Freunde brauchen da viel Intuition und Hartnäckigkeit, um den Auslösern für mein Verhalten auf den Grund zu kommen.

Aber egal, wie es mir geht. Ich bin jeder Zeit bereit, mit meinen Freunden nicht nur durch dick, sondern auch kompromisslos durch dünn zu gehen. Streitigkeiten, Scheidungen, Geldprobleme – das alles stehe ich mit ihnen durch. Da gibt es so gut wie nichts, was mein Vertrauen ins Wanken bringen könnte.

Max: Der Fritz ist ein nibelungentreuer Freund. Wen er einmal ins Herz geschlossen hat, dem verzeiht er auch grobe Fehler. Einige Menschen nutzen seine Freundschaft aus. Fritz kann kaum Nein sagen, wenn ihn ein Freund um etwas bittet. Es kommt vor, dass er mehr Freundschaft gibt, als er zurückbekommt.

Elmar kennt mich natürlich am längsten. Wenn er nicht mein Bruder wäre, wäre er mein bester Freund. Und das, obwohl – oder vielleicht gerade weil – wir so verschieden sind. Als Kind war er immer der Indianer, ich der Cowboy, dazwischen lagen Welten, und das ist im Verlauf unseres Lebens auch so ähnlich geblieben. Aber dass der Elmar anders ist als ich – zum Beispiel viel ruhiger und besonnener – ging mir nie auf die Nerven. Ich liebe ihn.

Elmar und ich waren nach außen hin nie die liebenden Brüder. Aber ich weiß: Der Elmar wäre immer für mich da, da muss man gar nicht drüber sprechen.

Elmar: Fritz ist Fritz und ich bin ich. Der größte Unterschied liegt schon im Alter. Die drei Jahre, die zwischen uns liegen, konnte ich nie aufholen und das hat er mich ab und zu spüren lassen.

Als Teenager habe ich ihm einmal mein Herz ausgeschüttet. Eine meiner ersten Lieben war zu Bruch gegangen, ich war am Boden zerstört. Das Telefonat mit Fritz werde ich nicht vergessen. Er sagte: »Im Leben ist das so, das musst du lernen. Das geht schon vorüber.«

Da habe ich nur gedacht: »Was für einen Mist erzählt der mir da? Der hat ja keine Ahnung, was in mir vorgeht!«

Gesagt habe ich ihm das nicht. Wir waren füreinander nie die großen Ratgeber. Nicht, weil man dem Bruder nicht getraut hätte. Aber über unser Innenleben, zum Beispiel schwierige Zeiten mit einer Partnerin, haben wir uns später nie ausgetauscht. Dazu waren eher Freunde da, zu denen man ein anderes Vertrauensverhältnis hat als zum eigenen Bruder. Der Fritz hat den Bernie oder den Poldi und tauscht sich mit ihnen über Dinge aus, die er mit mir nicht bespricht. Wir haben uns da in Ruhe gelassen – aber nicht aus Misstrauen, das war einfach so.

Wir sind eine Familie. Aber unsere gemeinsamen Gene bedeuten nicht automatisch, dass wir uns in allen Dingen einig sind. Klar streiten wir uns auch. Dabei geht es keinem von uns beiden darum, unbedingt recht zu haben. Wir führen keine Liste, wo drauf steht eins zu null für mich oder für den Elmar. Wir sind einfach ehrlich miteinander. Mein Bruder ist sehr gescheit und ein großartiger Analytiker, auch was meine Situation betrifft. Trotz aller Kritik, die vielleicht mal für den anderen Bruder aufkam, haben wir uns den Respekt voreinander bewahrt.

Liebe, Respekt und vor allem Toleranz – das sind Werte, die nicht nur unsere Bruderbeziehung ausmachen, sondern auch unsere berufliche. Darum hat es immer gut funktioniert, wenn wir gemeinsam gedreht haben. Das kam ja schon öfter vor.

Bis er Ende 20 war, betrieb Elmar die Schauspielerei eher als ein Hobby. Danach hat er ganz andere Sachen gemacht als ich, so wie die Serien *Polizeiinspektion 1*, *Florian III*, *Unsere schönsten Jahre* oder *Zwei Münchner in Hamburg*. Aber es gab im Laufe der Jahre einige gemeinsame Auftritte.

Elmar: Bei der letzten *Kommissar*-Folge von Fritz standen wir beide für die Amtsübergabe vor der Kamera. 1993 drehten wir für die ARD-Reihe *Geschichten aus der Heimat* die Episode *Das letzte Edelweiß*. Ich spielte einen völlig überkandidelten volkstümlichen Sänger und sang drei Lieder. Eines mit Fritz zusammen, das hieß »Zwei Freunde fürs Leben.« Wir landeten damals sogar in den Volksmusik-Charts. Die CD dazu kann man heute noch kaufen.

Richtig Spaß machte uns 1989 auch eine Sketch-Serie für den Bayerischen Rundfunk: *Zwei Bayern im Weltall*. Da spielten wir zwei Astronauten im Raumschiff. Es gab einen Obercommander und einen Untercommander – na, wer hat da wohl wen gespielt?

Zwischen 1994 und 2000 waren Elmar und ich 17-mal *Zwei Brüder*. In der Serie mimte Elmar einen Kriminalkommissar mit Alkoholproblemen, ich einen Staatsanwalt, der gerne Oberstaatsanwalt geworden wäre. Wir trugen beide unsere eigenen Probleme mit uns herum, wie im echten Leben.

Bei Beginn dieses Projektes hatten Elmar und ich die Möglichkeit, unsere Serienkollegen oder den Regisseur mit auszusuchen. Wir redeten kurz unter vier Augen darüber und entschieden uns dagegen. Wir möchten niemandem einen Stein in den Weg legen, das passt nicht zu uns. Es kam auch ohne unser Zutun ein starkes Team zusammen.

Elmar: Am ersten Drehtag hatte ich das Gefühl, dass der Fritz dachte: »Na, hoffentlich bringt's der Elmar schauspielerisch.« Aber vielleicht war das nur Einbildung. Zwischen uns hat es am Set immer super geklappt. Bei *Zwei Brüder* hatten wir eine tolle Zeit, die Serie lief ja über viele Jahre.

Ich habe viele positive Erinnerungen an diese Zeit. In einer Folge von *Zwei Brüder* saßen Elmar und ich uns nachts auf einem Spielplatz auf einer Wippe gegenüber und sollten als Serien-Brüder über unsere Kindheit sprechen. Da löste sich die Grenze zwischen Realität und Fiktion völlig auf. Wir spielten nicht, wir konnten einfach sein.

Ab und zu lebten Elmar und ich auf Distanz, aber dann waren wir uns wieder unglaublich nah: 2003 gestand Elmar mir kurz vor Weihnachten, dass er die Absicht habe, seine langjährige Lebensgefährtin Anita zu heiraten. Er war da 59, ich feierte mit meiner Frau Angela schon bald die Silberhochzeit. Dass mein Bruder nun auch in den Hafen der Ehe einfahren würde, war also eine ziemlich große Sache! Elmar bat mich darum, diese Neuigkeit mit der Familie zu teilen. Am ersten Weihnachtsfeiertag, als wir alle zusammen mit Mutti bei der traditionellen Gans saßen, klopfte ich ans Glas und fühlte mich wie der Weihnachtsmann bei der Bescherung. Bei meiner kleinen Rede blieb kein Auge am Tisch trocken.

Bernie: Auch Tränen sind Fritzi nicht fremd und zeigen, dass in seinem Innersten ein weicher Kern schlummert. Als sein Bruder Elmar den »Deutschen Filmpreis« bekam, saß Fritzi vorne neidlos stolz mittendrin und war sichtbar gerührt während der Zeremonie.

Elmar erhielt den »Deutschen Filmpreis« 2008 für seine fantastische Darstellung in Doris Dörries Film *Kirschblüten – Hanami*. Da hatte ich wirklich eine Träne im Auge, war wie beseelt.

Als er im Jahr zuvor für dieselbe Rolle mit dem »Bayerischen Filmpreis« ausgezeichnet worden war, hatte ich die Laudatio auf ihn halten dürfen. Ich stand auf der Bühne und erzählte so von unserer Jugend, als ich plötzlich den Tränen näher war als den Worten. Ich hatte einen richtigen Kloß im Hals und merkte, wie sehr ich mich von Herzen für meinen Bruder freute.

Seitdem wurden wir zweimal als Brüderpaar geehrt: 2009 nahmen wir im Bayerischen Hof in München für unsere Lebensleistung den »DIVA Merit Award« entgegen. Wir hielten gemeinsam eine Rede, in deren Mittelpunkt die wohl wichtigste Frau unseres Lebens stand: die Mutti. Sie saß im Publikum und strahlte vor Stolz. Ihr glückliches Gesicht wurde auf einer riesigen Leinwand über unseren Köpfen eingeblendet, davon gibt es ein tolles Foto. Ich durfte den letzten Satz der Rede sagen: »Mutti, wir stiften dir unseren Preis, denn du hast uns alles ermöglicht.« Dass sie etwas mehr als vier Monate später an einem Krankenhauskeim sterben sollte, ahnte da noch niemand. Wir feierten diesen Erfolg als Familie. Anita, meine Frau Angela und meine Tochter Sophie waren auch mitgekommen.

2019 überreichte uns Ministerpräsident Markus Söder im Prinzregententheater den »Bayerischen Fernsehpreis«. »Fritz und Elmar Wepper stehen seit über 60 Jahren für den deutschen Film wie kein anderes Brüderpaar«, hatte er vorher in einem Statement verlauten lassen. In seiner Laudatio verriet er dann, dass er als Kind mit seinen Eltern *Derrick* habe schauen müssen, aber eigentlich lieber zu *Magnum* rübergeschaltet hätte, der zeitgleich ermittelte, im exotischen Hawaii statt in München. Ein Foto von uns dreien steht auf dem Fensterbrett neben meinem Esstisch: Söder ist ja fast zwei Meter groß, Elmar und ich sehen neben ihm aus wie zwei Zwerge – aber zwei sehr zufriedene.

Wenn man den Elmar mal beiseitelässt, ist Poldi mein ältester Freund. Ich darf ihn salopp so nennen, manchmal auch »Pöldchen«, aber offiziell heißt er Leopold Prinz von Bayern und ist der Urururenkel von König Ludwig I. Als ich ihn über einen Freund kennenlernte, fuhr er auf einer Moto Guzzi, einem italienischen Motorrad mit Windschutzscheibe, durch München.

Poldi: Fritz zählt zu den besten Freunden, die ich habe. Manchmal triffst du einen Menschen und hast das Gefühl, ihn schon ewig zu kennen. Bei Fritz und mir war das so. Gestritten haben wir uns nie wirklich. Nur einmal hat Fritz mir seine Meinung deutlich mitgeteilt – wegen einer Frau. Aber die Details dieser Geschichte behalten wir für uns. Nur so viel: Wenn Fritz irgendwas nicht gefällt, kann er sehr ernst und bestimmend sein. Unter Freunden muss man ein ehrliches Wort sprechen können. Das zeigt einem ja auch immer wieder, was für ein tolles Gut es ist, einen echten Freund zu haben.

Inzwischen sind wir älter und gesitteter geworden, haben eigene Familien. Aber wenn wir telefonieren, haben wir immer noch dasselbe Erkennungszeichen: einen Pfiff. Der, der anruft, pfeift in den Hörer und der andere antwortet genauso. Ich weiß gar nicht, wie dieses Ritual entstanden ist.

Heute verbindet uns mehr als Freundschaft: Poldi ist Patenonkel meiner Tochter Sophie, ich bin Patenonkel seiner Tochter Pilar. Denn wir wissen, dass wir uns alles anvertrauen können, sogar unsere Kinder.

In unseren gemeinsamen Sturm-und-Drang-Zeiten waren wir single und interessierten uns fürs Fischen, fürs Jagen und für schnelle Autos. Poldi gab mir Fahrstunden vorm Nymphenburger Schloss, er wohnte damals noch in einem der Kavaliershäuser am Schlossrondell. Es war Winter und wir trafen uns auf dem völlig verschneiten und vereisten Platz vorm Eingang zum Schlosspark. Heute ist die Durchfahrt dorthin verboten.

Poldi sagte: »Jetzt zeig' ich dir, wie man ein Auto auch auf Eis innerhalb von fünf Metern zum Stehen bringt.«

Man muss wissen, dass Poldi später als Rennfahrer Karriere machte, er erzielte über 120 Siege. Und schon als Führerscheinneuling wusste er genau, was er tat. Poldi klemmte sich hinters Steuer meines weißen VW Käfers und verbannte mich auf den Beifahrersitz. Er gab kurz Vollgas, riss dann das Steuer rum und zog gleichzeitig die Handbremse an. Statt unkontrolliert herumzuschlittern, drehte mein VW Kreisel auf der Stelle. Mit diesem Manöver war ich für den Notfall gewappnet. Aber ich musste es zum Glück nie anwenden.

Lange bevor es Handys gab, fuhren Poldi und ich mit Funkgeräten im Auto herum. Deren Reichweite betrug einige Kilometer und wenn wir beide in der City waren, konnten wir uns anfunken. Ich war »Heavy Chevy«, Poldi nannte sich »Bayern 1«.

Ein fremder Funker bekam eine Unterhaltung von uns auf einem offenen Kanal mit und schimpfte den Poldi an: »Spinnst du? Geh raus! Ich bin Bayern 1!«

Und Poldi antwortete wahrheitsgemäß: »Aber ich heiß doch so.«

Langweilig wurde es mit Poldi nie. Er ist lebenslustig, mutig, liebt neue Herausforderungen – genau wie ich. »Geht nicht«, diese Formulierung gibt es in seinem Wortschatz nicht.

Poldi und ich waren mal von einem Freund auf eine Jagd eingeladen, in Nickelsdorf, das liegt im österreichischen Burgenland an der Grenze zu Ungarn. Wir hatten in Wien über-

nachtet und sollten um 7.30 Uhr da sein. Unser Jagdfreund hat immer sehr darauf geachtet, dass man pünktlich kommt. Wir waren viel zu spät dran, weil die Nacht davor lang war. Und es hat schrecklich geregnet! Uns blieben 30 Minuten für rund 70 Kilometer. Ich sagte: »Poldi, das schaffst du nicht!«
»Lass das mal meine Sache sein«, antwortete er.

Poldi: Ich habe die meisten meiner Autorennen im Regen gewonnen. Denn mein sogenannter »Popometer« teilt mir genau mit, wann das Auto anfängt zu rutschen oder quer zu gehen. Wir rasten an diesem grauen Morgen auf einer Landstraße dahin und ich war froh, dass da keine Polizei stand. Sonst hätte ich auf der Stelle meinen Führerschein verloren! Das Auto schlitterte immer wieder auf der spiegelglatten Fahrbahn und Fritz schrie: »Poldi, fahr nicht so schnell!«
Dank meiner Fahrweise kamen wir pünktlich an – aber Fritz hätte eigentlich erst mal eine Valium-Tablette gebraucht.

In Nickelsdorf haben wir in einem Hotel übernachtet und abends einige Biere zu viel an der Bar getrunken. Ein Freund hat Fritz auf dem Weg nach oben gestützt. Wir kamen an einem Feuerlöscher vorbei und den hat der Fritz sich geschnappt. Er war ein alter Pyromane, kannte sich mit den verschiedenen Modellen genau aus: 40F, 70B, 21A – Fritz hatte alle Bezeichnungen drauf.

Mit dem Feuerlöscher habe ich mich aus gutem Grund bewaffnet. Was der Poldi noch nicht erwähnt hat: In der Bar hatten wir uns mit einer italienischen Jagdgruppe angelegt und uns am Ende gegenseitig beschimpft. Die Kerle flüchteten schließlich und sperrten sich feige in ihren Zimmern ein. Daraufhin hat das Wepperle mit dem Feuerlöscher mal kurz durch die Schlüssellöcher gespritzt. Das war reine Notwehr! Hinter den Türen hörten wir lautes Husten.

Poldi: Wir haben zu zweit versucht, Fritz ins Bett zu bringen, aber er hat ungeheure Kräfte entwickelt. Er machte das Fenster des Hotelzimmers auf und warf den Feuerlöscher raus. Der landete auf der Motorhaube eines parkenden Autos und verursachte eine Riesendelle.

Am nächsten Morgen ist der Fritz zum Hotelbesitzer und beichtete: »Es tut mir furchtbar leid, aber wir haben letzten Abend ein bisschen über die Stränge geschlagen. Ein Feuerlöscher ist auf einem Auto gelandet und ich möchte natürlich für den Schaden aufkommen.«

Der Chef sagte in breitem Österreichisch: »Herr Weeeper, i muss eana sogn, des wor meein Auto.« Er hat Fritz verziehen, weil er ein großer Fan von ihm war.

Gefeiert haben wir immer gerne zusammen. Unvergesslich ist Poldis 60. Geburtstag, zu dem er im Juni 2003 rund 500 Gäste in ein Luxushotel am Tegernsee einlud. Dort hatte er zur Unterhaltung eine riesige Carrera-Bahn und eine Schießbude aufbauen lassen. Poldi fuhr im weißen Rennwagen vor, um seine Gäste zu begrüßen. In der jubelnden Menge standen Rennfahrerkollegen, Freunde von uns wie Uschi Glas und Bernie Herzsprung, aber auch Royals: Neben Caroline und Ernst August von Hannover war König Carl Gustaf von Schweden mit seiner Frau Silvia und den Kindern angereist, darunter Poldis Patenkind Carl Philip.

Mit Carl Gustaf waren Poldi und ich schon zusammen fischen, in jungen Jahren zogen wir mal in Heidelberg von Disco zu Disco. Den Carl Gustaf erkannte damals kein Mensch, in den dunklen Lokalitäten schon zweimal nicht. Er ist ein sehr unterhaltsamer Typ und mag es, wenn ich ihm einen Witz erzähle.

Poldi: Es sollte ein lustiges Fest werden, da habe ich natürlich keine Langeweiler eingeladen. Abends hielt zunächst Carl Gustaf eine Rede. Die Stimmung war so ausgezeichnet, dass er mit einem Löffel an sein Trinkglas klopfen musste, um alle zur Ruhe zu ermahnen: »Be quiet, here speaks the king of Sweden.«
Fritz hat auch eine super Rede gehalten. Ein gemeinsamer Freund war nicht so glücklich über ein paar alte Geschichten, die der Fritz ausgepackt hat – aber mir hat's gefallen. Als er zu später Stunde Königin Silvia, eine wahnsinnig charismatische und tolle Frau, zum Rock 'n' Roll aufforderte, wollte er gar nicht mehr aufhören. Fritz ist ein großer Tänzer! Wir haben bis morgens um fünf gefeiert, ein absolut gelungenes Fest.

Rock 'n' Roll ertönte aus den Boxen, aber als ich Königin Silvia aufforderte, sprangen gleich acht Bodyguards dazwischen. »I know this gentleman«, schüttelte Silvia die Herren ab. Während ich mit der attraktiven Königin meine Runden auf dem Parkett drehte, standen die Bodyguards mit grimmigen Mienen am Rand der Tanzfläche. Das beeinträchtigte meine Lässigkeit schon ziemlich. Und so wurde aus der geplanten Rock-'n'-Roll-Nummer eher ein Anstandswalzer.
Zwei Jahre später, als Poldis Sohn Manuel eine Halbschwedin und Prinzessin zu Sayn-Wittgenstein-Berleburg heiratete,

forderte ich Silvia erneut auf. Und da lief unsere Tanzeinlage wesentlich entspannter ab. Gefeiert wurde auf einem märchenhaften Schloss in Schweden, das hoch über einem See liegt, umgeben von Wäldern. Poldi organisierte einen Polterabend mit echt bayerischen Weißwürsten und Carl Gustaf sorgte für eine lockere Atmosphäre – er erzählt nämlich ebenso gerne Witze wie ich.

In den frühen Morgenstunden tanzten Königin Silvia und ich auf einer Terrasse vorm Schloss. Es war Sommer, die Sonne ging gerade auf. Wir blickten hinab auf Wälder und den See, über den der Morgennebel waberte. Silvia strahlte mich an und erklärte voller Stolz: »Fritz, das ist mein Schweden.«

Die Begeisterung und Liebe, die sie für ihre Heimat empfindet, kann ich gut verstehen. Denn mir geht es so mit Bayern und meiner Geburtsstadt München. Ich freue mich jeden Frühling auf den Beginn der Biergartensaison. Da sitze ich dann im Augustiner Biergarten an der Arnulfstraße, der offiziell Augustiner-Keller heißt, mit einem geschmierten Brot, auf dem so viel klein geschnittener Schnittlauch liegen muss, dass man die Butter darunter nicht mehr sehen kann. Oben drauf kommt Radi, auf hochdeutsch Rettich, den ich mit meinem Jagdmesser in Stücke schneide. Dazu ein Hendl mit Pergamenthaut. Derjenige, der mir das erste Hendl der Saison zubereitet, kriegt von mir eine Maß, das ist Tradition.

Max: Das Erste, was Fritz nach seiner zweiten Herz-OP zu mir sagte, war: »Können wir nicht mittags auf die Wiesn gehen und ein Hendl essen?« Wir haben's wirklich gemacht und Fritz hat es so genossen, obwohl's an dem Tag sehr voll war.

Eine frische Maß Bier, ein Hendl, dazu eine Brezn – dafür würde der Fritz, glaube ich, sogar ein Angebot aus Hollywood links liegen lassen. Im Herzen wird er immer ein Ur-Münchner sein, ganz egal, was kommt.

Sanne: Für Fritz sind Rituale sehr wichtig, auch kulinarische. Im Gegensatz zum Gros der Bayern schneidet er seinen Radi nicht in Spiralen, sondern immer in längliche Stücke – und schert sich nicht um die verwunderten Blicke, die er dafür ab und zu erntet. Er drückt sein Butterbrot in einen Teller mit klein geschnipseltem Schnittlauch, Radi drauf, so muss es sein.

Ab April lässt Fritz sich Spargel in allen erdenklichen Variationen schmecken, im Mai ist der erste frische Matjes für ihn ein Muss. Der wird wie folgt verspeist: Fritz hält den Matjes an der Schwanzflosse hoch, neigt seinen Kopf in den Nacken und lässt den Fisch von oben in den Mund gleiten. Messer und Gabel gehen in diesem Fall für ihn gar nicht und er versucht hartnäckig, alle anderen am Tisch davon zu überzeugen, es ihm nachzutun. Sommertrüffel gehören ebenfalls zum saisonalen Standardprogramm. Den hobelt Fritz zu Hause am liebsten über Eggs Benedict, selbstverständlich mit selbst gemachter Sauce hollandaise.

Ich mag Traditionen. Und ich mag Menschen, die sie bewahren. Der Max, mit ganzem Namen Maximilian Heiden, ist so einer. Er ist Juwelier in fünfter Generation. Nicht irgendeiner. Er darf sich Königlich Bayerischer Hofgoldschmied nennen, weil sein Urgroßvater 1897 diesen Titel erhielt. Sein Vater Albrecht, der von allen nur »Burschi« genannt wurde, hat den Goldring angefertigt, den ich meiner Frau Angela bei unserer Hochzeit 1979 an den Finger steckte.

»Burschi« war Mitglied eines berühmten Münchner Stammtisches, der sich täglich im Augustiner Biergarten traf. Ins Leben gerufen hatte den Siegfried »Sigi« Sommer, ein sehr bekannter Kolumnist der *Abendzeitung*. Zum ursprünglichen Stammtisch gehörten neben dem »Burschi« auch der ehemalige Polizeipräsident Manfred Schreiber und Schauspieler Hans Cossy, der durch die Serie *Raumpatrouille Orion* berühmt geworden war.

> **Max:** Der Sigi Sommer war jeden Tag im Augustiner-Keller, aber mein Vater meinte eines Tages zu mir: »Wenn du magst, kannst du mit deinen jüngeren Freunden den Donnerstag haben.«
>
> Ab da kamen einige Ältere, so wie Filmproduzent »Luggi« Waldleitner, nur noch donnerstags. Er sagte: »Alt bin i selber, i mog bei die Jungen sitzen!« Er war damals schon über 70, das fiel aber überhaupt nicht auf, weil er im Geist jung geblieben war. Ich bat den Fritz dazu, weil ich die gute Mischung von Jung und Alt aufrechterhalten wollte.

Der Biergarten kann noch so voll sein, wenn einer aus der Runde anruft und sagt: »Wir kommen heute Abend«, dann ist unser Tisch frei. Der steht direkt am Hendl-Grill nahe des Haupteingangs. Da flanieren alle vorbei, das ist wie die Maximilianstraße vom Augustiner Biergarten. Wenn wir dort sitzen, hängt über uns ein Messingschild, auf dem die Namen aller Teilnehmer eingraviert sind, auch die der Verstorbenen wie Sigi Sommer – inklusive Beruf. Bei mir steht Gaukler, und das trifft es, finde ich.

Der Max wohnt wie ich am Tegernsee auf einem wunderschönen historischen Hof. Nur wenige Autominuten trennen uns, wenn also irgendwas ist, kann er schnell bei mir sein.

Max holte mich nach meiner ersten Herz-OP aus der Klinik in Innsbruck ab. Er ist immer da, wenn ich seine Unterstützung brauche.

Lustig, dass unsere Freundschaft Mitte der 80er-Jahre mit einem handfesten Streit begann – und zwar auf einem der »Schnallenbälle« von Wiesn-Wirt Richard Süßmeier im Forsthaus Wörnbrunn in Grünwald. Die hießen so, weil die Männer als Zuhälter kamen und die Frauen als »Schnallen«, also Prostituierte. Süßmeier verkleidete sich als Puffmutter, das war sein Humor in Reinkultur.

Max: Meine Freunde und ich waren Anfang 20, wir hatten die ganze Saison als Junghelfer des Faschingsvereins Narrhalla die Münchner Prinzengarde begleitet. Wir standen gerade mit den hübschen Tänzerinnen an der Bar, als sich Bernd Herzsprung und Fritz Wepper näherten. Wir haben die beiden gleich erkannt, aber auch ihre Absichten. Zwei Wilderer in unserem Revier! Obacht – das Jagdrecht an der Bar hatten wir gepachtet. Es kam zum Wortscharmützel mit den für unser Empfinden ziemlich alten Herren, schließlich waren sie jenseits der 40. Die beiden zogen not amused von dannen.

Zwei Wochen später war ich mit meinem Vater zum Faschingsball am Nockherberg eingeladen, dieses Mal im Smoking. Der Wirt verkündete: »Ihr sitzt am Ehrentisch, mit Fritz Wepper und Bernd Herzsprung.« Oha, dachte ich – und landete auch noch direkt neben Herzsprung. Wir machten Small Talk und er fragte: »Wir kennen uns doch von irgendwo her?« Erst wiegelte ich ab, doch als er hartnäckig blieb und wir irgendwann per Du waren, gab ich ihm ein Stichwort: »Schnallenball«.

Bernds Augen weiteten sich und mit dem Tonfall der Freude über den Fahndungserfolg rief er quer über den Tisch: »Fritz, da sitzt das A… von letzter Woche!«

Max und ich teilten nach dieser Erkenntnis unsere verschiedenen Versionen der Geschichte mit dem Rest des Tisches, woraufhin alle in schallendes Gelächter ausbrachen. Bis um fünf in der Frühe sind wir noch in der Küche vom Nockherberg versumpft, damit war der Bund zwischen uns besiegelt.

Da sein Name nun schon öfter fiel, ist sicher klar: Mein Freund Bernie, Bernd Herzsprung, ist aus meinem Leben nicht wegzudenken. Wir sind schon seit Anfang der 70er-Jahre unzertrennlich, sind gesurft, Rennrad gefahren, wir haben sogar zusammen geheiratet. Das macht man ja nicht mit irgendwem. Bernie wählte mich als Patenonkel für seine Tochter Sarah.

Unsere Beziehung ist geprägt von einer gehobenen Streitkultur. Wir kriegen uns höchst unterhaltsam über alles Mögliche in die Haare, das fängt an bei der Diskussion darüber, ob es nun »Coloräido River« heißt oder »Coloraaaado River«. Natürlich habe ich recht, es wird »Coloraaaado River« ausgesprochen, mit langem A. Bernie und ich necken uns gerne, so wie es nur echte Freunde können und dürfen.

Bernie: Wenn ich sein Verhalten mir gegenüber suspekt finde, hinterfrage ich das.

Ist es umgekehrt, zieht er sich fürs Erste beleidigt zurück, um es dann zu einem späteren Zeitpunkt bei einem Weinchen auszudiskutieren.

Über den Weg gelaufen sind wir uns auf Sylt an der Buhne 16. Wir kamen über gemeinsame Bekannte ins Gespräch, hatten einen ähnlichen Humor und verabredeten uns für den Abend in einem Club in Westerland. Dort tranken wir ein bisschen Alkohol, vielleicht ein bisschen zu viel. Es muss zwei, drei Uhr morgens gewesen sein, als wir den Club verließen.

Neben dem Gebäude gab es eine Baustelle, auf der eine Dampfwalze stand. Bernie behauptet felsenfest, es sei ein Bagger gewesen, aber auch da liegt er falsch. Ich schwang mich also ins Führerhäuschen dieser Dampfwalze und versuchte, das Ding in Bewegung zu setzen. Eine glorreiche Idee, fand ich! Doch Bernie zerrte mich runter, um weiteres Unheil zu vermeiden. Dank seines beherzten Eingreifens schafften wir es an dem Morgen heil nach Hause. Auch dafür sind Freunde wichtig: Sie ziehen manchmal genau im richtigen Augenblick die Reißleine.

Max: Beim »Gauklerball« im Deutschen Theater, einem Münchner Kostümfest mit Tradition, ist Fritz mal mit dem Bernd zusammen als »Blues Brothers« aufgetreten. Bei den beiden spürt man immer die Freundschaft. Da geht's dem einen nicht darum, mit dem anderen was zu verdienen oder ihm was abzuverlangen. Der Spaß spielt da die wichtigste Rolle.

Bernie und ich verstanden uns so gut, dass wir sogar recht zügig ins selbe Haus zogen. Ich hatte in Pullach einen Neubau entdeckt, der wirkte wie ein modernes Schloss aus Sichtbeton. Davor stehen heute noch manchmal Architekturstudenten, weil dieses verschachtelte Gebäude mit Flachdach und großen Fenstern einfach einmalig ist. Ich mietete eine Maisonettewohnung, Bernie das Apartment nebenan und Elmar wohnte auch nur ein paar Straßen weiter.

Eines Tages stand eine Tigerkatze vor unserer Tür. Es stellte sich heraus, dass sie kein Gastspiel gab, sondern Mitglied des

Ensembles werden wollte. Da der Kater zwischen meiner Wohnung und Bernies Apartment hin- und herwanderte, tauften wir ihn Strawanzi und buhlten fortan um seine Gunst. Klar, jeder von uns beiden wollte Strawanzi so oft wie möglich bei sich haben. Daraus wurde ein regelrechter Wettbewerb zwischen Bernie und mir: Wer hat das schönere Katzenkörbchen? Wer die lustigeren Spielsachen? Wer das bessere Futter? Als Bernie mitbekam, dass ich eine Mark fünfzig mehr für die Dosenmahlzeit ausgegeben hatte, kaufte er feines Hühnerfleisch vom Metzger für Strawanzi und setzte ihr eigens gekochtes Essen vor. Trotzdem siegte ich und Strawanzi zog auf Dauer bei mir ein. Womöglich lag es am Kaviar, den ich servierte.

Wenn man so Tür an Tür wohnt, merkt man natürlich erst recht, wenn es dem anderen mal nicht so gut geht. Bei Bernie war das Mitte der 70er-Jahre der Fall. Seine langjährige Lebensgefährtin hatte sich von ihm getrennt. Bernie war in einem desolaten Zustand, schaffte es vor lauter Liebeskummer noch nicht mal mehr, auf der Theaterbühne zu stehen. Seine Leidensphase nahm einfach kein Ende, sodass ich eines Tages zu ihm sagte: »Jetzt gib mir mal deinen Pass!«

Damit bin ich zum amerikanischen Generalkonsulat gefahren und habe Visa für uns beantragt. Ich buchte auch gleich Flüge nach Los Angeles. Vor dem Start gab's für Bernie einen Whiskey und eine Beruhigungstablette, so kamen wir ganz entspannt im Land des Hollywood-Lächelns an.

Bernie: Fritzi hat seismografisch gefühlt, dass ich mich privat und beruflich in einer beklagenswerten Situation befand. Er hatte, ohne mich zu bemitleiden, eine – wie ich heute meine – grandiose Idee. Er holte mich aus dem Dilemma heraus, indem er mir den Vorschlag machte, mit ihm in die Staaten zu fliegen. Auf dieser Reise hat die gute Bekanntschaft zwischen Fritzi und mir Flügel bekommen.

Von Los Angeles aus reisten wir mit meinem amerikanischen Freund Timothy Barker mehrere Wochen lang durchs Land und versuchten, Bernies Liebeskummer beim Fischen zu ertränken. Wenn wir fuhren, saß Bernie immer auf der Rückbank und hörte in Endlosschleife einen Song namens »I'm Not In Love«. Tim fragte mich irgendwann: »Du, wie sieht Bernie eigentlich aus?« Der ließ nämlich permanent den Kopf hängen, sodass seine damals noch längeren Haare komplett das Gesicht verdeckten.

Tim selbst war zu diesem Zeitpunkt glücklich verheiratet – mit meiner Ex-Freundin Ilse. So hatten wir uns überhaupt kennengelernt. Sie lud mich 1972 frisch verheiratet in ihre neue Heimat Los Angeles ein und dort traf ich erstmals auf Tim.

Tim: Wir haben uns sofort verstanden, dabei halfen vielleicht auch die Joints, die wir rauchten. Aber mal ehrlich: Ich habe kaum männliche Freunde, zog Frauen als enge Vertraute vor. Fritz war damals eine Ausnahme. Wir waren uns schnell nah, weil wir Interessen wie Jagen und Fischen teilten. Ich schätze an Fritz besonders, dass er so ehrlich ist und ein extrem guter Zuhörer. Er hat viel Charme, es macht einfach Spaß, mit ihm Zeit zu verbringen.

Meine Freundschaft mit Ilse und Tim hält bis heute, die Ehe der beiden ist allerdings schon lange geschieden. Tim hat ein zweites Mal geheiratet und ist inzwischen mehrfacher Großvater, so wie ich. Er liebt seine Familie über alles, da sind wir uns sehr ähnlich. 2013 führte ich seine Tochter Nadia mit ihrem kleinen Sohn in München aus. Wir gingen – selbstverständlich! – in einen Biergarten.

Als ich Tim damals in Los Angeles besuchte, arbeitete er in einer berühmten PR-Agentur, vertrat Künstler wie Tony Bennett, Dionne Warwick, die Jackson Five, Chuck Norris und Marvin Gaye. Ich hatte im Vorjahr *Cabaret* mit Liza Minnelli gedreht, mit der er, wie er mir erzählte, dieselbe Privatschule besucht hat. Tim kannte sich in Hollywood-Kreisen gut aus, schließlich war er in sie hineingeboren worden: Seine Mutter war Susan Hayward, die fünfmal für einen Oscar nominiert wurde und ihn 1959 für *Lasst mich leben* mit nach Hause nahm. Gregory Peck, Clark Gable, John Wayne, Dean Martin, Bette Davis – Susan hatte mit allen Großen des Showgeschäfts vor der Kamera gestanden.

Ich begegnete ihr zum ersten Mal auf einer Party, die Ilse in Susans Villa veranstaltete. Das Haus mit großer Terrasse lag in den Hügeln oberhalb von Beverly Hills, die Aussicht auf die Stadt der Engel raubte mir den Atem. Susan war damals 55, eine wahnsinnig hübsche Frau. Sie hatte rote Haare wie ich, das trug sicher zu unserer gefühlten Seelenverwandtschaft bei. Susan war eine gebürtige New Yorkerin und hatte diese dafür typisch handfeste Art. Eines ihrer berühmten Zitate lautet: »Ich habe mich selbst nie als Filmstar betrachtet. Ich bin nur ein Mädchen, das sich an die Spitze gearbeitet hat – und nie heruntergefallen ist.« Susan war kein Stern am Himmel, sie war vielmehr ein Engel auf Erden.

Tim: Meine Mutter hatte Fritz in *Cabaret* gesehen und fand seine Performance darin ganz toll. An dem Abend sprach sie lange mit ihm, war ganz gebannt von Fritz. Er kann gut mit Worten umgehen. Einmal besuchten wir alle zusammen das Lieblingsrestaurant meiner Mutter in Beverly Hills: Chasen's. Und auch da drehte sich ein Großteil der Konversation um Fritz und meine Mom. Das muss 1973 gewesen sein, bevor die Ärzte bei ihr mehrere Gehirntumore fanden.

Schuld daran war wohl der Film *Die Eroberer* von 1954, in dem Susan mitspielte. Die Außenaufnahmen wurden in einem Gebiet nahe St. George in Utah gemacht. Die Regierung hatte es zum Drehen freigegeben, doch die Gegend war radioaktiv verseucht. Nicht weit entfernt befand sich ein Atomwaffentestgelände. In den Jahrzehnten nach dem Dreh erkrankte fast die Hälfte des über 200-köpfigen Teams an Krebs. Susan starb 1975, vier Jahre später auch ihr Co-Star John Wayne. Seine Todesursache: Magenkrebs. Viele Familien und Angehörige verklagten die Regierung erfolglos. Sie hatten keine Chance, das fand ich abartig und verantwortungslos.

Wenn es mir gesundheitlich nicht gut geht, rufe ich meinen Freund Dietmar Küffer an. Didi ist seit den 70er-Jahren mein Zahnarzt und verfügt über exzellente Kontakte zu den besten Medizinern in München und Umgebung. Er hat schon oft vermittelt, wenn ich einen Expertenrat benötigte.

Bei meiner Mutter hatte er einen Stein im Brett, seit er ihr zum Geburtstag mal einen mindestens 1,50 Meter großen Teddybären schenkte, der war fast größer als Mutti selber. Sie hat sich unglaublich gefreut, der Riesenbär saß am Frühstückstisch immer neben ihr.

Didi teilt meine Leidenschaft für den Fußball. Ich bin ein glühender FC-Bayern-Fan und schaue mir jedes Spiel an. Früher oft im Stadion, mittlerweile meist am Fernseher. Selbst ins Restaurant nehme ich mein iPad mit, um kein Tor zu verpassen. Da kenne ich nichts.

Als kleiner Junge war ich Vereinsmitglied beim FC Bayern, doch mit 16 wurden mir – zumindest eine Zeit lang – die Mädchen wichtiger und ich sparte mir den Jahresbeitrag. Heute würde ich mir die Finger nach meiner alten Mitgliedsnummer lecken. Die lautete nämlich 652. Die neuen starten bei über 290 000.

Unser genialstes Fußballerlebnis hatten Didi und ich 1990, da flogen wir zum WM-Finale nach Rom. Deutschland trat dort gegen Argentinien an. Eine Reise mit Handicap. Ich hatte vor meiner Tochter cool sein wollen und einen Bocksprung über einen Pfosten gewagt. Das Ganze endete mit einem Haarriss am Fersenbein im Krankenhaus. Ich bekam einen dicken Gips und Krücken.

Didi: Franz Beckenbauer hatte uns eingeladen und Fritz ist mit Gips in die Maschine nach Rom gestiegen. Das Spiel wollte er sich auf keinen Fall entgehen lassen. Als wir am Olympiastadion ankamen, sind wir auf der Suche nach unseren Plätzen einmal ganz außen rum gelaufen. Fritz auf Krücken und ich in neuen Schuhen ohne Socken, für uns beide ein schmerzhafter Weg.

Aber der war's wert: Wir saßen hinter dem Tor der Argentinier, als unser Freund Andi Brehme in der 85. Spielminute das 1:0 für Deutschland schoss. Einfach genial!

Jaaaaaaaa!!!! Sieeeeeeeg!!!! Nach dem Tor vom Andi lagen Didi und ich uns unterm Vollmond, der in dieser Nacht am Himmel stand, in den Armen. Deutschland hatte dank Andi seinen dritten WM-Titel. Was für ein Teufelskerl!

Wir freuten uns schon darauf, seinen Traumschuss zu begießen und fuhren daher raus aus der Stadt hin zur Villa Borghesiana. Dort war die Nationalmannschaft untergebracht und wir wollten zur Siegesfeier. Das Problem war nur: Wir wurden von den Sicherheitsbeamten abgeblockt.

Didi: Am Pförtnerhäuschen vor einem dicken Metallzaun erkannte das Wachpersonal zwar Fritz als »Mr. Derrick«, sie ließen uns aber trotzdem nicht rein. Fritz bestand darauf, mit Franz Beckenbauer zu sprechen, dessen Stimme schließlich durch eine Gegensprechanlage schepperte. »Kommt rein!«, rief der Kaiser, als er Fritz sprechen hörte.

Endlich ging das Tor auf. Wir haben die ganze Nacht durchgefeiert, das ging bei Fritz auch mit Gips problemlos. Ich bin bei der Heimreise barfuß durch den Flughafen gelaufen, weil mir die Füße so weh taten.

Der Didi hatte damals wirklich blutige Füße. Mein Freund Werner Mang trägt dagegen blutige Socken – nein, Spaß beiseite, das ist nur unser Running Gag. »Na, hast du schon die roten Socken an?«, frage ich ihn nämlich immer, wenn ich ihn in seiner Klinik am Bodensee erwische. Werner ist Schönheitschirurg und wenn er im OP steht, geht's blutig zur Sache. Er hat mich auch schon mal scherzhaft gefragt: »Na, was meinst du? Soll ich meiner Patientin jetzt das 200-ml-Implantat einsetzen oder lieber das 250er?«

Werner und ich kennen uns über 20 Jahre und er steht inzwischen selber oft im Rampenlicht. Er mag das und beherrscht den Small Talk mit den Journalisten am roten Teppich in vollendeter Form. Aber ich weiß, dass auch er nicht unbedingt das leichteste Leben hat. Unter uns packen wir jedes Problem aus dem Familien- und Liebesleben auf den Tisch, da bleibt nichts unausgesprochen, dafür schätze ich ihn. Und weil er eh schon den genauen Einblick hat, habe ich ihn gebeten, der Patenonkel meiner jüngsten Tochter Filippa zu werden.

Werner: Es war für mich eine große Ehre, Taufpate von der süßen Filippa zu sein. Ich habe für sie ein Sparbuch angelegt, das jährlich gefüttert wird, sodass Filippa sich mit 18 Jahren ein schickes Auto kaufen kann.

Mit ihrer Geburt gab es einige Turbulenzen bei den Weppers. Ich habe Fritz in dieser Zeit unterstützt. Hut ab: Er hat es geschafft, wieder Harmonie reinzubringen. Das habe ich immer empfohlen, wenn er mich angerufen hat.

Ich bin ein Harmoniemensch, und wenn das eine Schwäche ist, dann gestehe ich sie hiermit ein. Dazu passend hängt ein schmiedeeisernes chinesisches Schriftzeichen links neben der Eingangstür meines Hauses am Tegernsee: Es bedeutet Frieden, denn den wünsche ich mir in meinem Leben. Am liebsten sehe ich alle, die mir wichtig sind, auf einem Haufen glücklich vereint. Das funktioniert nicht immer, aber immer öfter. Man muss nur die entsprechenden Anlässe schaffen.

Meine Geburtstage feiere ich mit Vorliebe in großer Runde und sehr ausgiebig, so wie 2014, als ich 73 wurde. Von meinen Freunden hatte ich mir ein spezielles Fernglas für die Jagd gewünscht, das Max mir an jenem Abend in die Hände drückte. Er hielt als Jüngster meiner Freunde eine Rede auf mich, die mir immer in Erinnerung bleiben wird. Denn er bezeichnete sich darin als »stellvertretenden Vorsitzenden des Vereins der Wepperianer«. Allein bei dieser Formulierung war ich schon den Tränen nahe.

Max: Ich überreichte Fritz zusätzlich einen Filzhut mit handgemachten Jagdabzeichen, als Symbol dafür, dass er »seine stetig wachsende Familie« unter einen Hut kriegt. Bei dieser Formulierung haben alle ein bisschen gezuckt, schließlich war das nach Filippas Geburt. Aber glücklicherweise ist der bayerische Humor robust genug, um auch die härteren Pointen zu verkraften und der Lacherfolg war auf meiner Seite.

Und wie wir lachten! Das sind mir die liebsten Momente. Glück und Freude muss man auskosten. Ich habe oft genug erlebt, wie schnell all das durch Krankheit oder Tod vorbei sein kann.

Einige meiner Freundschaften haben sich im Laufe der Jahre verändert. In den 70ern bin ich mit Bernie noch in einem Geländewagen durch Kanada gebrettert, bei unserem letzten Mallorca-Trip schob er mich dagegen im Rollstuhl durch den Flughafen von Palma.

Ich bin nicht mehr so gut zu Fuß und hatte vergessen, mir vorab einen Rollstuhl zu reservieren. Bernie entdeckte in einer Ecke ein für Fluggäste gedachtes Exemplar und entwendete es kurzerhand. Ich nahm darin Platz und er schob mich so schnell er konnte durch die endlosen Gänge.

Denn ein Flughafenmitarbeiter hatte unseren Klau bemerkt. Er verfolgte uns schreiend und pfeifend, um uns verständlich zu machen, dass wir das Ding nicht benutzen dürften. Das war wie eine Szene aus dem Kinofilm *Ziemlich beste Freunde*.

Meine Freunde und ich gehen zusammen durch dick und dünn. Und wenn wir nicht mehr gehen können, dann rollen wir eben.

Kapitel 4

Schon als kleiner Junge habe ich von einem Porsche geträumt. Anfang 1968, mit 26 Jahren, konnte ich mir diesen Wunsch erfüllen. Für manche mag das früh erscheinen, doch mir kam es vor, als habe ich eine Ewigkeit auf diesen Wagen hingearbeitet. Ich konnte es an jenem Frühlingstag kaum glauben, dass ich gerade wirklich den Kaufvertrag für einen feuerroten Porsche 911 Targa mit 110 PS unterschrieb. 24 000 Mark kostete mich der. Diese hochtourige Belohnung hatte ich mir eigenhändig verdient.

Das bin ich in meinem geliebten » Targi «

Das schwarze Stoffdach ließ sich abnehmen, dann wurde mein »Targi« zum Cabrio. Einen Porsche zu fahren, ist an sich schon ein Erlebnis. Und dann noch den ersten eigenen! Ich hatte mir extra Fahrerhandschuhe gegönnt, sie waren aus weichem schwarzem Leder. Damit hatte ich noch mehr Grip am Lenkrad und an der Gangschaltung. Ich drehte den Zündschlüssel um, löste die Handbremse, ließ die Kupplung kommen und gab Gas. So richtig Gas! Diese Kraft, die da unter der Haube steckt. Der Klang des Motors, das elektrisierende Vibrieren, das beim Runterdrücken des Pedals vom ganzen Körper Besitz ergreift. Ein Wahnsinnsgefühl!

James Dean fuhr Porsche, Herbert von Karajan auch. Sie waren sicher ähnlich fasziniert wie ich. Für mich war dieses Auto weniger ein Statussymbol, es bereitete mir einfach Spaß. Ich bin mit einigen Rennfahrern befreundet und auf der Straße selber gerne sportlich unterwegs. Ausbremsen konnte mich nur das sonntägliche Fahrverbot, das wegen der damals herrschenden Ölkrise im November 1973 erstmals ausgesprochen wurde.

> **Poldi:** Auf langen Fahrten haben Fritz und ich immer zur Musik im Radio auf dem Armaturenbrett getrommelt. Ich habe ihm viel übers Autofahren beigebracht, zum Beispiel, wie man richtig sitzt und in brenzligen Situationen reagiert.

Ich legte mir alle paar Jahre einen neuen Porsche zu, unter anderem einen weißen Carrera RS, der auf 500 Stück limitiert war. Den stieß ich schließlich für 27 500 Mark wieder ab und ärgerte mich nachher darüber. Heute wäre dieser Wagen sicher über eine Million wert. Ich Depp!

Mein Jugendfreund Heinrich kannte Professor Ferdinand Alexander Porsche, den Schöpfer des legendären 911, persönlich. Er durfte jedes Modell Probe fahren, das neu auf den Markt kam, und nahm mich dabei ab und zu mit.

Heinrich fuhr nicht nur Porsche, er besaß auch eine Wohnung in Monte-Carlo und eine Jacht, die dort im Hafen lag. Er stammte aus einer gut betuchten Stuttgarter Industriellenfamilie. Aber durch ihn lernte ich anhand einer tragischen Geschichte, dass Geld nicht zwangsläufig glücklich macht. Heinrich wollte einmal von Stuttgart aus zu einer Dame nach Rom fliegen, die er dort öfter traf. Aber er verpasste seine Maschine und nahm eine spätere von München aus. Sein Glück im Unglück: Denn die Bekannte wurde in Rom vor ihrer Wohnungstür erstochen. Wie Heinrich durch Recherchen im Untergrund herausfand, war wohl der eigentliche Plan gewesen, ihn als potenziellen Täter in den Mord zu verwickeln. Seine verspätete Ankunft schenkte ihm allerdings ein lupenreines Alibi.

Als ich 24 war, lud er mich erstmals zu sich nach Monaco ein, ich tauchte ab in eine Welt aus Geld und Glamour. Viele der hohen Betonbauten, für die der Zwergstaat heute bekannt ist, standen damals schon, eingeklemmt zwischen Berge und Mittelmeer. Wir verfolgten live, wie die Boliden beim Großen Preis von Monaco nur wenige Meter von uns entfernt durch die Stadt rauschten, anfangs sogar noch ohne Leitplanken. Es roch nicht mehr nach salziger Meeresluft, sondern nach Benzin.

Tagsüber ging's meist mit Heinrichs Boot raus, abends aßen wir Spaghetti im Restaurant Tip Top, da traf sich die Hautevolee in Smoking und Abendkleid. Wir trugen Jeans, kamen aber trotzdem rein. Einige Gäste lieferten sich im Tip Top zum Dessert Joghurtschlachten, das war quasi der Vorläufer der heutigen Champagnerduschen. Ich fand das grotesk, aber es gehörte dort für manche anscheinend dazu. Im nahe gelegenen Menton gab es ein Lokal, in dem die Gäste aus reiner Gaudi Gläser und Teller zerschmissen, das kam dann alles einfach gleich mit auf die Rechnung. Nicht meine Welt. Aber eins nahm ich mit, das blieb: mein Faible für die südfranzösische Flamenco-Pop-Gruppe Gypsy Kings, die in den 1970ern noch als José Reyes et Los Reyes durch die Kulturlandschaft tingelte. In Monaco hörte ich sie zum ersten Mal und liebe ihre Lieder mit den schnellen, lebensbejahenden Rhythmen bis heute.

Zu den Freunden, mit denen ich in Südfrankreich Zeit verbrachte, zählte auch der Carli, ein echter Selfmade-Millionär. Er stammte aus der Schweiz und vermietete sehr erfolgreich Privatjets. Seine Jacht lag im Hafen von Monte-Carlo direkt neben der von John Wayne. Die beiden entkorkten einige Flaschen Whiskey miteinander. Einmal hatten sie nach einem solchen Genussmoment die fragwürdige Idee, die Küstenstraße Moyenne Corniche im Team zu meistern: Carli hielt das Lenkrad, Wayne hockte daneben und bediente mit seinen Händen die Gas-, Brems- und Kupplungspedale. Diese Strecke ist wegen ihrer engen Haarnadelkurven berühmt und berüchtigt. Eine davon packte Fürstin Gracia Patricia, ehemals Grace Kelly, im Jahr 1982 nicht und verunglückte tödlich. Carli und sein als Westernheld bekannter Co-Pilot schafften es unfallfrei. Ich bin trotzdem froh, dass ich nicht mit im Auto saß, stattdessen hatten die beiden wohl einen Schutzengel mit an Bord.

Finanzieren konnte ich meine Urlaube und Autos, weil ich zu der Zeit einen festen Job hatte: Ab dem Frühjahr 1968 drehte ich *Der Kommissar*, eine Krimiserie, die zu einer der erfolgreichsten der deutschen Fernsehgeschichte werden sollte. Ich hatte davor in Filmen wie *Der Arzt von St. Pauli* oder *Wenn es Nacht wird auf der Reeperbahn* mitgewirkt. Diese

Streifen waren nicht so schlüpfrig, wie die Titel vielleicht vermuten lassen. Es handelte sich um ziemlich prominent besetzte Krimis, den *Arzt von St. Pauli* spielte zum Beispiel Curd Jürgens.

Die Anfrage für die Rolle des Kriminalhauptmeisters Harry Klein in *Der Kommissar* erhielt ich über meine Künstleragentur. Man wollte mich gleich haben, ohne Vorsprechen, Probeaufnahmen oder ähnliches. Die Rolle des Kommissars wurde mit Erik Ode besetzt, der 32 Jahre älter war als ich, als Kriminalhauptmeister war ich einer seiner Assistenten. Er wurde zu meinem väterlichen Freund, zwischen uns gab es kein böses Wort – zumindest kein so gravierendes, als dass ich mich daran erinnern würde. Als 1981 meine Tochter Sophie geboren wurde, war Ode der erste Besucher im Krankenhaus, nur zwei Jahre später starb er mit 72 in Weißach/Tegernsee.

Der Kommissar hatte drei Assistenten, neben mir kamen Günther Schramm und Reinhard Glemnitz zum Einsatz. Ich war mit 25 der Jüngste. Der erste Fall, *Toter Herr im Regen,* der am 3. Januar 1969 ausgestrahlt wurde, erreichte eine Einschaltquote von 71 Prozent – so viel schaffte sonst nur die Fußballnationalmannschaft. Die Presse nannte uns »die Wunderkinder der deutschen Mattscheibe«. Einmal pro Monat lösten wir einen Fall, gesendet wurde am Freitagabend, woraufhin der sich im ZDF zum traditionellen Krimiabend entwickelte.

Erik Ode alias Kommissar Herbert Keller wurde in den Folgen höchstens von zwei seiner drei Assistenten begleitet. Dass wir vier uns alle gemeinsam am Set aufhielten, war eine Seltenheit. Wenn es dazu kam, zelebrierten wir das: Vor der ersten Szene stellten wir eine Flasche Heidsieck Monopole Red Top Champagner kalt und stießen damit an. Die Regisseure wechselten häufig und falls einer uns mit Blick auf die Uhr antreiben wollte, wimmelte ich ihn ab: »Das ist unser Ritual, halten Sie sich da raus!«

Anfangs waren sechs *Kommissar*-Folgen geplant, doch als die Serie durch die Decke ging, was man als Schauspieler oder Sender vorab nie ahnen kann, wurden daraus erst 13, dann 26 und am Ende sogar insgesamt 97 Episoden. Ich war fünf Jahre lang dabei, bis zur Folge 71, die am 22. März 1974 gesendet wurde und *Spur von kleinen Füßen* hieß.

In dieser Folge wurde ich versetzt – wer sich an das Fernsehen der 70er- bis 90er-Jahre erinnert, weiß, wohin, die anderen erfahren es in Kapitel 7 – und überraschte den Kommissar zum Abschied, indem ich ihm einen Schlammbeißer in sein geliebtes Büro-Aquarium setzte, das ist ein Fisch aus der Karpfenfamilie. Mir als passioniertem Angler gefiel das sehr gut. Wobei ich Fische lieber in natürlichen Gewässern beobachte als hinter Glas.

Das größere Highlight dieser Episode: Der Auftritt meines Bruders Elmar, der ab da den Bruder von Harry Klein spielte und in der Serie dessen Job übernahm. Man könnte meinen, dass ich Strippen gezogen hätte, damit das passierte. Aber dem war nicht so. Elmar wurde zu Probeaufnahmen eingeladen und hat einfach überzeugt, weil er ein brillanter Schauspieler ist.

Die »Amtsübergabe« in Folge 71 hat uns viel Spaß gemacht. Ich durfte als Harry Klein meinem Bruder Erwin, der laut Drehbuch frisch von der Polizeischule kam, erklären, dass an seiner neuen Wirkungsstätte »alles viel lockerer zugeht«. Wenn ich mir heute die *Kommissar*-Aufnahmen von uns mit Anzug und Krawatte ansehe, muss ich bei so einem Satz schmunzeln.

Die Drehbücher von Herbert Reinecker las ein Kriminalrat aus dem Münchner Polizeipräsidium gegen, um zu kontrollieren, ob die Handlung aus ermittlungstechnischer Sicht Hand und Fuß hatte. Zu 99 Prozent ging auch ich d'accord, nur einmal schüttelten wir Assistenten beim Lesen des Drehbuches die Köpfe. Wir waren es gewohnt, dass der Kommissar so gut wie »allwissend« war. Er war derjenige, der den Täter überführte, wir folgten lediglich seinen Anweisungen. In Folge acht, *Der Tod fährt 1. Klasse,* sollte es anders sein: Da machten wir drei Assistenten einen Frauenmörder dingfest, der in einem Nachtzug kellnerte. Aber natürlich lenkte der Kommissar im Hintergrund die Ermittlungen: Er ließ per Telefonanweisung den Zug stoppen, und als wir den Fiesling längst geschnappt hatten, rannte uns ein Bahnbeamter mit einem Zettel entgegen, auf dem stand: »Der Kellner im Zug ist der Mörder.« Das war schon ziemlich erfundener Quatsch, damit waren wir nicht wirklich einverstanden. Drehen mussten wir die Szenen trotzdem so. Wir standen unter Vertrag und hatten keinen Einfluss auf die Handlung.

Wofür ich mich aber einsetzte, war mein Auftreten. Als Jüngster im Bunde wollte ich, dass sich meine Generation mit mir identifizieren kann. Daher trug ich die Haare länger als meine Serienkollegen, so wie es eben angesagt war in der Zeit. Ältere Zuschauer beschwerten sich schriftlich über den »ungepflegten Polizisten«, die jungen schickten dagegen Jubelbriefe: »Endlich einmal ein Kommissar mit langem Haar!«

In der Serie trug ich Anzug, privat Hosen mit breitem Schlag und Hemden mit großem Kragen. 1970 wählte mich das Deutsche Institut für Herrenmode unter die fünf best angezogenen Männer Deutschlands, zusammen mit Joachim Fuchsberger, Roy Black, Nachrichtensprecher Lothar Dombrowski und Stahlbaron Berthold Beitz.

Michi: Fritz ist relativ uneitel. Aber er achtet auf sich: Alle drei Wochen geht er zum Frisör, bekommt eine Pedi- und Maniküre, das muss sein. Wenn ich mal was übersehen habe, sagt er gleich: »Wir müssen glaube ich mal die Augenbrauen schneiden oder die Wimpern färben.« Das ist ihm wichtig.

Im selben Jahr prangte mein Gesicht erstmals auf einem *Bravo*-Poster. Die *Bravo* war damals natürlich eine feste Größe. 1971 kürten die Leser mich zu ihrem zweitliebsten männlichen TV-Star und ich erhielt den »Silbernen Otto«. Das sind Randerscheinungen einer Schauspielkarriere. Über Auszeichnungen wie diese freue ich mich selbstverständlich. Aber darauf kann man sich nicht ausruhen. Mein wichtigster Antrieb ist seit jeher, meine Rollen möglichst glaubwürdig zu gestalten. That's it.

Zu *Kommissar*-Zeiten erhielt ich zwischen 20 und 700 Fanbriefe am Tag, je nachdem, wie lange die Ausstrahlung der letzten Folge zurücklag. Die Post kam direkt zu meiner Mutter nach Hause, bei der ich gemeldet war. In Zeitschriften wurden damals noch die Wohnadressen von Promis abgedruckt, heute wäre das völlig undenkbar. Mutti bearbeitete die Postberge für mich. Sie legte mir die nettesten Briefe hin und ich beantwortete sie.

Es erschienen auch immer mehr Zeitungsartikel über mich, die Mutti in ihren Ringordnern abheftete. Die Medienberichte von 1953 bis 1964 hatten noch in einen Ordner gepasst, ab 1965 waren manchmal sogar ein bis zwei Ordner pro Jahr fällig. Bis 2005, als sie das Abheften altersbedingt aufgab, kam Mutti auf 28 Stück.

Mutti und ich mit Stapeln von Fanpost

Elmar: Für mich hat die Mutti auch Ordner angelegt, die stehen in meinem Büro. Im Gegensatz zu Fritz sind es bei mir nur 14. Aber er hat ja auch mehr gedreht und gemacht.

Sophie: Meine Großmutter hat sich unglaublich viel Mühe gemacht. Sie kam an Weihnachten immer mit dem aktuellen Ordner an – quasi als Jahresrückblick. In dem Moment wurde der meist eher stiefmütterlich behandelt, keiner hatte großes Interesse daran. Aber mit der Zeit werden diese Ordner für uns als Familie natürlich immer wertvoller.

Im Winter 1968 zog ich in eine schicke Wohnung in Grünwald: 100 Quadratmeter und zwei Garagen für eine Miete von 650 Mark. Ich kaufte eine riesige Stereoanlage für 3000 Mark, mit der ich meine 200 Schallplatten hörte. Inzwischen habe ich 700 LPs, die nehmen in meinem Büro eine ganze Wand ein. Damals hörte ich zum Beispiel gerne Deep Purple, Jimi Hendrix oder Creedence Clearwater Revival.

Mein neues Zuhause richtete ich hauptsächlich mit Antiquitäten ein, die mochte ich schon als junger Mann. Ich erstand unter anderem einen hellblau gestrichenen Bauernschrank mit Blumenmotiven, ein Bauernbett mit handgeschnitztem Kopfteil, einen Mahagoni-Couchtisch aus England und ein Tabakschränkchen mit Intarsien, indem meine zwölf Pfeifen und sechs verschiedene Tabaksorten Platz hatten. Die rauchte ich dann vorm lodernden Kamin.

Das Pfeifenrauchen hatte ich mir vom Vater meines Jugendfreundes Jergl abgeschaut. Seine Familie war wohlsituiert, auf ihrem Esstisch stand eine Klingel, mit der die Bediensteten herbeigerufen werden konnten. Jergls Vater rauchte Pfeife mit edlem Dunhill Tabak aus London und er kredenzte mir meine ersten Gläser richtig guten Wein. Ich hatte damals noch keine Ahnung davon, er hob meinen Gaumen mit seinen roten und weißen Tropfen auf ein neues Level. Ab da wusste ich, was geschmacklich möglich ist.

Grünwald hatte ich als Wohnort gewählt, weil der Münchener Golfplatz keine zehn Autominuten entfernt lag. Ich stand jeden Sonntag auf dem Platz und nahm für die erste Mannschaft des Clubs an Turnieren teil.

Während der *Kommissar*-Drehpause im Sommer heizte ich mit meinem Porsche von München nach Niebüll, wo ich in den Autozug nach Sylt stieg, mein Standard-Sommerziel zu der Zeit. Dort wohnte ich in der Pension Hinchly Wood in Kampen, ein Einzelzimmer gab's für 22 Mark pro Nacht. Im Sommer 1970 war die Insel schon so angesagt, dass zu einem bestimmten Zeitpunkt alles ausgebucht war. Meine letzte

Nacht auf Sylt verbrachte ich daher in der Badewanne der Hoteliers-Tochter – aber leider ohne ebendiese.

Tagsüber fand man mich an der »Buhne 16«, dem FKK-Strand von Kampen. Ich trug nichts außer einer roten Kappe. Manchmal fragten mich Fans nach einem Autogramm, aber wo hätte ich im Adamskostüm denn bitte schön Block und Stift hinstecken sollen?

André: Ein gemütlicher Spaziergang durch die Stadt ist mit Fritz schwierig. Ob Restaurant oder Eisdiele – er wird überall erkannt. Waren wir zu zweit unterwegs, guckten die Leute auch mich an und rätselten: Kenn' ich den?

Manche machen heimlich Fotos und denken, man merkt es nicht. Andere platzen einfach mitten ins Gespräch hinein. Sie meinen, Prominente seien immer verfügbar.

Für den Ruhm zahlt man einen hohen Preis, das habe ich auf diese Weise gelernt. Auch Angela, die Frau von Fritz, stand ja ständig in der Zeitung, manchmal mit fiesen Geschichten, die überhaupt nicht der Realität entsprachen. Das hat sie sehr traurig gemacht. Ich sagte zu ihr: »Angela, so schön euer Leben ist und was auch immer ihr alles erleben dürft – ich möchte nicht mit euch tauschen.«

Meine Großmutter war in den 1920er-Jahren eine Pionierin der Freikörperkultur. Für unsere Familie war es ganz normal, so wie Gott uns geschaffen hat im Strandkorb zu liegen oder in die Wellen zu springen. Meine Kinder kannten es später nicht anders. Ich bin ziemlich viel gesurft, hatte zwei eigene Bretter. Auch das war nackt gar kein Problem.

Klar gab es vereinzelt Spanner, die mit Feldstecher in den Dünen hockten. Aber denen konnte man den Einblick durch eine möglichst hoch geschaufelte Sandburg um den Strandkorb herum verbauen. Inzwischen ist diese Art der Buddelei auf Sylt allerdings aus Sicherheitsgründen verboten. Für Rettungsschwimmer oder Spaziergänger stellten die großen Löcher eine zu große Gefahr dar.

Sylt ist meine Lieblingsinsel, bis vor wenigen Jahren ließ ich dort am Strand die Hüllen fallen. Jetzt ist mir der lange Weg durch den Sand zu beschwerlich geworden. Aber ich denke gerne an Geburtstage zurück, die ich dort feierte, auch am Strandbistro Buhne 16. Einmal wollte ich für meine Gäste selber Spaghetti à la Wepper kochen und karrte in meinem Geländewagen riesige Kochtöpfe an. Doch auf dem Weg zur »Buhne 16« blieb ich im Sand stecken. Mein Freund Günter Netzer rettete mich durch beherztes Anschieben. Es folgte das nächste Malheur: Das Nudelwasser in den riesigen Töpfen wurde und wurde nicht heiß, die Stimmung dank der vielen Getränke auf nüchternen Magen schon. Wir feierten open air, bis die Sonne aufging. Das war schon was!

Die Presse stellte mich zu *Kommissar*-Zeiten als begehrten Junggesellen dar. Aber das ist irreführend, denn alleine war ich selten. Jung und gesellig trifft es eher.

Bernie: Fritz ist ein Aussitzer, unsere vielen gemeinsamen Ausflüge in die damals angesagtesten Diskotheken endeten in der Regel final in irgendwelchen Frühlokalitäten, in nicht enden wollender Beschwingtheit und Redseligkeit. Wir waren in der Dekade schon direkte Nachbarn, insofern habe ich wiederholt dafür Sorge getragen, dass der Nachbar und Kollege wohlbehalten nach Hause kam.

Meinem vermeintlich schüchternen Bruder Elmar wollte ich damals ein bisschen auf die Sprünge helfen und schleppte ihn mit auf eine Party. Aber als ich ihm eine hübsche Frau vorstellte, hatte er bereits zwei andere an der Angel.

Elmar: Fritz war schon bemüht, mich mitzunehmen, kannte Nachtclub-Größen wie Sergio Cosmai, Thommy Hörbiger und Ingo Grählert. Wenn man ins Ingo's ging und dort seine eigene Flasche Whiskey stehen hatte, dann war man wer. Ich bin ab und zu mit, es war aber nie mein Ding.

Nach dem Abitur ging ich zwei Jahre zur Bundeswehr, da haben wir uns so gut wie gar nicht gesehen. Dann habe ich zehn Semester Germanistik und Theaterwissenschaften studiert. Wir waren uns nicht Feind, haben aber jeder unser eigenes Leben geführt. Das war gut und richtig so. Wir haben uns beide entwickelt – aber nicht durch den Bruder.

Ich hatte eigentlich immer eine Beziehung. Mal kürzer, mal länger. 1968 lernte ich am Set von *Das Go-Go-Girl vom Blow-Up* die schöne Monika Lundi kennen. Sie spielte eine Medizinstudentin, die nachts heimlich als Go-Go-Tänzerin arbeitete, um ihr Studium zu finanzieren. Nach Drehschluss tanzte sie sich in mein Herz. Wir waren eine gewisse Zeit sehr glücklich, aber letztendlich entschied sie sich für Horst Janson und war mit ihm ein paar Jahre verheiratet.

Es folgte Iris Berben, mit der ich 1968 für den Krimi *Der Mann mit dem Glasauge* vor der Kamera gestanden hatte. Wir sahen uns ab und zu und wie das eben so ist, waren wir plötzlich mehr als nur Kollegen. Iris und ich teilen uns nicht nur das Sternzeichen Löwe, wir hatten auch den gleichen Humor.

Wir verstanden uns einfach gut, ich würde sagen, fast ein ganzes Jahr lang. Wir waren nicht wirklich zusammen, es handelte sich nicht um eine exponierte Liebe. Aber wenn wir uns trafen, dann war das sehr erfreulich. Mehr nicht – aber auch nicht weniger.

Anfang 1971 begleitete mich ein Redakteur der *Bravo* nach Moskau und schrieb, ich sei »verliebt wie nie«. Er bekam mit, dass ich Iris jeden Abend anrief und sie mich am Flughafen abholte. Ich war schon ziemlich hin und weg, aber sie lernte schließlich einen anderen Mann kennen.

Heute nehme ich in respektvollem Abstand Anteil am Leben von Iris und freue mich über ihren lang anhaltenden Erfolg. Unsere Wege kreuzen sich nur noch selten. 1989 nahmen wir ein letztes Mal zusammen Fahrt auf, aber nur für ein »Celebrity Race« am Hockenheimring. Ich startete in einem roten Alfa 164, den ich heute noch besitze, genau wie den maßgeschneiderten roten Rennanzug mit aufgesticktem Namenszug. Davon kann ich mich einfach nicht trennen.

> **Bernie:** Es ist bemerkenswert, was Fritzi in seinem Leben geleistet hat. Er hat so gut wie alles aus dem Leben herausgeholt, was es zu bieten hat. Er konnte es sich leisten, hat immer gut verdient. Er hat sein Leben verköstigt, manchmal vielleicht zu gierig. Fritzi hat Besitzerstolz, ist Sammler, Jäger und Fischer mit Leidenschaft. Auf Genuss zu verzichten, ist nicht Teil seiner DNA.

Nach Iris trat ein rotblonder Engel in mein Leben: Mara Hädrich, ein Model mit dunklen Kulleraugen und Schmollmund. Es war so ernst zwischen uns, dass sie sogar bei mir in Grünwald einzog. Die Zeitungen spekulierten über eine Verlobung, aber das stimmte nicht. Ich habe sie nie um ihre Hand gebeten.

Als mich Mara zu einem Termin für meinen bevorstehenden Film *Sie nannten ihn Krambambuli* begleitete, war Regisseur Franz Antel so angetan, dass er sie kurzerhand als meine Freundin besetzte. Zusammen mit Michael Schanze klauten wir dann im Film zu dritt ein Auto. Statt Kriminaler war ich da zur Abwechslung mal Krimineller: Ich durfte eine Lederjacke mit Nieten tragen, landete in diesem Outfit gleich wieder auf dem Cover der *Bravo*. Die Liebe zu Mara war auch nichts für die Ewigkeit. Nach mir war sie lange Jahre mit Jürgen Drews zusammen. Er hat immer noch Kontakt mit ihr, Mara lebt inzwischen in Amerika.

Die Frau, mit der ich nichts hatte, obwohl in der Presse immer wieder das Gegenteil behauptet wurde, war Uschi Glas. Wir haben uns sehr gemocht, aber sie hatte damals einen Freund und es lief nichts zwischen uns. Wir drehten zwei Filme miteinander, die 1970 in die Kinos kamen: *Wir hau'n die Pauker in die Pfanne* und *Nachbarn sind zum Ärgern da*. Letzteren habe ich kürzlich zufällig in der Mediathek gesehen. Ich war wirklich enttäuscht, weil er so schlecht war. Das hatte ich damals gar nicht so empfunden. Aber heute betrachtet fällt mir unangenehm auf, dass jeder Einzelne von uns, darunter Georg Thomalla und der eigentlich geniale Eddi Arent, betont komisch sein wollte. Das erzielt aber leider den gegenteiligen Effekt.

Uschi kannte ich schon in ihrer Zeit als Sekretärin, lange bevor sie als »Schätzchen« vor der Kamera berühmt wurde. Ich erinnere mich, dass ich sie mal auf einen Faschingsball einlud. Ich stand pünktlich vor ihrem Haus und musste irrsinnig lange warten, bis die Uschi fertig war, eine echte Geduldsprobe. Ihr Kostüm habe ich nicht mehr im Kopf. Die

Frage, ob sich ihr Aufwand gelohnt hat, kann ich daher nicht beantworten.

In einem Interview bezeichnete mich Uschi als den »letzten Romantiker«. Ich habe auf jeden Fall eine romantische Veranlagung und bin, was Beziehungen angeht, sehr gefühlsbetont. Als klassischen Romantiker, der für die Liebe wer weiß was inszeniert, würde ich mich allerdings nicht bezeichnen. Ich punkte eher durch Taten: Ich habe mal eine Frau vier Stunden lang geküsst. Nur geküsst, und das ist die Wahrheit. Unaufhörlich. Ich weiß nicht, ob man das als romantisch bezeichnen kann. Aber für mich war es ein Genuss und der Dame hat es offensichtlich auch gefallen, sonst hätte sie nicht vier Stunden lang dagegengehalten.

Sanne: Einer der romantischsten Momente, die ich mit Fritz erlebte, passierte während einer Reise nach Hawaii, die wir 2010 unternahmen. Auf der Insel Oahu standen wir zu zweit am Strand und beobachteten, wie die Sonne im Meer versank.

Fritz meinte: »Vielleicht sehen wir ja einen Grünen Blitz.« Von diesem Phänomen hatte ich noch nie etwas gehört und Fritz erklärte es mir: Manchmal erstrahlt das obere Zipfelchen der Sonne, das beim Untergang noch zu sehen ist, in hellem Grün. Ganz selten ist sogar ein »grüner Blitz« zu sehen, nachdem die Sonne ganz verschwunden ist. Dieser Effekt entsteht durch die Brechung von Lichtstrahlen. Man kann ihn aber nur an besonders klaren Tagen wahrnehmen.

Wir standen da, Arm in Arm, und es blitzte. Ein klarer Tag – und ein klarer Moment der Liebe.

Uschi und ich liebten uns, aber rein platonisch. Manchmal ist es besser, nur befreundet zu bleiben, statt einen Schritt weiterzugehen. Denn so eine Freundschaft hält – im Gegensatz zu mancher Liebschaft – mit Glück ein Leben lang. Die Uschi und ich haben uns noch heute viel zu erzählen, wenn wir uns sehen. Ich freue mich sehr, wenn sie bei Geburtstagen von gemeinsamen Freunden meine Tischdame ist.

Im Februar 1971 begegnete ich einer Traumfrau, die in diesem Kapitel schon Erwähnung fand und deren Namen die ganze Welt bis heute kennt. Ich spreche von Grace Kelly, die nach der Hochzeit mit Fürst Rainier von Monaco als Gracia Patricia firmierte – und vor der ich mir einen ziemlichen Fauxpas leistete.

Gracia Patricia war Ehrengast bei der 22. Bambi-Verleihung, denn die fand nicht wie sonst in Deutschland statt, sondern ganz glamourös an der Côte d'Azur. Senator Franz Burda scheute keine Kosten und Mühen, flog alle Preisträger in einer Chartermaschine von München nach Nizza. Nur Heinz Rühmann, der als beliebtester Schauspieler geehrt werden sollte, hatte sich entschuldigt. Seine Frau Hertha war drei Monate zuvor gestorben, die beiden hatten Monte-Carlo, wo die Bambis überreicht werden sollten, oft gemeinsam besucht. Für einen Solotrip war er noch nicht bereit und bat den Senator um Verständnis.

Es gab einen weiteren Problemfall: Peter Alexander. Er litt unter schlimmer Flugangst, soll sogar mal ein Filmangebot in Amerika abgesagt haben, nur weil er nicht über den großen Teich fliegen wollte. Ihn mussten die Stewardessen mit ordentlich Champagner versorgen, damit er die Reise gut überstand. Auf den anderen Sitzen saßen neben mir und meinen *Kommissar*-Kollegen unter anderem Inge Meysel, Anneliese Rothenberger und Uwe Seeler. Irgendjemand machte einen

Witz: »Wenn diese Maschine abstürzt, ist die deutsche Fernsehunterhaltung ernstlich gefährdet!«

Inge Meysel trug einen Leo-Mantel und in ihren Armen eine große, mehrfach verschnürte Pappschachtel. Sie bat mich, diese eine Weile für sie zu halten, und ich nickte. Bei so was bin ich Kavalier. »Aber bitte immer schön waagerecht«, mahnte sie mich. Später konnte ich die Schachtel auch mal an Peter Alexander abgeben. Schwer war sie nicht, aber wahnsinnig unhandlich. Erst nach dem fürstlichen Lunch im Hôtel de Paris, hoch über den Dächern von Monte-Carlo, stellte sich heraus, was in dem Riesenkarton steckte: Inges beigefarbenes Kostüm, das sie bei der Preisverleihung nachmittags trug. Kurz vorher wechselte sie ihr Outfit, sie hatte sogar einen passenden Hut eingesteckt. Unsere »Mutter der Nation« war perfekt vorbereitet.

Wir zwei verstanden uns gut. Trotzdem konnte sich Inge ein paar Spitzen mir gegenüber nicht verkneifen. Sie versuchte immer wieder, mir meinen »Bundesfilmpreis«, den ich 1964 für »Kennwort: Reiher« bekommen hatte, madig zu machen, indem sie einen anderen Schauspieler erwähnte, dem diese Ehre zuteil geworden war. Der sei ja so was von unbeliebt gewesen, schimpfte sie. Ich glaube, sie hätte einfach selber gerne den Bundesfilmpreis zu Hause stehen gehabt. Doch den bekam sie trotz ihres großen Talents nie.

Beim Start der Bambi-Verleihung fuhr um 15 Uhr pünktlich auf die Minute der schwarze Rolls-Royce der Fürstin vor. Im Nerzmantel spazierte sie zur monegassischen Nationalhymne ins Palais des Congrès, wo Senator Burda einen roten Clubsessel für sie hatte aufstellen lassen. Auf dem thronte Gracia Patricia während der Verleihung. Beim Cocktailempfang danach mischte sie sich dann unter uns Preisträger.

Wir waren vorher vom Protokollchef extra eingewiesen worden, wie wir uns gegenüber der Fürstin zu verhalten hatten:

Den Damen hatte er empfohlen, einen Hofknicks zu machen, die Herren sollten zum Handkuss abtauchen.

Aber als der Moment gekommen war, war ich ehrlich gesagt leicht abgelenkt. Denn im Kongresssaal schwirrten sehr attraktive Hostessen in roten Kostümen herum, denen ich mit meinen Blicken folgte. Und plötzlich stand die wunderschöne Fürstin vor mir.

Bevor ich meinen Kopf für den Handkuss senkte, schaute ich ihr in die Augen und sagte: »I feel so honored, your hostess.«

Ich beugte mich runter und in dem Moment fiel mir mein Fehler auf. Natürlich hatte ich »your highness« sagen wollen. Oh Gott, Wepper! Am liebsten wäre ich mit dem Kopf gleich unten geblieben und hätte mich rückwärts gehend aus dem Saal gestohlen. Aber das war keine Option. Ich richtete mich also wieder auf und sah, dass ein Lächeln den Mund von Gracia Patricia umspielte. Sie nahm mir meinen kleinen Fehler nicht krumm, aber der Protokollchef, der nicht weit entfernt stand, warf mir einen grimmigen Blick zu.

Die Fürstin kümmerte sich nicht weiter um mich. Sie hatte es mehr auf Uwe Seeler abgesehen, da ihr damals zwölfjähriger und sportbegeisterter Sohn Albert auf ein Foto von ihr mit der deutschen Fußballikone hoffte.

Diese Geschichte erzählte ich dem inzwischen erwachsenen Albert, als ich ihn 1986 auf der Wiesn kennenlernte. Ich war auf Einladung meines Freundes Poldi, der die fürstliche Familie näher kennt, im Schützenfestzelt. Ich saß auf einer der Bierbänke und plötzlich rempelte mich jemand von hinten an. Ich drehte mich um, und da war es Prinz Albert in Hemd und Sakko, der genau hinter mir platziert worden war. Wir drehten uns zueinander um und tranken eine Maß zusammen. Dabei tischte ich ihm meinen Fauxpas auf. Er musste sehr darüber lachen.

Zwischen Grace Kelly und mir blieb es bei dieser einen Begegnung. Aber bei der Bambi-Verleihung in Monte-Carlo lernte ich einen anderen Menschen kennen, mit dem ich danach sehr viel Zeit verbrachte: Hubert Burda, den jüngsten Sohn von Senator Burda. Mit seinem Hubschrauber flogen wir zu den schönsten Pisten der Schweiz, pflügten mit einer Segeljacht durchs Ägäische Meer und ankerten dort vor Delos. 1990 wurde die griechische Miniinsel zum UNESCO-Weltkulturerbe ernannt und inzwischen wird dort alles überwacht. Doch in den 70ern konnten wir einfach so vom Strand aus loslaufen und uns historische Säulen sowie andere Überbleibsel aus der Antike ohne Beaufsichtigung anschauen. Eine beeindruckende Reise!

Huberts Mutter, Aenne Burda, mochte mich. Auch ihr Sternzeichen war Löwe und sie schenkte mir einen entsprechenden Kettenanhänger. In Offenburg, das sie scherzhaft »Burdapest« nannte, hatte Aenne 1949 den Verlag Burda Moden gegründet und erreicht, dass ganz Europa nach ihren Schnittmustern schneiderte. Vor wenigen Jahren gab es mal einen TV-Mehrteiler über sie, aber der war so weit weg von der echten Aenne, dass ich mir das gar nicht anschauen konnte. Aenne war unabhängig und selbstbewusst, einfach großartig. Ich glaube nicht, dass der Senator eifersüchtig auf seine Frau schielte. Meiner Einschätzung nach war er insgeheim sehr stolz auf sie.

Hubert wohnte in einem prächtigen Haus gleich am Münchner Siegestor. Oben unterm Dach hatte sich Horst Buchholz eingemietet, Hubert hatte unten eine wunderschöne Wohnung, in der Kunstwerke von Henri Matisse und Max Beckmann hingen, sowie einen Garten. Dorthin lud er zu rauschenden Festen ein.

Im Juni 1972 gab es auch beim *Kommissar* Grund zu feiern: Wir hatten einen deutschen TV-Rekord aufgestellt. Die 50.

Folge flimmerte Ende des Monats über die Bildschirme, so lange hatte sich bis dahin noch keine andere Serie gehalten. Das Jubiläum wurde in der Käfer-Schänke zelebriert, Erik Ode und wir drei Assistenten befüllten fleißig eine riesige Champagnerpyramide. 250 Gäste waren geladen, darunter Curd Jürgens, Maria Schell, Joachim Fuchsberger und die hochschwangere Senta Berger. Die Party ging bis morgens um vier.

> **André:** Fritz ist wahnsinnig durchgetaktet. Freitagabends, wenn ich mich einfach nur auf meine Couch freute, habe ich ihn manchmal noch auf Partys abgesetzt. Am nächsten Tag ist er 500 Kilometer zu einer Jagd im Burgenland gefahren. Ich fragte ihn: »Wie machst du das? Ich bin völlig im Arsch!«
>
> Da ist er wie ein Duracell-Häschen. Er tanzt auf jeder Hochzeit, kann nur schwer Nein sagen. Wenn's eine Einladung gibt, geht er hin – auch nach einer 70-Stunden-Drehwoche. Wie er das energiemäßig macht, ist mir ein absolutes Rätsel.

Obwohl die Quoten gut waren, wurmte mich der Umstand, dass wir hinterherhinkten, und zwar auf mehreren Ebenen. Es gab schon längst Farbfernsehen, aber wir produzierten noch in Schwarz-Weiß. Auch die Darstellung der kriminalpolizeilichen Arbeit war für meinen Geschmack recht antiquiert. Die Kenntnisse in der Forensik waren viel weiter, als wir es vor der Kamera zeigten. Diejenigen, die in der Serie als Kollegen von der »Spusi«, also der Spurensicherung, zu sehen waren, arbeiteten auch wirklich in dem Job. Sie erzählten mir, was inzwischen alles möglich war, um einem Täter auf die Spur zu kommen.

Ich würde nicht sagen, dass ich damals harsch Kritik geübt habe. Ich machte, soweit ich mich erinnere, konstruktive Vorschläge, dass man sich der Realität doch ein bisschen mehr annähern könne. Das fand ich nicht zu viel verlangt. Aber ich war eben nicht Regisseur, sondern Assistent des Kommissars. Drehbuchautor Herbert Reinecker stellte mich in den Medien daraufhin als Nestbeschmutzer dar, aber das war ich mit Sicherheit nicht. Ich säge ja nicht den Ast ab, auf dem ich sitze. Im Gegenteil: Ich habe durch mein überzeugtes Mitwirken dazu beigetragen, den Erfolg von *Der Kommissar* möglich zu machen und zu tragen.

Fünf Jahre lang fühlte ich mich wohl als Teil dieser Serie, war aber schließlich froh, dass 1973 etwas Neues begann. Obwohl alles ein bisschen anders verlief, als ich es mir erhofft hatte ...

Kapitel 5

Ich war dem Himmel ganz nah, doch was folgte, tat höllisch weh. Ich saß hoch oben in einem Wolkenkratzer mit Blick über Manhattan, als ich im Mai 1973 den schlimmsten Satz meiner Karriere hörte: »Forget it, Fritz.« Diese drei Worte sollten meine berufliche Laufbahn in eine andere Richtung lenken, als ich es mir zu dem Zeitpunkt vorgestellt hatte. Ich musste mich von einem Traum verabschieden, vom amerikanischen, wenn man so will. Angedeutet hatte sich das schon zwei Monate zuvor.

Da sprach ich mit Helmut Ringelmann, dem Produzenten von *Der Kommissar*. Er sagte: »Fritz, solche Filme solltest du nicht drehen.« Und ich dachte wirklich, er macht einen Witz. Denn wir unterhielten uns nicht über irgendeinen Flop, der meinem Ruf als Schauspieler hätte schaden können. Im Gegenteil: Unser Gespräch drehte sich um *Cabaret*, das bis heute legendäre Filmmusical, das ich 1971 an der Seite von Liza Minnelli gedreht hatte. *Cabaret* war für zehn Oscars nominiert und ich hatte eine Einladung für die 45. Academy Awards erhalten, die am 27. März 1973 im Dorothy Chandler Pavilion, einer Konzerthalle im Osten von Los Angeles, stattfinden sollten. Ich freute mich wahnsinnig, schließlich flattert einem so etwas nicht jeden Tag ins Haus. Stärkster Konkurrent für *Cabaret* war in jenem Jahr *Der Pate* von Francis Ford Coppola. Sein Mafia-Film war gleich elfmal nominiert. Michael Caine,

Peter O'Toole, Al Pacino, Diana Ross, Liv Ullmann – sie alle zählten zu denjenigen, die wegen ihrer Rollen in außerordentlichen Filmen auf einen Oscar hoffen durften. Und ich würde mittendrin sitzen.

Doch daraus wurde leider nichts, Helmut Ringelmann machte mir einen Strich durch die Rechnung. Man soll ja über Tote nicht schlecht reden, andererseits kann ich die große Enttäuschung, die er mir damals zufügte, nicht einfach unter den Teppich kehren. Ringelmann ließ mich nicht nach Kalifornien fliegen, mit der Begründung, ich würde dringend am Set vom *Kommissar* gebraucht. Dabei standen Hauptdarsteller Erik Ode vor der Kamera drei Assistenten zur Seite und es wäre ein Leichtes gewesen, den Drehplan oder das Drehbuch umzugestalten, um meine Abwesenheit für ein paar Tage möglich zu machen. Aber Ringelmann blieb stur beim »Nein«. Wäre ich trotzdem in den Flieger gestiegen, hätte ich mich wegen Vertragsbruch strafbar gemacht, das kam für mich nicht infrage. Und so blieb ich zu Hause in München.

Sein Verhalten in dieser Situation werde ich Helmut Ringelmann nie verzeihen. Meine Vermutung ist, dass er aus Neid so ungerecht handelte. Bevor er Aufnahmeleiter und dann Produzent wurde, war Ringelmann ein recht erfolgloser Schauspieler. Später führte er eine rote Liste mit allen Kollegen, die ihm gegen den Strich gingen oder ihn verärgert hatten. Diese Schauspieler wurden in den Serien, die er produzierte, nie besetzt. Das war seine Rache. Die Rache eines menschlich nicht wirklich großen Mannes.

André: Was Fritz nicht abkann, ist Verlogenheit. Wenn zum Beispiel ein Regisseur kommt und sagt: »Fritz, das war genial – großartig! Aber wir müssen's noch mal machen.« Dann weiß er genau: Na, so großartig kann's ja nicht gewesen sein, wenn wir's wiederholen müssen.

Mein Sternzeichen ist Löwe, so wie seins – vielleicht haben Fritz und ich deshalb viele gleiche Ansichten. Ich bin ehrlich, das schätzt er. Ich sage, wenn mir was nicht passt. Wir haben uns auch zwei-, dreimal angefaucht, wenn er schlechte Laune hatte und irgendwas nicht so funktioniert hat, wie er es gerne gehabt hätte. Ein einziges Mal habe ich die Autotür zugeschlagen, bin weggegangen und habe geschimpft: »Dann mach doch deinen Mist alleine!« Wir haben uns einen halben Tag lang angeschwiegen. Aber nach Drehschluss sagte Fritz dann: »Ich meinte das gar nicht so, ich wollte dich nicht anschreien ...« Er hat gemerkt, dass er im Unrecht war. Und Ungerechtigkeit mögen wir beide nicht.

Cabaret nahm 1973 acht Oscars mit nach Hause. Und ich musste mich mit den Fotos der Verleihung in verschiedenen Zeitungen begnügen. Marlon Brando war für seine Hauptrolle in *Der Pate* zum besten Hauptdarsteller gekürt worden, boykottierte aber das Event. Stattdessen trat in seinem Namen eine Indianerin namens Sacheen Littlefeather auf die Bühne, um auf die Unterdrückung der Ureinwohner Nordamerikas aufmerksam zu machen. Einer der größten Skandale der Oscar-Geschichte! Zu gerne hätte ich den live miterlebt – auch, weil mich die Geschichte der Native Americans von Kindesbeinen an gebannt hat.

Nach der Oscar-Verleihung hätte ich von Los Angeles aus direkt nach New York fliegen sollen, um mich dort Vertretern der Music Corporation of America kurz MCA genannt, vorzustellen. Das war seinerzeit die einflussreichste Schauspieleragentur Hollywoods. Bei der MCA waren Stars wie Kirk Douglas, Fred Astaire, James Stewart oder Bette Davis unter Vertrag. Meine Münchner Agentur Alexander kooperierte mit der MCA und hatte das Treffen eingefädelt, das nun nicht stattfinden konnte.

Aber ich bekam eine zweite Chance: Quasi als Trostpflaster für die verpasste Oscar-Verleihung organisierte man für mich zwei Monate später in einer *Kommissar*-Drehpause einen fünftägigen Promotion-Trip nach New York. Auf dem Programm stand neben Interviews zu *Cabaret* ein neues Date mit der MCA. An die Academy Awards kam das zwar nicht heran, aber ich war natürlich trotzdem happy. Mit 31 flog ich zum ersten Mal in den Big Apple! Ein Fahrer holte mich vom John F. Kennedy International Airport ab, und als wir über den East River nach Manhattan cruisten, war das für mich wie eine Fahrt durch einen Postkartenwald: Chrysler Building, Rockefeller Center, Statue of Liberty – diese Motive hatte ich schon tausend Mal auf Papier oder in Filmen wahrgenommen. Nun sah ich alles mit eigenen Augen. Diese Eindrücke waren so überwältigend, dass ich ab da jedes Jahr Urlaub in Amerika machte.

Ein Radiointerview nahmen wir im Waldorf Astoria Hotel auf. Bei der Gesprächsrunde gab es weitere Gäste, die schon auf einem Sofa saßen, als ich ankam. Drei African Americans, die ich nicht einzuordnen wusste. Der Redakteur stellte uns einander vor und so erfuhr ich, dass die Jungs bekannte Basketballspieler waren. Als sie sich erhoben, um mir die Hand zu schütteln, überragten sie mich um etliche Köpfe. Ich stand dazwischen wie Zwerg Nase und wir mussten alle lachen. Meinem Empfinden nach meisterte ich alle Termine souverän und mit viel Witz. Dabei half mir mein gutes Englisch, ich musste nicht auf der Suche nach Vokabeln herumstottern. Als

Jugendlicher hatte ich großes Glück gehabt: Unser Englischlehrer am Wittelsbacher-Gymnasium in München war vor seiner Schulkarriere beim britischen Auslandsgeheimdienst tätig gewesen – dem MI6, den viele vielleicht aus den *James Bond*-Streifen kennen. Wir lernten von ihm original British English, hörten nie Sätze wie »in se neit ei wont tu säi samßing.« Unser Lehrer parlierte mit uns fehler- und vor allem akzentfrei. Outstanding! Er hieß Robert Wagner, genau wie der Schauspieler und Frauenschwarm, sah aber noch besser aus als sein amerikanischer Namensvetter. Unser Mr. Wagner trug stets Anzug und Fliege, dazu polierte Budapester. Er hatte definitiv die Coolness von 007.

Die fehlte mir leider an meinem letzten Tag in New York. Der bevorstehende Termin bei der MCA hatte mich die Nacht zuvor kaum schlafen lassen. Wenn alles gut lief, könnte das der Startschuss für eine Karriere in Hollywood sein. Es ging also um viel! Als ich die Glastür zu dem Hochhaus öffnete, in dem das Meeting stattfinden sollte, war meine Hand feucht vor Angstschweiß. Ich fuhr mit dem Aufzug in eines der oberen Stockwerke, wo mich eine Sekretärin im schicken Kostüm in einen holzgetäfelten Konferenzraum mit großen Fenstern führte.

Ich setzte mich auf die eine Seite eines langen Konferenztisches, auf der anderen nahmen acht Anzugträger Platz. Nach etwas Small Talk kam einer von ihnen recht schnell und sachlich auf den Punkt: Er bot mir ein Theaterstück am Broadway an, danach sollten ein Film in Kanada und einer in Los Angeles folgen. Ich wähnte mich schon in einer Villa in den Hollywood Hills, als mich eine Frage zurück auf den Boden der Tatsachen holte: Wie es denn bei mir terminlich aussehe, wollte einer der Agenturmenschen wissen.

Ich antwortete wahrheitsgemäß: »I'm busy this year and I have an option for next year.« Ich drehte bis Sommer 1973

Der Kommissar, ein Vertrag für danach war mir schon in Aussicht gestellt worden. Die acht Männer schauten sich an, ihre Mienen reichten von irritiert über fassungslos bis hin zu eingeschnappt. Warum, verstand ich nicht. Auf der anderen Tischseite wurde leise gemurmelt und mit den Köpfen geschüttelt. Mein direktes Gegenüber zog schließlich die Augenbrauen hoch, faltete seine Hände wie zum Gebet und lehnte sich mit aufgestützten Ellenbogen in meine Richtung: »Forget it, Fritz.« Forget it? Wie bitte? »But, what ...« Ich versuchte noch verzweifelt, nachzuhaken, aber meine Gesprächszeit war offensichtlich abgelaufen. Die »unheilvollen Acht« wünschten mir »good luck« und verließen den Raum.

Ich war fertig mit den Nerven und konnte mir nicht erklären, was schiefgelaufen war. Den ganzen Heimflug über rätselte ich: Hatte ich etwas Falsches gesagt? Aber wenn ja, was? Auch meine Münchner Agentur konnte sich zunächst keinen Reim darauf machen. Erst Wochen später kam ans Licht, dass es sich in dem New Yorker Konferenzraum um ein großes Missverständnis gehandelt hatte.

Im Deutschen bedeutet eine Option für einen Schauspieler nämlich, dass er zwar ein Rollenangebot hat, dieses aber auch ablehnen kann. Im amerikanischen Fachjargon heißt »option« allerdings, dass man bereits vertraglich gebunden ist. Das wusste ich nicht. Diese Vokabel hatte mir unser Mr. Wagner am Gymnasium nicht beigebracht. Nach dem Statement »I'm busy this year and I have an option for next year« dachten die Anwälte bei unserem Termin im Mai 1973, dass ich vor 1975 keine Zeit für neue Projekte haben würde. Ein fataler Trugschluss, der sich im Nachhinein nicht mehr korrigieren ließ. Die MCA hatte das Interesse an mir verloren und damit war Hollywood für mich gelaufen.

»Forget it, Fritz« – dieser Satz verfolgte mich danach noch länger in meinen Träumen. Es ist nicht einfach, mit Rückschlägen wie diesen fertig zu werden. Ich stürzte mich nach meiner Rückkehr wieder in die *Kommissar*-Dreharbeiten und beschloss, nicht zurückzuschauen, sondern nach vorn. Ich zwang mich regelrecht dazu, vernünftig zu sein. The show must go on, heißt es ja so schön in unserer Branche.

> **André:** Fritz ist 41 Jahre älter als ich und seine Lebenserfahrung kommt mir zugute. Wenn man so einen Menschen um sich hat, kann man nur profitieren. Dank Fritz sehe ich inzwischen einige Dinge anders. Ich nehme vieles gelassener, rege mich nicht mehr über jeden Kram auf oder trauere Dingen hinterher. Das bringt einen ja auch nicht voran. Man muss nach vorne gucken. Was passiert ist, ist passiert. Durch Fritz bin ich souveräner geworden.

Wenn ich auch nicht über den großen Teich zog, ein paar Hollywood-Erfahrungen hatte ich ja bis dahin gesammelt. Und die werde ich nie vergessen. Meine erste richtige Big-Budget-Produktion war *The Games* im Jahr 1968. In dem Sport-Drama spielte ich einen tschechoslowakischen Coach, der einen alternden Marathonläufer bei den Olympischen Spielen zur Goldmedaille treiben soll. Der britische Regisseur Michael Winner wollte mich unbedingt für die Rolle, den Sportler spielte Frankreichs größter Chansonnier Charles Aznavour, der somit erstmals vor der Kamera stand. Eine Sensation! Zur internationalen Besetzung zählten außerdem Michael Crawford, Sam Elliott und Ryan O'Neal, den ich verehrte. Mein Bruder Elmar hat ihn später in Filmen synchronisiert.

Charles und ich drehten acht Wochen lang in Wien, London und Rom, ich rauschte mit meinem Porsche Targa über den Brenner. Alles an dieser Produktion war größer und feudaler als das, was ich bis dato erlebt hatte. Als wir eine Szene in einem römischen Restaurant nahe der Spanischen Treppe drehten, sagte Michael Winner zu mir: »Fritz, we don't serve you this bloody German Sekt, we have a Dom Perignon 1964 for you.« Na gerne – cheers! Meine Gage wurde in Dollar ausgezahlt, auch das lohnte sich. Für einen Dollar bekam man nämlich Ende der 1960er-Jahre fast vier Mark.

In Wien wohnte Winner natürlich im besten Hotel am Platze, dem Imperial. Ein palastähnlicher Bau, voll mit Kronleuchtern und Antiquitäten. Dort trank unser Regisseur auch nach Drehschluss gerne edlen »Dom«. Da er gerade herausgefunden hatte, dass die Queen ihren Champagner angeblich nur aus Kristallschalen und nicht aus Flöten genoss, bestand er darauf, dass das Personal auch für ihn ebensolche aus dem Keller holte. Damals wurde eben aus dem Vollen geschöpft!

Wir Schauspieler konnten beim Dreh von *The Games* zwischen englischem, internationalem und italienischem Frühstück wählen. Ich hatte am Set einen eigenen Wohnwagen, in den ich mich zwischen zwei Szenen zurückziehen konnte. Der von Charles stand direkt daneben, daher freundeten wir uns schnell an. In den Drehpausen spielten wir Schach oder ich brachte ihm Deutsch mit bayrischem Akzent bei. Manchmal saßen wir auch einfach nur bei strahlendem Sonnenschein in den oberen Rängen des Stadio Olimpico di Roma, in dem ein großer Teil der Dreharbeiten stattfand. Weil noch nicht digital nachgeholfen werden konnte, wurden für die Wettkampfszenen 30 000 menschengroße Puppen auf die Sitze verteilt, damit es voll aussah.

In seinem Hotelzimmer spielte Charles abends auf der Gitarre neue Chansons an, die er für Liza Minnelli geschrieben hatte. Unsere Gespräche endeten oft bei Frauen. Charles war der Meinung, dass ein Mann nicht lange alleine bleiben dürfe. Als wir damals drehten, war er zum dritten Mal verheiratet und glaubte, in seiner Ulla nun endlich die Richtige gefunden zu haben. »Sie ist ruhig und passt sich an, sie stört mich nicht«, meinte Charles. Dieses Beziehungsmodell funktionierte anscheinend bestens, denn mit Ulla blieb er bis zu seinem Tod 2018 verheiratet.

Traurigerweise erwies sich *The Games* 1970 in den amerikanischen Kinos als echtes Kassengift, da half auch nicht, dass Elton John den Song »From Denver To L.A.« zum Soundtrack beisteuerte. In Deutschland wurde der Film erst gar nicht gezeigt. Man hatte Angst, die Kosten für die Synchronisation nicht wieder einspielen zu können.

Charles und ich blieben noch lange in Kontakt. Anfang der 1990er machte ich mit meiner Frau Angela und unserer Tochter Sophie eine Reise nach Paris und wollte da im Vorbeigehen den Arc de Triomphe fotografieren. Wir standen am Kreisverkehr, der um das Denkmal herumführt, als plötzlich eine schwarze Limousine vor uns hielt. Das Fenster ging langsam herunter und wer schaute heraus? Der Charles. In einer Zwei-Millionen-Stadt! Um elf Uhr und schnickschnack Minuten. »Allô, Fritz, comment vas-tu?«, fragte er. Wie geht's? So hatte ich gleich zwei französische Wahrzeichen vor der Linse.

Sophie: Die Tage in Paris und das haltende Auto habe ich noch genau im Kopf. Aber ich muss ungefähr 13 Jahre alt gewesen sein und kapierte überhaupt nicht, wer den Papi da grüßte – geschweige denn, wer Charles Aznavour ist. Heute bin ich ein großer Fan seiner Songs und liebe daher diese Anekdote!

The Games ging in meinem Lebenslauf eher unter. Ganz anders sah es da bei *Cabaret* aus, der 1972 in den Kinos anlief und sich sofort als Mega-Erfolg erwies. Ich spielte darin Gigolo Fritz Wendel, der doch noch zur wahren Liebe bekehrt wird. Meine Chance auf die Rolle hätte ich fast vermasselt. Denn am Abend vor meinem Casting-Termin im Jahr 1971 feierte eine Schauspielkollegin ihren Geburtstag. Kaum zur Tür rein, betonte ich: »Ich kann aber nicht lange bleiben, ich habe morgen ein wichtiges Vorsprechen.«

»Des wissen mer doch!«, tönte sie und drückte mir ein Glas Sekt in die Hand.

Und wie's halt so ist, wenn man Spaß hat und jung ist: Als ich um Mitternacht auf die Uhr schaute, war's plötzlich schon drei. Wieder zu Hause vergaß ich dann, den Wecker zu stellen. Am nächsten Morgen wachte ich viel zu spät und mit einem ziemlichen Schädel auf. Ich hätte es zwar gerade noch so zum Casting geschafft, aber bekommen hätte ich die Rolle in diesem Zustand nie, das war mir klar. Verkatert wie ich war, mobilisierte ich dennoch alle meine schauspielerischen Kräfte und rief bei der Casting-Agentin an. Ich erfand irgendeine Ausrede, entschuldigte mich überschwänglich und wickelte sie so charmant um den Finger, dass sie meinen morgendlichen Termin auf den Nachmittag verschob. »Ich mach's wieder gut«, versprach ich ihr. Diese Frau war meine Rettung! Ich brachte ihr einen riesigen Blumenstrauß mit und war anscheinend vor dem amerikanischen Regisseur Bob Fosse mindestens so überzeugend, wie bei ihr.

Das Vorsprechen vor ihm war ein besonderes. So etwas findet sonst oft in kargen Büroräumen statt, doch für *Cabaret* wurde ich in die Bavaria Filmstadt im Münchner Süden zitiert. Dort stand schon fast die komplette Kulisse und wir durften darin unsere Szene abliefern. *Cabaret* spielt Anfang der 1930er-

Jahre in Berlin. Die Halle 4/5, mit 2100 Quadratmetern die größte Filmhalle auf dem Gelände, verwandelte sich in den verruchten *Kit Kat Club,* in dem spärlich bekleidete Frauen durch Rotlicht und Zigarettenqualm über die Bühne wirbelten. Dazu diese wunderbare Musik, die ich den ganzen Tag hören könnte: »Willkommen, Bienvenue, Welcome ...« In den Champagnergläsern auf den Tischen am Set perlte allerdings leider nur Apfelschorle.

20 bis 30 Kollegen, die auch den Fritz Wendel mimen wollten, wurden wie ich geschminkt, gingen rastlos auf und ab oder warteten sitzend darauf, dass ihr Name aufgerufen wurde. Die meisten von ihnen kannte ich – so wie Michael Hinz, mit dem ich als Elfjähriger in *Peter Pan* aufgetreten war und mit 17 den Antikriegsfilm *Die Brücke* gedreht hatte. Aber hier ging's nicht um Freundschaft, sondern um einen wichtigen Job. Wenn einer die Rolle bekommt, heißt das nicht unbedingt, dass die anderen schlechter waren. Da spielen so viele Faktoren und Meinungen eine Rolle. Neben dem Regisseur entscheiden auch der Produzent und der Filmverleih mit. Beim Vorsprechen merkte ich allerdings gleich, dass Regisseur Bob Fosse und ich einen guten Draht zueinander hatten. Das sah ich an seinen Reaktionen auf mein Spiel.

Fosse war engagiert worden, weil er sich wie kein anderer mit der Choreografie von Tanznummern auskannte. Er hatte vorher Klassiker wie *Chicago* zu Broadway-Erfolgen gemacht. In *Cabaret* ließ er Liza Minnelli als Sängerin Sally Bowles Bewegungen wieder und wieder machen, bis sie so saßen, wie er es sich wünschte. Bob Fosse war ein Perfektionist, das merkte man überall am Set, auch bei den Kostümen. Als Fritz Wendel schlüpfte ich in maßgeschneiderte Hemden, Anzüge und Schuhe. Die Manschetten wurden mit der Rasierklinge bearbeitet, damit sie ein bisschen abgewetzt aussahen – schließlich spielte ich einen ärmlichen Herzensbrecher, der schon bessere Zeiten erlebt hat. Fritz Wendel versucht im Film verschämt, die zerschlissenen Manschetten im Ärmel seines Jacketts zu verstecken.

Um authentisch zu sein, verbeuge ich mich innerlich und äußerlich vor einer Rolle. Für den Look der 1930er-Jahre musste ich mich von meinen längeren Haaren trennen, die ich liebte. Damit ich nachher im *Kommissar* mit gewohnter Frisur auftreten konnte, wurde mir dort vom Maskenbildner ein Nackentoupet verpasst.

In der Bavaria kannte ich fast alle Bühnenbildner und Beleuchter, schließlich hatte ich dort schon mit zwölf meinen ersten Film gedreht. Einen fragte ich: »Wie läuft's denn so?« Und er antwortete: »Du, der Fosse sagt mir bei jedem Nagel genau, wie ich den in die Deko hau'n soll. Der hat 'ne ganz klare Vision!« Drehbücher werden üblicherweise auf weißem Papier gedruckt. Aber wir erhielten jeden Tag Änderungswünsche von Bob zu Dialogen, Regieanweisungen oder szenischen Beschreibungen. Die kamen auf bunten Seiten – mal waren sie rot, dann gelb, grün oder blau. Am Ende, als ich alle Blätter eingeschoben hatte, war mein Drehbuch regenbogenfarben.

An einer Szene, die im Film vielleicht fünf Minuten dauert, haben wir drei Tage lang gedreht. Es handelte sich um eine einfache Unterhaltung, wir sitzen darin zu viert um einen Tisch: Liza, Michael York, Marisa Berenson und ich. Mit Marisa, in die ich mich im Film verliebe, kam ich gut klar. Im echten Leben ist sie die Enkelin der italienischen Modeschöpferin Elsa Schiaparelli. Dass meine Mutter ein Kostüm von deren Konkurrentin Coco Chanel in Ehren hielt, verschwieg ich damals lieber.

Bob Fosse rauchte ziemlich viel. Mit Fluppe im Mund gab er ständig Anweisungen. Wenn einer von uns vieren in Großaufnahme zu sehen war, stellte er die anderen neben die Kamera und forderte sie auf, möglichst intensiv zu spielen. So wollte er dafür sorgen, dass alle ihr Bestes gaben. Wer gerade nicht im Bild war, wurde also nicht zum pausierenden Stichwortgeber, sondern forderte seine Kollegen richtiggehend heraus, das sieht man auch am Ergebnis. So was hatte ich vorher noch nie erlebt. Das war handwerkliches Neuland für mich. Ich werde mich immer daran erinnern, wie großartig die Zusammenarbeit mit Bob Fosse war.

Die Dreharbeiten zu *Cabaret* waren aber auch der Auftakt zu einer wunderbaren, lebenslangen Freundschaft mit Liza Minnelli. Ich liebe sie! In besagter Szene, bei deren Dreh wir drei Tage lang von morgens um acht bis abends um sieben aufeinanderhockten, entwickelte sich einer unserer Running Gags: Als Fritz Wendel trug ich einen handgeknüpften schmalen Schnurrbart. Marisa Berenson musste vor laufender Kamera ein dürftiges Witzlein machen und ich sollte übertrieben reagieren: »Most amusing!«, rufe ich aus. Wann immer es danach etwas zu lachen gab, platzierte Liza ihren rechten Zeigefinger waagerecht zwischen Mund und Nase und rief aus: »Most amusing!« Wir haben den gleichen Humor, das verbindet uns.

Viele Außenaufnahmen für *Cabaret* wurden in Berlin gemacht. Als wir dort waren, fand gerade die Berlinale statt. Liza und ich kamen eines Abends in Jeans vom Dreh. Wir setzten uns in der Lobby des Kempinski Hotels wie zwei Kinder auf den Boden und amüsierten uns über die rausgeputzten Festivalgäste. Jahre später, als Liza ein Konzert in Berlin gab und im Kempinski die Supersuite bewohnte, lieh uns der Hoteldirektor einen Rolls-Royce mit Schiebedach. Per Knopfdruck öffnete sich die Luke über unseren Köpfen und wir schwangen uns mit dem Allerwertesten aufs Dach. So ließen wir uns über den Ku'damm chauffieren, atmeten die kühle Nachtluft ein und genossen unsere exklusive Tour durchs Lichtermeer.

Wann immer Liza nach Deutschland kam oder in erreichbarer Nähe ein Konzert gab, haben wir uns getroffen. 1975 trat sie in der Wiener Stadthalle auf. Ich war kurz vorher am Außenknöchel operiert worden, es war meine erste OP überhaupt. Erst am Morgen des Konzerts wurde ich aus dem Krankenhaus entlassen und stieg gleich mit Krücken in den Flieger. In Paris trafen wir uns etwas später zu dritt mit Charles Aznavour. Wir waren ein Triumvirat, ein unzertrennliches Dreiergespann. Beim Auftritt von Liza in einem Club saß Alain Delon in der ersten Reihe, Charles in der zweiten und ich in der dritten. Diese Hierarchie empfand ich als eigenartig: Charles war ja älter als Delon und aus meiner Sicht mindestens so bekannt wie er. An Delons Stelle hätte ich ihn selbstverständlich in der ersten Reihe sitzen lassen. Charles sah gelassen darüber hinweg und genoss Lizas Songs mit einem Siegerlächeln. Schließlich verließ er die Location am Ende nicht nur mit mir, sondern auch mit dem Star des Abends.

Im April 1989 fand in München ein Ereignis statt, das die Presse als »Jahrhundertkonzert« einstufte – und das war es auch. Denn da trat Liza mit Frank Sinatra und Sammy Davis Jr. auf die Bühne in der Olympiahalle. Liza wollte, dass ich zu ihr in die Garderobe kam, um ihr sozusagen seelisch das Händchen zu halten. Sie erzählte mir, dass eigentlich ein »Rat-Pack«-Konzert geplant gewesen sei – Frank Sinatra und Sammy Davis Jr. hatten mit Dean Martin auftreten wollen. Doch Dean Martin war aus irgendeinem Grund kurzfristig abgesprungen. Sinatra fuhr daraufhin ohne Voranmeldung bei Liza in Los Angeles vor, sprang aus dem Auto und verkündete: »Dean is out, you're in!« Da musste Liza alles umorganisieren. Ihre Mutter Judy Garland war eng mit Sinatra befreundet, daher wäre alles andere als ein lautes »Ja« inakzeptabel gewesen.

Vor dem Start des Konzerts in München spazierte ich gerade durch die unterirdischen Gänge in der Olympiahalle zu Lizas Garderobe, als mir Frank Sinatra höchstpersönlich entgegenkam – mit dem kleinen weißen Hündchen von Liza an der Leine. Sie ist eine große Tierfreundin und nimmt ihre Hunde, genau wie ich, überall mit hin. Hinter Sinatra ging eine Tür auf und Liza schaute heraus. Sie strahlte mich an und sagte: »Uncle Frank, darf ich dir einen lieben Freund vorstellen?« Ich wusste, dass man nicht Frank sagen sollte, das durften nur enge Vertraute wie Liza. Für alle anderen war er Mr. Sinatra. Ich erzählte ihm, dass ich Ende der 1950er-Jahre stets mit seiner LP *Come Fly With Me* unterm Arm auf Partys erschienen war. Das gefiel ihm.

Plötzlich tauchte auch noch Sammy Davis Jr. auf, mit einer extralangen Zigarette zwischen den Lippen. Als Liza ihm erzählte, wer ich war, nahm er sie aus dem Mund und umarmte mich herzlich. Ganz nach dem Motto »a friend of a friend is a friend«. Diese Umarmung zählt zu denjenigen, die ich heute noch spüre. Genau wie die von Michael Winner oder Peter Falk, die hatten einfach eine hohe seelische Qualität. So hätte ich gerne mal Heinz Rühmann umarmt. Aber wir Deutschen sind da einfach zurückhaltender. In manchen Situationen ist das wirklich schade. Mitten im Konzert hat Liza mich den 11 000 Zuschauern als »my friend Fritz« vorgestellt, das hat mich sehr gerührt. Mit Menschen befreundet zu sein, die die ganze Welt unterhalten, das ist schon was Besonderes.

Sanne: Mit 15 habe ich Fritz das erste Mal wahrgenommen. Vorher hatte ich seinen Namen noch nie gehört. Jemand schenkte mir eine Karte für das Konzert von Frank Sinatra, Sammy Davis Jr. und Liza Minnelli in der Olympiahalle. Und während des Konzerts sagte Liza plötzlich auf Englisch: »Besonders freue ich mich, dass mein guter Freund Fritz Wepper heute hier ist.« Vor dem ganzen Saal! Die Bühne befand sich mitten im Zuschauerraum, drum herum jubelte das Publikum. Ein Scheinwerfer wurde auf Fritz gelenkt, er stand auf und die ganze Halle applaudierte. Ich dachte nur: »Oh, cool.« Der Name Wepper verschwand danach erst mal wieder aus meinem Gedächtnis. Aber ab da war ich ein großer Minnelli-Fan. Mein Lebenstraum war damals, sie einmal persönlich kennenzulernen.

Auch Audrey Hepburn war Lizas treue Anhängerin und ließ sich diesen Auftritt nicht entgehen. Ich hatte sie in *Frühstück bei Tiffany* bewundert, aber in persona war dieses zierliche Wesen noch beeindruckender. Als wir uns kurz miteinander bekannt machten, war sie wie alle Großen rührend bescheiden, herzlich und authentisch.

Nach dem letzten Applaus trug ich Liza einen Blumenstrauß auf die Bühne. Der war so riesig, dass ich mich dahinter verstecken konnte. Ich lugte erst hervor, als ich direkt vor ihr stand. »Oh, Friiiiiitz!«, rief Liza voller Freude und strahlte mich mit ihren großen 1000-Watt-Augen an. Das werde ich nie vergessen. Wann immer Liza in München war, wünschte sie sich übrigens, mit mir Schweinebraten und Semmelknödel zu essen, dazu gab's für sie eine Cola. Aber 1989 hatten meine Frau Angela und ich etwas Besonderes geplant: eine Aftershow-Party im Seehaus im Englischen Garten für Liza und ihre Gäste. Dazu zählten unter anderem Tina Turner, Chris de Burgh und Udo Jürgens. Auf dem Fensterbrett in meinem Esszimmer steht noch heute ein Schwarz-Weiß-Foto von diesem Abend, darauf bin ich mit Sammy Davis Jr. zu sehen. Wir schauen uns in die Augen, sind Schulter an Schulter tief im Gespräch versunken. Seine Hand liegt auf meiner. Wenn ich dieses Bild anschaue, ist das für mich jedes Mal wie eine seelische Umarmung.

Während meine erste Reise nach New York mit einem Fiasko endete, erinnere ich mich sehr gerne an meine bisher letzte. Im Frühjahr 2009 besuchte ich Liza für die Serie *Durch die Nacht mit ...* des Fernsehsenders Arte in ihrer Heimatstadt. Von neun Uhr morgens bis Mitternacht waren wir unterwegs, drehten in ihrem Tanzstudio, im Rainbow Room und am Times Square, wo sie von den Massen umjubelt wurde und alle nur »Liza! Liza! Liza!« brüllten. Für jeden Fan hatte sie ein liebes Wort oder ein Autogramm. Einer Dame schenkte Liza sogar das Bouquet aus pfirsich- und pinkfarbenen Rosen, das ich ihr bei meiner Ankunft überreicht hatte. »Entschuldige«, meinte Liza. »Aber ich glaube, sie hatte es nötig.« Was man in dem Fernsehbeitrag nicht sah: Jedes Mal, wenn wir an diesem Tag in unserer schwarzen Stretchlimousine von einem Drehort zum nächsten fuhren, legten wir ein kleines Nickerchen ein. Wir werden eben auch nicht jünger.

Aber wir redeten noch so vertraut wie eh und je miteinander. Lizas vierte Scheidung lag da noch nicht allzu lange zurück und sie flachste: »Wenn ich noch mal heirate, darfst du mir eins überziehen.« Liza erzählte mir, dass es für viele Männer schwierig sei, mit einer erfolgreichen Frau zusammen zu sein. »Du sitzt abends zu zweit in einem Restaurant. Beim ersten Mal ist er noch stolz, wenn jemand mit einem Autogrammwunsch zu dir an den Tisch kommt. Aber spätestens beim achten Mal ist er genervt.«

Als wir auf die Absage zu sprechen kamen, die die Agentur MCA mir 1973 erteilt hatte, meinte Liza: »Die waren verrückt, dass sie dir keinen Vertrag gegeben haben! Aber das Schicksal geht oft seltsame Wege. Man sollte es feiern, statt gleich vom Schlimmsten auszugehen.« Und sie hat recht! Hollywood habe ich im Nachhinein nie ernsthaft vermisst, denn es öffneten sich für mich stattdessen viele andere Türen.

Michi: Wofür ich Fritz bewundere: Er lebt absolut im Moment. Ich habe es bei ihm noch nie erlebt, dass er sich über die Zukunft groß Sorgen oder Gedanken gemacht hätte. Was wird nächstes Jahr sein? Wie geht's weiter? Diese Fragen stellt er sich nicht. Er nimmt das, was kommt, und befasst sich damit. Morgen ist ein neuer Tag. Das kann man sich wirklich abschauen bei ihm. Er lebt jeden Moment sehr intensiv, das finde ich ganz klasse.

Kapitel 6

An dem Tag, als meine Frau Angela starb, hielt ich es nicht mehr anders aus. Ich bat einen befreundeten Mediziner, den ich als Seelenarzt bezeichne, um Hilfe. Er legte mir eine Infusion, damit ich den Schmerz besser ertragen konnte. Was genau in meine Vene tropfte, weiß ich nicht, aber es half. Mein Arzt fragte, welche Musik meine Frau und ich gerne zusammen gehört hätten. Angela und ich sind alte Rock ’n’ Roller, aber ich wünschte mir ein Stück, das uns immer besonders wichtig war: Das »1. Klavierkonzert op. 23 in b-Moll« von Tschaikowski. Ich lag in der Praxis auf einer Liege, schloss die Augen und unter meinen Lidern quollen nicht einfach Tränen hervor. Es waren ganze Wasserfälle, die meine Wangen hinabrauschten.

Auf einmal schwebte meine Frau im Geiste über mir. Sie schaute nicht mich an, sondern lächelte Richtung Himmel. Das war eine seelische Beruhigung für mich. Noch heute denke ich jeden Tag an Angela. Meine Tochter Valerie erzählte mir kürzlich, sie habe geträumt, dass die Mami neben ihr liege. »Du lebst ja!«, habe sie zu ihr gesagt. »Ja, ich bin immer bei dir«, habe Angela erwidert. Ich hatte den gleichen Traum. »Schnürchen«, rief ich, das war einer unserer Kosenamen füreinander. Und auch mir versprach sie: »Ich bin immer bei dir.«

Angela wurde an einem 1.11. geboren und ist am 11.1.2019 nach einem Treppensturz und dessen tragischen Folgen von uns gegangen. Jedes Mal, wenn ich ein Autokennzeichen mit der 111 sehe, denke ich, das ist ein Zeichen von ihr. Dann erinnert mich die Angela von oben herab.

Doch auch ohne diese Auslöser kommen in meinem Kopf immer wieder Szenen aus unserer gemeinsamen Vergangenheit hoch. Angela hat mich sofort fasziniert. Wegen ihrer Erscheinung, aber besonders wegen der großen Liebe, die sie ihre Familie und ihr ganzes Umfeld spüren ließ. Ich weiß noch genau, wann und wo ich Angela zum ersten Mal gesehen habe. Das war im Juni 1972, im Münchner Nightclub Kinki, der Paul Hörbigers Sohn Thommy gehörte. Es war eine eher einseitige Begegnung: Ich bewunderte Angela, deren Namen ich ja noch nicht kannte, aus der Ferne. Ihre blonden Haare, die huskyblauen Augen, sie war bildhübsch in ihrer bodenlangen roten Robe. Die schöne Fremde stand inmitten einer herausgeputzten Abendgesellschaft, ich trug Jeans und Lederjacke, vertrat also eher die Fraktion Rock 'n' Roll. Ich erfuhr an diesem Abend, dass sie eine Prinzessin von Hohenzollern war und ihr Mann Ferfried von Hohenzollern, der Onkel meines Freundes Poldi. Eine Traumfrau, dachte ich, aber leider vergeben. Daher verdrängte ich sie schnell wieder aus meinem Gedächtnis und konzentrierte mich auf Abenteuer mit meinen Freunden.

André: Mit Angela war ich ganz eng, sie fehlt mir sehr. Sie war zwar eine echte Prinzessin, wollte aber nie wie eine behandelt werden. Angela war ein mitreißender Mensch, hat immer gute Laune verbreitet. Sie hatte über Jahre hinweg Probleme mit ihrem Fuß und ich habe sie eine Zeit lang oft zu Arztterminen gefahren. Wenn wir aus dem Krankenhaus kamen, haben wir uns erst mal einen Doppel Whopper mit viel Senf geholt. Als ich einmal mit ihr im Auto fuhr, rief mich meine Mutter an. Im Endeffekt haben die beiden eine

Dreiviertelstunde über Lautsprecher miteinander telefoniert und sich prima verstanden. Wenn wir danach zusammen fuhren, sagte Angela häufig: »Komm, ruf doch mal deine Mutter an!«

Anfangs haben Fritz und ich im Wagen viel Musik gehört, aber nachdem Angela nicht mehr da war, haben wir es größtenteils gelassen. Wir stoßen bei jedem Essen auf sie an. Und wenn irgendwas besonders gut läuft, sind wir überzeugt davon, dass Angela das so arrangiert hat. Eine schöne Vorstellung, dass sie von oben noch alles mitverfolgt und Dinge in die richtige Richtung lenkt.

Im September 1972 unternahm ich mit Poldi, Heinrich und Ingo, einem befreundeten Nachtclubbesitzer, einen Trip nach Prag. Wir besuchten dort den Regisseur Zbyněk Brynych – das spricht man so aus: sbinjek brinich –, der bereits mehrere Folgen für den *Kommissar* gedreht hatte. Der Kalte Krieg zwischen Ost und West war in vollem Gange und es gab offiziell keinen Kontakt zwischen der Tschechoslowakei, wie sie damals noch hieß, und der Bundesrepublik Deutschland.

Daher zischten wir drei im Porsche erst mal nach Frankfurt, um dort ein Visum zu besorgen. Etwa 50 Leute standen vor uns an einem Schalter mit winzigem Fenster, das kommunistisch-schikanös immer auf- und zuging. Alle vor uns füllten brav irgendwelche Formulare aus. Aber der Ingo, Gott hab ihn selig, sagte: »Kinder, gebt's mal eure Pässe her.« Damit drängelte er sich zum Schalter vor und rief: »Vorsicht bitte, Vorsicht! Poldi, ich steh ganz vorn.« Wir ernteten jede Menge böse Blicke, hielten aber auf diese Weise schneller als gedacht unsere Visa in den Händen. Wir fuhren dann gleich nach Prag durch und checkten in einem Hotel ein, in das alle internationalen Gäste geschickt wurden. Wenn man sich an der Bar oder in der Lobby an einen Tisch setzte, kam ein Vertreter der Geheimpolizei dazu, natürlich undercover. So wollten die in Prag die Kontrolle über alles behalten. Am Tisch von Poldi, Ingo, Zbyněk und mir, saß auch einer dieser Mithörer. Wir erzählten die schmutzigsten Witze, aber er verzog keine Miene. Unter freiem Himmel und ohne ungebetene Begleitung überreichten wir dem überglücklichen Zbyněk dann die Mitbringsel aus dem Westen, um die er uns gebeten hatte: ein paar Klebestifte, Heftklammern aus Plastik, einen orangefarbenen Autolack für seinen BMW und vier Flaschen Doornkaat.

Aber wir ließen bei diesem Ausflug nicht nur den Geist aus der Flasche, wir waren auch feingeistig unterwegs und besuchten den Alten Jüdischen Friedhof von Prag, der aus dem 15. Jahrhundert stammt. Über 100 000 Menschen sollen da liegen, ein Grab ist besonders populär: das des Rabbi Löw, der den Spitznamen »Wunder-Rabbi« trägt. Löw wurde nachgesagt, er könne die Wünsche der Prager erfüllen. Auch ich hatte insgeheim einen Wunsch. Ich war gerade 31 geworden, wollte endlich die Frau meines Lebens kennenlernen und eine Familie gründen. Darum bat ich Löw still und leise, als ich wie viele andere Besucher vor mir, einen kleinen Kieselstein auf sein Grabmal legte.

Zurück in München fragte Poldi mich gut 14 Tage später: »Du, ich muss mit meiner Tante auf die Wiesn gehen. Kommst du mit?«

»Na klar.« Oktoberfest mit Poldi bedeutete immer viel Spaß, ob mit irgendeiner Tante oder ohne. Wir würden's uns mit der älteren Dame schon nett machen, dachte ich. Umso überraschter war ich, als ich herausfand, um welche seiner Tanten es sich handelte. Denn die war so gar nicht »tantig«. Als ich ins Festzelt kam, saß da Prinzessin von Hohenzollern aus dem Nightclub, deren Geburtsname Angela von Morgen lautete. Statt Abendrobe trug sie ein kariertes Holzfällerhemd und Jeans. Ein Outfit, das mir als Westernfan noch besser gefiel. Wir schauten uns in die Augen und ich schwöre, ich habe sie von der ersten Sekunde, vom ersten Herzschlag an geliebt.

> **Poldi:** Es entstand eine Liebe und ich saß in der Bredouille. Denn Angela war damals mit meinem Onkel verheiratet, Ferfried Prinz von Hohenzollern. Er ist der Bruder meiner Mutter, aber nur zwei Monate älter als ich. Ferfried studierte Jura in Berlin, Angela war alleine in München und einfach entzückend! Die »von Morgen«-Frauen waren berühmt für ihre Schönheit. Ich kannte ja den Fritz und habe an seiner Mimik gesehen, dass er sich sofort in sie verguckt hat.

Ihre Ehe mit dem »Pfaff«, also Ferfried von Hohenzollern, bezeichnete Angela als »on the rocks«. Sie und ihr Mann seien inoffiziell getrennt. Angela war frei, daher folgte an diesem Abend auch schon unser erster Kuss. Es war ein schnelles Lippenbekenntnis. Und zügig weihte Angela dann auch Ferfried über ihre Gefühle zu mir ein. Wir stellten uns zwar nicht auf den Marienplatz und sagten: »Liebe Leute, lasst euch sagen, die Uhr hat schlecht für den ›Pfaff‹ geschlagen«, aber unter uns dreien war die Sache geklärt. Ferfried und ich waren nicht die besten Freunde, doch wenn wir uns begegneten, verhielten wir uns gesittet.

Die Liebe zwischen Angela und mir blühte wie ein Paradiesbaum. Und zwar so stark, dass ich Anfang Oktober 1972 schon Angelas Töchter aus der Ehe mit dem »Pfaff« kennenlernte. Valerie war da dreieinhalb Jahre alt, Stephanie eineinhalb. Wir gingen spazieren, Stephanie saß im Kinderwagen und Valerie schob sie. Andere Männer hätten Kinder vielleicht als Hinderungsgrund für eine Beziehung empfunden, für mich waren sie eindeutig ein Plus. Ich liebte die beiden einfach! Ich schnappte mir Stephanie an einem Bein und einem Arm, drehte mich im Kreis und ließ sie durch die Herbstluft fliegen. Die Stephanie hörte gar nicht mehr auf zu lachen und wollte danach immer wieder, dass ich sie herumwirbelte. »Ick Iger!«, bat sie. »Ick Iger!« Was sie eigentlich sagen wollte, war »Fritz, Flieger«.

Daraus wurde ein Spitzname, den Valerie und Stephanie heute noch benutzen. Für sie heiße ich »Ickl« und für ihre Kinder bin ich statt dem Opa der »Ocka«, das passt so schön dazu. Ich habe Valerie und Stephanie nie als Stiefkinder betrachtet. Sie sind meine Töchter, auch wenn ich sie nie adoptiert habe.

Valerie: Mami und Fritz müssen sehr verliebt gewesen sein. Sie haben aber nie wild vor uns rumgeknutscht, und das war gut so. Meine Mutter hat Fritz nicht als neuen Papa vorgestellt, sondern erst mal als Freund von uns allen. »Der ist lustig und nett, wir machen was mit ihm zusammen«, meinte sie. Fritz hat wahnsinnig lieb mit uns gespielt und war ein toller Freund für Kinder.

Stephanie: Valerie und ich lebten damals mit unserer Mutter in Solln, sehr klassisch in einem Einfamilienhaus mit vielen Antiquitäten. Fritz holte uns mit seinem Porsche ab. Er wohnte in einem irre modernen Bau in Pullach, in seiner Junggesellenwohnung gab es Metalltische, schwarze Stühle und wahnsinnig ausgefallene Gemälde. Das war wie eine andere Welt! Dann der junge Fritz, der immer lustige Ideen hatte und uns einfach so angenommen hat. Er hatte keinerlei Berührungsängste, war ein unwahrscheinlich kommunikativer Mensch, der sofort auf einen zuging. Man musste ihn einfach mögen.

Während wir familienintern schon diese Idylle genossen, braute sich draußen ein Sturm zusammen. Angela und ich waren noch nicht offiziell zusammen, wir versuchten, unsere Liebe geheim zu halten, auch weil sie ja noch mit dem »Pfaff« verheiratet war. Aber die Presse witterte schon was. Um den Journalisten zu entfliehen, reisten Angela und ich im Juli 1973 nach Accra in Ghana. Dort hatte ich durch meinen Freund Heinrich Beziehungen zur Regierung und wir wurden von der Geheimpolizei geschützt. Es waren immer zwei, drei Beamte an unserer Seite. Trotzdem hat es ein Fotograf geschafft, Badefotos von uns zu machen. Bevor ihn die Beamten erwischen konnten, übergab er den Fotofilm einem kleinen Jungen und der rannte damit weg. Der Geheimdienst räumte sogar das Hotelzimmer des Fotografen aus, aber der Film blieb verschwunden.

Als wir in Zürich landeten, wartete schon der nächste Fotograf auf uns. Angela und ich gingen extra meterweit voneinander entfernt, damit er uns nicht gemeinsam ablichten konnte. Kurz darauf wurden die leicht unscharfen Bilder, die uns Hand in Hand am Strand in Ghana zeigten, schon fleißig gedruckt. Da es kein titelreifes Foto von Angela und mir gab, hat Senator Franz Burda, der auch als Collagen-Senator bekannt war, kurzerhand eins gestalten lassen. Für den Titel seines Promimagazins nutzte er ein Foto von Ferfried und Angela, auf dem er Ferfrieds Kopf durch meinen ersetzte. Heute kann ich darüber lachen, damals fand ich das nicht so witzig.

Noch unlustiger waren die Schlagzeilen, die folgten. »TV-Star Fritz Wepper sprengt Hohenzollern-Ehe«, lautete eine davon. Nach unserer Rückkehr reichte der »Pfaff« nämlich die

Scheidung von Angela ein. Plötzlich war ich für alle der böse Bube, dabei stimmte das gar nicht. Ich hatte keine Ehe zerstört. Die war schon kaputt, als Angela und ich uns kennenlernten. Den Medien gegenüber stellte es Ferfried allerdings anders dar und gab sich völlig überrascht von unserer Beziehung. So stand er natürlich besser da – das ist vielleicht noch wichtiger, wenn man aus dem Hause Hohenzollern kommt.

> **Stephanie:** Wenn dein Vater ein Prinz von Hohenzollern ist und dein Stiefvater ein Herr Wepper, bringt das natürlich einige Vorteile mit sich: Es öffnen sich Türen, die für andere verschlossen bleiben. Du lernst aber auch schnell, zwischen echten und falschen Freunden zu unterscheiden. Menschenkenntnis kriegst du ohne Ende im Laufe der Zeit, wenn du mit diesen Namen aufwächst. Ich habe mich relativ schnell komplett zurückgezogen, lebe heute ein unauffälliges Leben mit meinem Mann und meinem Sohn. Ich habe zu oft die Auswirkungen negativer Schlagzeilen mitgemacht, ich will das nicht mehr. Die Beerdigung meiner Mutter war mir schon zu viel, da waren dann wieder Bilder von uns in den Zeitungen.

Angela wurde wie ihr damaliger Mann in höhere Kreise hineingeboren: Ihre Großmutter war eine Prinzessin von Thurn und Taxis, ihre Mutter eine Gräfin von Görtz, ihr Vater entstammte dem Adelsgeschlecht der von Morgens. Angela wuchs in der Grafschaft Schlitz zwischen Frankfurt und Kassel auf, wo ihre Familie mehrere Burgen und Höfe besaß. Ihr Stiefvater, Otto Hartmann Graf von Schlitz, den alle nur Omann nannten, ließ im Garten seines Wohnsitzes, dem Richthof, einen Pool mit Olympiamaßen in den Boden ein und hielt Flamingos.

Valerie: Da liefen nicht nur Flamingos rum. Es gab auch Papageien, Pinguine und Elefanten. Mein Großvater hatte einen richtigen Privatzoo. Aus heutiger Sicht war das nicht wahnsinnig tierschutzgerecht, aber damals hat man das noch nicht so gesehen. Den Pool haben sie nie in den Griff bekommen, der wurde immer wieder algig und irgendwann haben sie Fische reingesetzt. Den Zoo gibt es heute nicht mehr. Vor seinem Tod hat mein Großvater einige seiner Güter und Höfe an eine anthroposophische Gesellschaft verschenkt, die ein Wohnprojekt für geistig behinderte Menschen betreibt. Den Richthof vererbte er seinem Sohn aus erster Ehe. Der verkaufte ihn dann auch an diese Gesellschaft. Schön, dass dort jetzt etwas Sinnvolles entsteht!

Der Omann hatte ein Gleichnis aus dem *Markusevangelium* im Kopf. Dort heißt es: Eher geht ein Kamel durch ein Nadelöhr, als dass ein Reicher in den Himmel kommt. Er wollte sich beim lieben Gott gute Karten verschaffen.

Ein wunderschönes steinernes Forsthaus mit roten Dachziegeln, dunkelgrünen Fensterläden und wuchtigen Fachwerkbalken behielt er für sich. Es heißt Willina, benannt nach einem Liebespaar. Ein Graf Wilhelm traf sich dort mit seiner bürgerlichen Geliebten Carolina. Auf dem Grundstück des Forsthauses gab es zwei Türmchen – Wilhelm saß in einem, Carolina in dem anderen. Sie schrieben sich dort romantische Briefe und beförderten diese mit Hilfe von gespannten Schnüren zwischen den Türmen hin und her.

Angelas Familie gehörte bis vor Kurzem eines der schönsten Jagdreviere, die ich kenne. Mit drei märchenhaften Tälern sowie gewaltigen Eichen, Kiefern und Douglasien. Zu Zeiten von

Wilhelm II. war dieses Revier berühmt für sein Auerwild. Der Kaiser war mit dem damaligen Grafen von Schlitz befreundet. Als Seine Majestät ihn mit dem Zug besuchen wollte, ließ der Graf eine neue schmale Bahntrasse verlegen, damit Wilhelm II. sein Ziel auch problemlos vom letzten Bahnhof aus erreichen konnte.

In der Willina steht bis heute auf einer kleinen Kommode ein altes Foto des Kaisers. Das habe ich immer vorsichtig beiseitegestellt, wenn ich meinen Jagdkoffer auf diesem Möbelstück platzierte. »Gestatten, Majestät«, sagte ich dann – und hob Wilhelm II. rüber auf den Fenstersims. Vor meiner Abreise kam er natürlich immer wieder zurück an seinen alten Platz.

Wenn ich im Sommer in der Willina war, bin ich um vier Uhr morgens aufgestanden und ab ins Revier. Ich habe alle Kinder mitgenommen, auch meine Tochter Sophie, die 1981 zur Welt kam.

Sophie: Als ich klein war, galt die Verabredung: Papi schießt nicht, wir beobachten nur die Tiere. Wir füllten eine verbeulte Camouflage-Thermoskanne, die es heute noch gibt, mit schwarzem Tee, der mit einer Tonne Zucker gesüßt war. Den durfte ich dann auch trinken, das gehörte dazu. Wir parkten weit weg vom Hochsitz und schlichen uns dort hin. Stundenlang saßen wir flüsternd und schweigend da, tranken das süße Gebräu und aßen Brote mit Teewurst. Auf dem Rückweg war es dunkel und ich hatte so einen Schiss! Noch heute habe ich Angst vor Wildschweinen – auch weil mein Vater abenteuerliche Geschichten darüber erzählte.

Als meine Großmutter und andere Familienmitglieder dieses Leben verlassen hatten, lag in diesem Ritual eine schöne Beständigkeit: Wir saßen weiter im selben Wald auf dem selben Hochsitz. Da blieb die Zeit stehen. Papi verstand es, Magie in diese Momente hineinzubringen. Wir haben öfter mal in der Jagdhütte übernachtet, da gab es dann in der Frühe selbst gesammelte Walderdbeeren mit Milch. Wir schliefen im Schlafsack auf Feldbetten. Für mich war das damals ganz normal. Heute bin ich so dankbar dafür und sehe, wie besonders es war.

Ich liebe es, im Wald aufzuwachen. Ich war ja ausgerüstet von Camping-Trips nach Amerika, hatte Kochplatten mit Propangas, Sturmlampen und alles, was man sonst noch so braucht. Mit den Kindern habe ich an lauen Abenden manchmal bis elf Uhr draußen vor der Hütte gesessen. Die Natur so hautnah zu erleben, war ein Traum – für die Kinder und für mich. Meinen Enkel Kilian, den Sohn meiner Tochter Valerie, habe ich im Alter von vier Jahren mit auf den Hochsitz genommen. Nach einer Weile sagte er: »Ocka, wollen wir nicht gehen? Ich bin so müde.« Da zeigte ich auf meinen Rucksack und meinte: »Da kannst du deinen Kopf drauflegen und schlafen.« So war meine Erziehung. Als wir runtergingen, wurde es schon dunkel. Ich hatte eine Taschenlampe dabei und leuchtete uns den Weg, da war er ganz begeistert. Kilian bekam daraufhin von mir seine eigene.

Angelas Familie nahm mich mit offenen Armen auf. Ich spürte keinerlei Voreingenommenheit gegenüber einem Bürgerlichen wie mir. Als Schauspieler fällt es einem ja auch leicht, sich einer neuen Gesinnung oder einem anderen sozialen Stand anzupassen, das übernimmt man einfach. Ich konnte dank meiner Mutter Messer und Gabel richtig in der Hand halten, da gab es schon mal keine Probleme. Man sollte immer so schneiden, als ob man dabei zwei Bücher unter den Achseln festhalten wollte, damit die Ellenbogen nicht rechts und links heraustechen. Alles andere lernte ich nebenbei dazu: Bei einer kalten Vorspeise wartet man zum Beispiel mit dem Essen, bis das Tischoberhaupt anfängt. Ein Weinglas wird nicht am Kopf, sondern am Stil angefasst. Und »Guten Appetit« zu sagen, ist in Adelskreisen verpönt.

Ich habe mich in dieser Familie immer sehr wohl gefühlt. Es gibt auch tolle Verwandte, wie Karl Friedrich von Hohenzollern, der eine eigene Jazzband hat, Charly And The Jivemates. Der Adel ist eine Klasse für sich, die einhergeht mit Vertrauen und gutem Benehmen. Es gibt natürlich auch Ausnahmen. Ernst August von Hannover hat den Namen »Haugust« weg, seit er mal mit seinem Regenschirm auf einen Fotografen eindrosch. Ich habe ihn in seiner Sturm- und Drangzeit kennengelernt, da war er in München unterwegs und das Nachtleben witzig. Seinen Zorn, Regenschirme oder Ähnliches, habe ich nie abbekommen.

Sieben Jahre lang lebten Angela und ich in »wilder Ehe« – sie mit den Mädchen in Solln und ich in Pullach. In zehn Autominuten konnten wir beieinander sein und das hat gut für uns funktioniert. Aber 1979 heckten Bernie und ich einen Hochzeitsplan aus. Er war verliebt in seine Barbara, ich in meine Angela. Wir hatten für August einen gemeinsamen vierwöchigen Trip geplant: 6000 Kilometer wollten wir zusammen durch die USA und Kanada fahren – warum nicht gleich eine Hochzeitsreise daraus machen?

Bernie: Fritzi hatte nach Absprache mit mir bei einem mit uns befreundeten Juwelier die Ringe anfertigen lassen, ohne dass unsere Frauen vorher eingeweiht wurden.

Unsere Doppelhochzeit sollte in Huntington Beach stattfinden, südlich von Los Angeles. So konnten wir dem potenziellen Rummel, der bei so einem Anlass sicher auf uns zugekommen wäre, entgehen. Diesen Moment wollten wir nur für uns haben. Erst bei unserer Ankunft in Kalifornien überreichten wir unseren Frauen die Ringe, in die wir das geplante Hochzeitsdatum hatten eingravieren lassen: 9. August 1979. Da konnten die beiden gar nicht mehr anders, als Ja zu sagen.

Valerie: In Los Angeles hat Fritz die Mami gefragt, ob sie ihn heiraten will. Bevor sie Ja sagte, kam sie zu Stephanie und mir und wollte wissen, was wir davon hielten. Unsere Antwort war einstimmig: »Ja, mach das!«

Die Trauung fand in einem Gerichtsgebäude in Huntington Beach statt. Angela trug ein weißes Leinenkleid, ich einen weißen Zweireiher. Wir wurden von einem schwedischstämmigen Richter getraut, Mr. Johannsen, der uns alle in einen kleinen Raum bugsierte. Er verhandelte an dem Tag einen Mordfall. Um Barbara und Bernie, Angela und mich wie vereinbart um 15 Uhr zu trauen, unterbrach er den Prozess und meinte: »I'm so glad to interrupt this murder case and give you my blessing.« Wir sähen so glücklich aus, meinte er. Am Ende der kurzen Zeremonie händigte er uns ein Marriage Certificate aus, das heute noch gerahmt in meinem Haus am Tegernsee hängt. Er gab uns eine Empfehlung mit auf den Weg: Bernie und ich sollten mindestens einmal im Monat mit unseren Frauen essen gehen. Dann könne da nichts schiefgehen. Wenn es nur so einfach wäre ...

Abends haben wir in Los Angeles gefeiert. Wir waren in einem tollen Restaurant und dann in einer Rollschuh-Disco. Am nächsten Morgen ging es mit zwei Wohnmobilen gleich weiter zum Grand Canyon und nach Las Vegas, wo wir uns die Show von Siegfried und Roy ansahen.

Angela und ich haben nach unserer Eheschließung Gütertrennung vereinbart. Ich wollte kein Nutznießer ihres Familienvermögens sein, schließlich verdiente ich ja mein eigenes Geld. Ihres sollte von mir unberührt bleiben, ich wollte es ganz Angela und ihren Kindern überlassen. Um Finanzen gibt es in Familien und Ehen oft Streit. Das wollte ich bei uns vermeiden. Das Gefühl sollte entscheidend sein, nicht das Geld. Diese Vereinbarung hat mich immer ruhig schlafen lassen und wir konnten uns auf die schönen Dinge im Leben konzentrieren.

Stephanie: Ich finde es heute noch richtig cool von den beiden, dass sie bei ihrer Hochzeit auf jegliche Konventionen pfiffen. Danach waren wir ja vier Wochen mit dem Wohnmobil unterwegs. In Jackson Hole, Wyoming, wollten die Erwachsenen abends in eine Bar. Valerie und ich durften natürlich nicht mit rein. Ich war acht, Valerie war zehn. Fritz und Angela haben kurzerhand das Wohnmobil vor der Bar geparkt. Eigentlich sollten wir schlafen, aber natürlich haben wir die ganze Nacht zugeschaut, wer rein- und rausgeht. Das war damals Aufregung pur für uns!

Nach diesem Trip zog Fritz zu uns nach Solln. Er kaufte einen Hund: den Ero, seinen ersten Deutsch Drahthaar. Das Leben, das Mami und Fritz führten, war schillernd. Ein Künstlerleben, wie man es aus der Zeitung kennt. In den Schulferien nahmen sie uns mit. Silvester haben wir mal in St. Moritz mit Hubert Burda und seiner Familie gefeiert. Wir fuhren mit Pferdekutschen an einen See, um Mitternacht gab es Champagner und ein Wahnsinns-Feuerwerk.

Ich transportierte in meiner Kutsche das komplette Raketensortiment und fungierte am See auch als Pyrotechniker. Vom Feuerwerk selbst habe ich daher kaum etwas gesehen, weil ich permanent mit dem Kopf nach unten gebeugt da stand und mit dem Zündeln beschäftigt war.

Es war mir wichtig, mit den Kindern etwas zu unternehmen. Aber genauso gerne waren Angela und ich zu zweit unterwegs, gingen zu Bällen und Preisverleihungen, Geburtstagen und Hochzeiten. Wir gönnten uns ab und zu Urlaube ohne die Kinder, flogen nach Barbados, Indonesien oder auf die Bahamas. Wir wollten uns nicht nur als Eltern erleben, sondern auch als Liebespaar. Während unserer Abwesenheit passte Schwester Brigitte, ein Kindermädchen, das über 40 Jahre in Angelas Familie angestellt war, auf Valerie und Stephanie auf. Wir alle liebten unsere »Gigge«, die auch für uns kochte und wunderbare Vanillekipferl buk. Die hat sie vor mir versteckt, damit nicht gleich alle auf einmal weg waren. Aber ich habe eine gute Nase und fand den heimlichen Plätzchenvorrat jedes Mal.

Valerie: Die erste gemeinsame Zeit in Solln war schwierig. Fritz musste seine Vaterrolle definieren und Stephanie und ich mussten akzeptieren, dass er ab sofort immer da ist. Er selbst hatte seinen Vater nicht erlebt und musste sich als solcher erfinden.

Dass meine Eltern oft ohne uns gereist sind, fand ich als Kind natürlich doof. Gerade am Anfang waren sie viel alleine weg. Jetzt als Erwachsene kann ich das verstehen, früher wäre ich gerne überall dabei gewesen. Aber es gab jedes Jahr Fixpunkte für die ganze Familie: An Ostern fuhren wir in die Schweiz, wo die Familie meiner Mutter Wohnungen besaß. Pfingsten und im Sommer waren wir in Schlitz bei meiner Großmutter.

In Söll am Wilden Kaiser hatten wir mit Elmar zusammen eine Berghütte, da ging es oft über Fasching hin. Ein unvergessliches Familienritual! Die Hütte stand nämlich direkt an einem Skihang, da kamen wir nicht mit dem Auto hin, sondern nur auf Skiern oder Schlitten. Der Klassiker war: Niemals, unter keinen Umständen, sind wir in der Helligkeit dort angekommen. Es war immer zappenduster. Unser Auto ächzte mit Schneeketten die eisige Bergstraße hinauf. Dann wurde alles ausgeladen: das Essen, die Anziehsachen, der Hund, die Schlitten, die Skier, wir Kinder.

Gemeinsam fuhren wir hangabwärts zur Hütte. Die gehörte einem Bauern, der sie uns vermietete. Eigentlich sollte er vor unserer Ankunft den Kaminofen anschmeißen, aber auch das hat nie geklappt. Es war immer bitterkalt. Wir haben erst mal eingeheizt, zitternd heißen Tee getrunken und sind ins Bett. Am nächsten Morgen war es herrlich: Die Hütte war brutzelwarm, draußen glitzerte der Schnee im Sonnenlicht. Wir sind viel Ski gefahren, zwischendurch gab's auf der Hütte Spaghetti. Omi, die Mutter von Fritz, war auch oft dabei. Das war richtig, richtig schön. Traditionen wie diese gab es viele. Neben der schillernden Seite meiner Eltern war das ihre heimelige. Familienzusammenhalt war ihnen wichtig.

Angela und ich waren überglücklich, als wir im Spätsommer 1980 herausfanden, dass sie schwanger war. Ich freute mich so auf unser erstes gemeinsames Kind, das im April 1981 zur Welt kommen sollte. Doch eines Morgens bekam Angela krampfartige Schmerzen, später setzten Blutungen ein. Sie verlor das Baby im dritten Monat. Das war mit das Traurigste was ich in meinem Leben durchmachen musste. Die Tragik dieses Erlebnisses war nur schwer auszuhalten. Zu diesem Zeitpunkt wussten wir noch nicht einmal, was es geworden wäre, ob Junge oder Mädchen. Wir haben uns gegenseitig getröstet, so gut es eben in so einer Situation geht.

Poldi: Da war meine Frau die beste Therapeutin. Sie und Angela haben sich unheimlich gut verstanden. Meine Frau konnte in dieser schwierigen Situation die richtigen Worte finden.

Ich habe dieses Erlebnis nicht verdrängt, aber es war so tieftraurig, dass ich gar nicht darüber reden wollte und das auch heute nur ungern tue. Ich will lieber von dem erzählen, was danach passierte. Denn schon Anfang 1981 war Angela wieder schwanger. Sie trug Sophie unterm Herzen, und das war die Erlösung. Diese Nachricht glich den vorangegangenen Schicksalsschlag wieder aus. Unser Schmerz verwandelte sich in neue Hoffnung. Natürlich bangt man in so einer Situation immer. Aber ich habe nie wirklich daran gezweifelt, dass dieses Kind das Licht der Welt erblicken würde.

Sophie wurde am 18. Oktober 1981 um 16.08 Uhr geboren. Sie war 3230 Gramm schwer und 51 Zentimeter groß, diese Daten haben sich in meine Seele eingebrannt. Sophie ist ein Sonntagskind, genau wie ihre Eltern und Großeltern väterlicherseits. Bei der Geburt war ich als Vater natürlich dabei, auch wenn das zu der Zeit noch nicht so üblich war. Aber das war mir egal. Dieses Wunder mitzuerleben, war schon immer ein Wunsch von mir gewesen. An jenem Sonntag fuhr ich Angela ins Krankenhaus, wo ich einen weißen Kittel anziehen musste. Ich durfte ein Stethoskop auf Angelas Bauch halten und hörte damit die Herztöne meines Babys – der schönste

Rhythmus der Welt! Die Herzfrequenz lag kurz vor der Geburt bei 160, aber auf einmal ging sie runter bis auf 100. Da sagte der Arzt: »Herr Wepper, gehen Sie bitte raus.«

Schon im Vorfeld hatte es Probleme gegeben. Sophie lag verkehrt herum im Bauch, es drohte eine Steißgeburt. Aber unsere Zugehfrau zeigte der Angela die »Indische Brücke«, eine Position, mit der man das Baby dazu bewegen soll, einen Purzelbaum im Mutterleib zu machen. Angela legte sich im Wohnzimmer in Rückenlage auf den Boden und unter ihrem Po wurden Kissen aufgetürmt, sodass ihr Becken sich Richtung Decke hob. Es funktionierte, Sophie drehte sich!

Aber im Krankenhaus wurde es noch mal sehr eng. Nervös ging ich auf dem Flur auf und ab, als der Arzt mich endlich wieder hineinbat. Ein Kaiserschnitt sei nicht vonnöten, verkündete er. Und wenig später hat der liebe Gott die Sophie da hingegossen. Ich durfte sie als Erster auf den Arm nehmen, dann wurde sie gewaschen und ich habe ihr, das war damals so üblich, ein kleines Fläschchen Tee gegeben. Mein Söphelchen war da, was für ein Gefühl! Durch das Fenster im Kreißsaal fiel warmes Licht herein. Und ich habe meiner Tochter gleich erklärt, dass das die Sonne ist. Sie hat derweil ganz ruhig genuckelt. Diesen Moment werde ich immer in mir tragen.

Valerie: Sophie ist zehn Jahre jünger als meine Schwester und zwölf Jahre jünger als ich. Als wir in die Pubertät kamen, war sie noch ein Kind. Es gab einen altersmäßigen Unterschied, aber unsere Eltern haben uns ansonsten keinen spüren lassen. Ich verstehe mich heute mit beiden wahnsinnig gut, wir sind sehr eng miteinander.

Stephanie: Wenn ich das heute mit Abstand betrachte, war es für meinen Stiefvater nicht einfach mit einer pubertierenden Tochter, die nicht seine leibliche war. Ich knallte ihm auch mal Klassiker an den Kopf wie: »Du bist nicht mein Vater und hast mir nichts zu sagen!« Mit 18 bin ich ausgezogen und habe mich erst mal komplett abgenabelt. Das ist ja in dem Alter auch normal.

Fritz und ich haben uns in den folgenden Jahren ziemlich aus den Augen verloren. Ich war verheiratet, ließ mich scheiden, wir trafen uns zu Familienfesten und an Heiligabend.

Aber umso älter wir wurden, desto mehr habe ich wieder eine Verbindung zu ihm aufgebaut. Und die ist sehr schön. Weil Fritz von seinem Charakter her ein ganz feiner und sensibler Mensch ist, der eigentlich nur Gutes tun will. Er hat ein riesengroßes Herz. Er würde niemals jemanden im Stich lassen. Nie, nie, nie! Wenn du ein Freund von ihm bist, macht er alles für dich möglich. Manche halten ihn für lustig, aber oberflächlich. Das ist er nicht. Fritz ist ein sehr tiefgründiger Mensch, mit dem man über Gott und die Welt philosophieren kann.

Sophie hat 2016 als letzte meiner Töchter geheiratet, ich habe sie in Südfrankreich zum Altar geführt. Bei Valerie und Stephanie übernahm diese Aufgabe ihr leiblicher Vater Ferfried von Hohenzollern, das haben wir genetisch gelöst. Stephanies erste Hochzeit fand auf Schloss Sigmaringen südlich von Stuttgart statt, sie heiratete einen Grafen Metternich. Eine riesige Feier mit über 200 Gästen! Meine Rede wurde über Lautsprecher in die verschiedenen Räumlichkeiten übertragen. Ich endete mit: »Stephanie, mecker nich, jetzt heißt du Metternich.« Wir feierten bis morgens um acht, dann fuhr ich mit der hiesigen Feuerwehr, die für den Brandschutz gesorgt hatte, von der Anhöhe herunter, auf der das Schloss steht. Die netten Beamten ehrten mich sogar noch mit einer echten Feuerwehrkappe.

Die romanische Kirche aus dem 14. Jahrhundert, in der Sophie Ja sagte, war mit unzähligen Bouquets geschmückt, auf dem Boden lagen Rosenblätter. Und ich war so stolz, diese wunderbare junge Frau zu ihrem zukünftigen Mann zu bringen. Ich habe ein sehr gutes Verhältnis zu meinem Schwiegersohn. David hatte mich eines Tages gefragt: »Fritz, bist du zufällig in der Stadt? Lass uns mal auf ein Bierchen treffen.« Als wir in München zusammensaßen, hat er um die Hand von Sophie angehalten, ganz klassisch. Das fand ich großartig.

Angela und ich haben so viele wunderbare Augenblicke miteinander erleben dürfen. Aber ich möchte an dieser Stelle nicht die Krisen verschweigen, die auch zu unserer Ehe gehörten. In jeder Beziehung gibt es gute und schlechte Zeiten, alles andere wäre gelogen. Und es gilt, beide miteinander durchzustehen.

Valerie: Bis zum Schluss war es eine große Liebe, trotz aller Kontroversen und Streitigkeiten. Meine Eltern haben es sich schon auch richtig gegeben. Zwei starke Charaktere, die sich gegenseitig nicht geschont haben. Mami hat Fritz geliebt, aber auch gehasst. Das Ganze war unglaublich leidenschaftlich und emotional. Es erinnerte fast ein bisschen an Liz Taylor und Richard Burton.

Sophie: Ich hatte immer ein sehr enges Verhältnis zu meinem Papi. Das, was zwischen uns war, fühlte sich richtig an. Ich wollte es nicht gefährden. Die Mami hat mir manchmal vorgeworfen, dass ich ihn nicht verurteilt habe. Sie hat das nie verstanden. Sie sagte: »Aber du musst doch ...« Und ich antwortete: »Nein, muss ich nicht!« Sicherlich fand ich vieles nicht gut, was er getan hat. Aber ihn als Menschen wollte ich nicht verurteilen und das habe ich auch nie getan. Ich habe die Taten vom Menschen getrennt. Sicher habe ich ihm auch mal mitgeteilt, was ich von gewissen Dingen halte, aber ich habe nie gesagt: »Papi ist doof und ich schlage mich jetzt auf Mamis Seite.«

Ich habe viele Fehler gemacht, die der Angela sehr weh getan haben, dazu zählen auch Affären, die ich während unserer Ehe hatte. Ich genoss das Verliebtsein und die frischen Gefühle, die dabei in meinem Kopf und meinem Körper herumschwirrten. Angela war in diesen Phasen natürlich enttäuscht von mir und tieftraurig. Ich wiederum war mir meiner Schuld bewusst. Diese Offenheit hatten wir. Ich weiß, ich bin ein Mensch mit Webfehlern.

Angela hat mir immer wieder verziehen. Sie war der Meinung, dass diese Seitensprünge unsere Ehe nicht wirklich gefährden konnten.

Sophie: Die Familie ist Papi sehr wichtig. Ihr soll es gut gehen. Das klingt vielleicht komisch, wenn man sein Leben anschaut und die Entscheidungen, die er getroffen hat. Denn er hat meiner Mutter viele Verletzungen zugefügt und die Familie in ihrem Zusammenhalt gefährdet. Das ist das Paradoxe, aber vielleicht auch genau das Menschliche daran. Ich glaube, dass es viel mit Lebenslust zu tun hat. Oder mit dem Lebenshunger der Kriegsgeneration, die den Drang spürt, das

Leben auszukosten und sich lebendig zu fühlen. Ich weiß es nicht. Das ist tatsächlich etwas, worüber wir in dieser Form nie gesprochen haben.

Die Beziehung meiner Eltern war von außen schwer zu verstehen, aber ich kenne die Mehrschichtigkeit der Situation. Ich glaube, dass wir Menschen viele Facetten haben und uns oft auch widersprechen. Es ist alles komplexer als schwarz und weiß, gut und böse. Manches ist einfach beides. Nichts ist so individuell wie eine Liebesbeziehung in all ihren Ausformungen und Widersprüchen.

Es ist irrelevant, ob ich diese nachvollziehen kann. Hauptsache, die Menschen, die in der Beziehung stecken, wissen, was es damit auf sich hat und warum sie es trotz allem leben wollen. Da sollte man jedem erwachsenen Menschen ein bisschen Souveränität im eigenen Leben zugestehen und sagen: »Ihr müsst damit leben – ich lasse es bei euch!«

Ich bin schon in relativ jungen Jahren zu dieser Sicht der Dinge übergegangen und habe für mich begriffen: Das ist nicht meins. Und das muss es auch nicht sein. Das war für mich der gesündeste Umgang damit. Dadurch konnte ich mein Verhältnis zu beiden Eltern erhalten. Das ist es, was für mich zählte. Und das konnte ich beeinflussen. An dieser Stelle konnte ich das Drama rausnehmen. Solche Situationen waren natürlich eine Belastung. Am anstrengendsten aber war die Öffentlichkeit. In vielen Familien, in denen so etwas passiert, weiß einfach niemand drum herum etwas davon. Und das macht es sehr viel leichter.

Die Sophie hat eine gescheite Wahrnehmung der Dinge. Sie hat alles sehr nah miterlebt, was sicher oft wehtat. Aber die Liebe ihrer Eltern stand trotz allem auf festen seelischen Mauern. Daher kam es auch nicht zu einer Scheidung. Es gab Auszeiten zwischen Angela und mir. Aber die waren für uns nie ein Grund, endgültig auseinanderzugehen. Auch vor ihrem Tod waren wir wieder auf einem guten Weg. Doch dann passierte am 28. Dezember 2019 dieser schreckliche Unfall.

Angelas und mein Schlafzimmer befindet sich im ersten Stock unseres Hauses am Tegernsee. In der Nacht ist sie die Treppe heruntergestürzt, das habe ich gar nicht mitbekommen. Sie erzählte es mir am nächsten Morgen, als ich neben ihr aufwachte und sie über starke Kopfschmerzen klagte. Die waren so schlimm, dass ich sofort unseren Hausarzt anrief, der kam und ihr einige Spritzen gab. Er überwies Angela zur Untersuchung ins Krankenhaus Agatharied, das ist gut 15 Autominuten von uns entfernt. Dort stellte man eine Hirnblutung fest und sie wurde schnellstmöglich in die Klinik Vogtareuth bei Rosenheim gebracht.

Am nächsten Tag war ich voller Hoffnung, weil Angela gut aussah und fast euphorisch wirkte. Rückblickend lag das wohl eher an den Medikamenten, die sie bekam. Ich war jeden Tag bei ihr, hielt ihre Hand, streichelte ihr Gesicht, wartete auf Neuigkeiten von den Ärzten. Das ging etwa zwei Wochen so. Angela war fest davon überzeugt, diese gesundheitliche Krise zu meistern. Die Diagnose war zunächst hoffnungsvoll. Daher bin ich zur Jagd gefahren, der Arzt gab mir auf Rückfrage grünes Licht. Ich brauchte ein bisschen Abstand.

Valerie: Es sah ganz gut aus, dass sie sich wieder erholt. Ich persönlich fände es ganz gruselig, wenn man in so einer Situation 24 Stunden im Krankenhaus oder zu

Hause sitzt und abwartet, dass irgendetwas passiert. Es gab auch Menschen, die darüber nicht so begeistert waren. Aber ich finde, dass man so ein Verhalten nicht verurteilen darf. Ich kann verstehen, wenn man in so einem Moment sagt: »Ich will kurz an etwas anderes denken und neue Kraft schöpfen.«

Ich fuhr mit einem Freund in den Spessart und am zweiten Tag meiner Jagd erhielt ich die Nachricht, dass es meiner Frau nicht gut gehe. Ich brach sofort ab und wollte so schnell wie möglich in die Klinik, aber das war unmöglich. Es herrschte ein furchtbares Schneechaos, die Autobahn war dicht. Keine Chance, da durchzukommen. Niemand aus der Familie konnte hin.

Am nächsten Morgen, dem 11. Januar 2019, ist sie um 5.24 Uhr ganz alleine gestorben. Ich habe meine Frau nicht mehr gesehen, bevor ihr Leichnam für die Beerdigung in ihre Heimat Schlitz gebracht wurde.

Das letzte Mal, als ich sie sah, hat sie geschlafen. Ich küsste Angela auf die Stirn und wusste nicht, dass es ein Abschied für immer sein sollte.

Bei einem meiner Besuche im Krankenhaus hat sie mir einen Satz zugeflüstert, für den ich unendlich dankbar bin. Ich denke, dass sie ihren Tod vielleicht vorausgeahnt hat und endgültig Frieden schließen wollte. Denn sie sagte zu mir: »Ich verzeihe dir alles.« Ein erlösender seelischer Freispruch. So war sie, die große Angela.

Stephanie: Am Tag nach ihrem Tod haben wir uns am Tegernsee getroffen: Sophie, Valerie, Fritz und ich. Um die Beerdigung und andere Dinge zu besprechen. Fritz saß mit mir draußen auf der Terrasse, wir haben eine geraucht. Er sagte: »Du weißt gar nicht, wie ich deine Mutter geliebt habe und was ich für Fehler gemacht habe!« Das war so ehrlich, dass es mich wahnsinnig mitgenommen hat. Da war diese totale Verzweiflung, die ich in Teilen noch heute bei ihm spüre.

Valerie: An dem Tag waren wir so richtig eine Familie. Wir haben uns gegenseitig gestützt und unterstützt, gingen sehr sensibel miteinander um. Das war unglaublich schön und ein inniger Moment.

Der Schulterschluss der Familie wurde wieder einmal gefordert. Durch den Tod von Angela haben wir uns noch enger zusammengetan. Im Gegensatz zum Begräbnis meiner Mutter fehlte mir dieses Mal die Kraft, eine Rede zu halten. Das hätte ich nicht durchgestanden. Daher haben Valerie, Stephanie und Sophie das übernommen. Ein befreundeter Pater, der auch die Trauung von David und Sophie durchgeführt und die Kinder in der Familie getauft hat, hielt den Trauergottesdienst in der Christkönigskirche in Schlitz ab.

Im Vorfeld gab es noch Ärger mit Ferfried von Hohenzollern. In einem Zeitungsinterview beschwerte er sich darüber, dass Susanne, die Mutter meiner jüngsten Tochter Filippa, zum Gottesdienst kommen wollte. Er mischte sich da nur über die Presse ein, hatte vorher mit keinem von uns darüber gesprochen. Außerdem hatte er in dieser Sache gar nichts mehr zu sagen. Angela war schließlich schon lange nicht mehr seine Frau.

Susanne wäre gerne gekommen, um sich von Angela zu verabschieden. Aber sie beschloss, es zu lassen, weil sie nicht der Grund für Streitigkeiten sein wollte. Das war wirklich schlimm. Und der Witz war: Ferfried selber erschien gar nicht bei der Beerdigung. Mittlerweile haben sich die Wogen zwischen uns geglättet, aber sein Verhalten in dieser Angelegenheit fand ich mehr als fragwürdig.

Nach Angelas Tod kamen an die 150 Beileidsbekundungen, ein Großteil bestand nicht nur aus ein paar Sätzen, es waren ganze Seiten beschrieben worden. Da wurde der Liebe, die Angela in die Welt hinausgetragen hatte, noch mal Respekt gezollt. Für mich ist es immer noch schwer, ohne sie aufzuwachen.

> **Poldi:** Seit dem Tod von Angela ist Fritz verschlossener geworden. Er hat einfach gemerkt, wie sehr sie ihm fehlt. Ich weiß nicht, ob er schon loslassen kann. Er denkt wahrscheinlich über die Zeit mit Angela nach. Was sie ihm bedeutet hat und was sie alles für ihn getan hat. Sie hat schon was durchgemacht mit ihm. Aber der Fritz ist der Fritz. Man muss ihn so akzeptieren, wie er ist.

An Angelas Geburtstag besorge ich wie all die Jahre zuvor rote Rosen für sie. Die liebe ich und die hat sie geliebt. Rosen sind das Symbol für eine Liebe, die auch den Tod überdauert und nicht mehr vergeht. Aber sie zeigen in meinen Augen auch sehr schön: Es gibt keine Liebe ohne Stacheln.

Mutti hatte mich auf ein kuscheliges Fell
gelegt, um ein erstes Foto von mir zu machen.
Sie schickte es im November 1941 zusammen mit
einem Brief an Vati, der damals an der Front
war.

Mutti und Vati tauschen verliebte Blicke aus
auf unserem einzigen gemeinsamen Familienfoto
aus dem Sommer 1942.

Elmar und ich auf unserer ersten
»Weltreise«. Wir fuhren mit dem Roller
von unserem Haus in München-Neuhausen
durch den Nymphenburger Schlosspark
und wieder zurück.

Das bin ich (ziemlich in
der Mitte mit Pullover und
spitzem Hemdkragen) mit
meiner Klasse 1 c am
Wittelsbacher Gymnasium –
kurz bevor ich für meine
erste Rolle im Theaterstück
Peter Pan entdeckt wurde.

Loli war meine erste Freundin. Wir machten zusammen viele Ausflüge (so wie hier im Jahr 1963) und waren dabei in meinem ersten Auto unterwegs, einem weißen VW Käfer. Damit fuhren wir sogar bis nach Italien.

Die Brücke drehten wir 1958 drei Monate lang im oberbayerischen Cham. Das Kettengeräusch der Panzer am Set erinnerte mich an den Moment, als wir am Ende des Zweiten Weltkrieges die weiße Flagge auf dem Balkon meiner Oma Mering hissten. (*Die Brücke*, 1959, Regie Bernhard Wicki, Deutschland. Hier eine Schlussszene des Films.)

Ein Szenenfoto aus *Mein Schulfreund* (BRD 1960, Regie Robert Siodmak) mit Heinz Rühmann. Wir hatten einen guten Draht zueinander: Er nahm mich nach Drehschluss in seiner Cessna mit und wir gingen zusammen golfen. Auf dem Foto sind wir mit Loni von Friedl zu sehen.

Sanne sagt, dass ich auf diesem
Foto aussehe wie James Dean. Ich
lass' das mal so stehen.

Ich war ein leidenschaftlicher
Skifahrer und erlebte spektaku-
läre Abenteuer auf schwarzen
Pisten mit Willy Bogner und
Hubert Burda.

1982 wollte mich der später weltberühmte Regisseur Luc Besson (l.) unbedingt für seinen Film *Le Dernier Combat* (dt. Der letzte Kampf, 1983, Frankreich) haben. Hier gibt er mir in einer Drehpause Regieanweisungen.

Beim Dreh von *Cabaret* (1972, Regie Bob Fosse, USA) 1971 lernte ich die wunderbare Liza Minnelli kennen. Aus unserem gemeinsamen Auftritt wurde eine lebenslange Freundschaft – auch, weil wir denselben Humor haben. Wir machten immer Witze über den Schnauzbart, der mir für diese Rolle angeklebt wurde.

In *Cabaret* spielte ich Fritz Wendel. In dieser Szene frage ich meinen großartigen Kollegen Michael York um Rat, weil ich mich unsterblich verliebt habe.

1989 trat Liza Minnelli in München mit Sammy Davis Jr. und Frank Sinatra auf, im Rahmen ihrer Welttournee *The Ultimate Event*. Sammy und ich schauten uns bei der Aftershowparty im Seehaus tief in die Augen und jemand machte ein Foto von diesem Moment. Ich habe es gerahmt und es steht in meinem Haus. So, dass ich es jeden Tag sehe. Wenn ich es mir anschaue, ist das für mich wie eine seelische Umarmung.

Liza hat mir mal gesagt, dass sie sich an meiner Seite geborgen und sicher fühlt. Bei mir könne sie sich anlehnen und entspannen. Das darf sie immer gerne, wenn wir uns sehen!

Am 9. August 1979 habe ich Angela in Huntington Beach bei Los Angeles geheiratet, da waren wir seit sieben Jahren zusammen. Angelas Ehering trage ich seit ihrem Tod an einer Kette um meinen Hals.

Meine Tochter Sophie kam 1981 zur Welt. Ich war bei ihrer Geburt dabei, auch wenn das zu dieser Zeit noch nicht üblich war. Aber dieses Wunder wollte ich unbedingt miterleben!

Unsere Ski-Urlaube waren eine Familientradition. 1983 wedelte ich in der Schweiz die Pisten mit (v.r.) Angela, Valerie und Stephanie hinab. Einige Jahre lang mieteten wir eine Berghütte im österreichischen Söll, die stand direkt an einem Ski-Hang.

Angela hat mich vom ersten Moment an fasziniert – nicht nur wegen ihrer huskyblauen Augen, sondern vor allem wegen der Liebe, die sie ausstrahlte. Das sind wir 1995.

Die Wiesn bezeichnet man in München auch als fünfte Jahreszeit – für mich ist es ein festes Ritual, dort »a Schaumige« zu trinken. Das ist ein Maßkrug mit viel Schaum und wenig Bier. So bleibt das Helle frisch und kühl. Auf diesem Foto stoße ich 2003 mit Elmar an.

Zu ihrem 80. Geburtstag schenkten Elmar und ich unserer Mutti 80 rote Rosen. Für mich sind das die Blumen der Liebe. Die bekommen alle Frauen in meinem Leben von mir.

Mit meinem Alfa Romeo 164 startete ich bei einem Celebrity Race. Ehrlich gesagt glaube ich, dass ich damals gar nicht gewonnen hatte …

Ich bin ein passionierter Golfer, hier trete ich beim Kaiser Cup 2007 an. Der Sport hat viel mit der Schauspielerei zu tun: eine Mischung aus Konzentration und der Fähigkeit des Loslassens.

In den 80er Jahren begann ich, Trabrennen zu fahren, viele davon für den guten Zweck. Die Montur und den Helm auf diesem Foto habe ich bis heute aufbewahrt, eine schöne Erinnerung an diese Zeit. Eine Weile züchtete ich sogar selber Rennpferde.

Auf Schloss Elmau bei Garmisch-Partenkirchen während meines ersten Sesshins mit meinem Zen-Meister Taisen Deshimaru, den ich zutiefst verehre und bewundere. Diese Begegnung im Jahr 1978 hat mein Leben nachhaltig geprägt.

1990 flogen mein Freund Didi Küffer und ich auf Einladung von Franz Beckenbauer zum WM-Finale nach Rom. Auf der Siegesfeier der deutschen Nationalmannschaft entstand dieses Foto von mir mit Andi Brehme (l.), Lothar Matthäus und dem Pokal.

Horst Tappert und ich lösten als Stephan Derrick und Harry Klein 281 Folgen lang Kriminalfälle. Im Gegensatz zu *Der Kommissar* wurde *Derrick* in Farbe gesendet und viele Zuschauer entdeckten da erst, dass ich rothaarig bin.

Ein Foto aus *Derrick*-Zeiten. Der Satz »Harry, hol schon mal den Wagen« ist eines der berühmtesten deutschen Serienzitate. Dabei ist er so nie gefallen.

Mein Foto zierte öfter das Cover der *Bravo* – auch im Februar 1972. Da trug ich eine Lederjacke mit Nieten aus dem Film *Sie nannten ihn Krambambuli*.

1968 erfüllte ich mir einen Traum: Ich kaufte mir meinen ersten Porsche, einen feuerroten 911 Targa. In dem ließ ich mich für die Zeitschrift »Bild + Funk« fotografieren.

Das *Kommissar*-Team: (v.l.) Reinhard Glemnitz, Günther Schramm, mein väterlicher Freund Erik Ode und ich. Wir ermittelten von 1969 bis 1974 gemeinsam.

Als Kind spielte ich gern Cowboy. Auf meinen Reisen in die USA und nach Kanada (hier 1978) konnte ich später endlich wirklich einer sein! Auf langen Ausritten wurde ich eins mit der Natur und erweckte meine Instinkte wieder zu neuem Leben.

Die erste Begegnung mit Sanne und unser erstes gemeinsames Foto auf Sylt (2007). Wir sehen da schon aus wie ein Herz und eine Seele – nicht ahnend, dass wir es Jahre später tatsächlich sein würden.

Sanne und ich haben uns selten fotografieren lassen. Hier wollten wir es – aber instinktiv halte ich meine Hände schützend vor uns.

Eines meiner Lieblingsbilder von Filippa und mir. Ein inniger Vater-Tochter Moment. Bei meinem Blick erübrigt sich die Frage, warum ich so spät nochmal Vater werden wollte.

Ein Selfie von Filippa, Sanne und mir auf Mallorca 2018. Wir waren mit dem Auto nach Barcelona gefahren und von dort aus mit der Fähre übergesetzt. Nach der langen Reise waren wir froh, endlich auf der Insel und am Meer zu sein.

Mein typisches Sylt Outfit: Hoodie, Shorts und Flip Flops. So fühle ich mich wohl. Ich liebe die Insel seit den sechziger Jahren.

Das Foto hat Sanne von mir 2009 auf Hawaii gemacht, auf einer der schönsten Reisen meines Lebens. Sanne war oft dort und wollte mir »ihr Hawaii« zeigen. Wir gingen surfen und ich fand es unglaublich schön, auf einem Board zu stehen und von einer Welle getragen zu werden.

Meine Tochter Sophie durfte ich auch als sehr gute Schauspielerin an meiner Seite erleben. Für die Kriminalfilmreihe *Mord in bester Gesellschaft* standen wir zehn Jahre lang gemeinsam vor der Kamera und hatten nach Drehschluss viel Zeit für tiefgehende Gespräche. Was sie nicht leiden konnte: Wenn ich ihr beim Handwerk Tipps geben wollte.

2002 drehte ich die erste Staffel von *Um Himmels Willen*. Dieses Foto symbolisiert das ständige Tauziehen zwischen den Nonnen vom Kloster Kaltenthal und mir als Bürgermeister Wolfgang Wöller.

Ich habe es schon immer geliebt, mich zu verkleiden. 2008 durfte ich im Special »Weihnachten in Kaltenthal« neben Janina Hartwig als Schwester Hanna den Weihnachtsmann spielen. Für meine Töchter habe ich das privat auch schon gemacht.

2019 wurden Elmar und ich beim Bayerischen Fernsehpreis für unser Lebenswerk ausgezeichnet. Eine große Ehre – und ein großer Moment für uns als Brüder.

Mit meinem besten Freund Aron auf einer wunderschönen Blumenwiese in Kaltenbrunn oberhalb des Tegernsees. Dazu fällt mir das Zitat von Ludwig Thoma ein: »Um mich herum ist Heimat.«

Kapitel 7

Das Serienzitat, das mich am meisten nervt, ist so nie gefallen.

»Harry, hol schon mal den Wagen.«

Dieser Satz wurde in keiner der 281 *Derrick*-Folgen jemals gesagt. Trotzdem verfolgt mich der Kultspruch bis heute. Eine Zeit lang war es wirklich anstrengend: Wo immer ich hinkam, ob es im Supermarkt war oder an der Hotelbar, überall hörte ich statt »Hallo, wie geht's?« oder »Freut mich, Sie zu sehen«, ein »Harry, hol schon mal den Wagen«.

Meine Gesprächspartner wollten in dem Moment sicher nur lustig sein, doch mir blieb oft das Lachen im Halse stecken. Denn es fühlte sich für mich so an, als würde man die Jahre harter Arbeit, die ich in *Derrick* investiert hatte, auf einen ziemlich blöden Satz reduzieren. Dabei hatte ich eine fiktive Figur, die auf dem Papier erfunden worden war, in Fleisch und Blut verwandelt. Aus Inspektor Harry Klein in 2-D hatte ich eine 3-D-Version geschaffen. Offenbar sehr authentisch, denn immer wieder kamen junge Menschen auf mich zu und sagten: »Ihretwegen bin ich jetzt bei der Kriminalpolizei.«

Als Schauspieler musst du eins werden mit einer Rolle. Du packst sie und es macht klick – oder die Rolle packt dich und es macht klick. Wie herum es passiert, ist egal, es kommt aufs selbe raus. Aber es funktioniert nur, wenn du bereit bist, viel Mühe, Zeit und Schweiß zu opfern. Davor habe ich mich nie gescheut. Frühes Aufstehen, lange Nachtdrehs, jeden Tag neuer Text, den ich auswendig lernte. Das alles tat ich gerne, denn ich liebe diesen Beruf. Aber ich tat es sicherlich nicht, um nachher ständig zu hören: »Harry, hol schon mal den Wagen.« Das schien mir etwas respektlos. Denn ich war nicht nur ein Wagenholer.

Schuld an diesem Satz sind Harald Schmidt und Herbert Feuerstein, die *Derrick* 1992 in ihrer Satiresendung *Schmidteinander* parodierten. Sie müssen das Zitat erfunden haben, und danach ließ es sich aus den Köpfen der Zuschauer nicht mehr löschen, auch wenn ich mir das gewünscht hätte.

Wo die beiden die Formulierung herhatten? Horst Tappert und mich trieb diese Frage lange um. Jahre nach dem Ende von *Derrick* wurden im ZDF alte Folgen wiederholt. Da rief Horst mich extra an und meinte: »Fritz, ich habe etwas Ähnliches gesagt!«

In der zweiten Folge aus dem Jahr 1974 mit dem Titel *Johanna* sagt Oberinspektor Derrick zu Inspektor Klein: »Harry, wir brauchen den Wagen, sofort!« In einer anderen Episode sagt Harry selber: »Ich fahr' schon mal vor.« Da haben sich Schmidt und Feuerstein anscheinend irgendwas zusammengebastelt.

Ein einziges Mal hat sich das erfundene Zitat für mich gelohnt: In den 1990er-Jahren machten Horst Tappert und ich Werbung für ein Autotelefon. »Harry, hol schon mal den Wagen«, durfte nicht gesagt werden, weil sich ein Unbekannter diesen Satz hatte schützen lassen. Im TV-Spot konnte mich Horst dadurch nur bitten: »Harry, hol schon mal ...« Und ich antwortete: »Ich weiß, was du meinst.« Das Autotelefon, das wir vorstellten, kostete damals 17 000 Mark und wog mehrere Kilo. Ein Riesengerät! Horst und ich bekamen zusätzlich zur Gage jeweils eins geschenkt, das ließen wir vertraglich so festlegen. Deutschland bestand zu der Zeit allerdings fast nur aus Funklöchern, daher brachte uns der Apparat nicht wirklich viel.

Aber jetzt mal weg vom Ärger, den ich wegen »Hol schon mal den Wagen« empfand. Denn darauf will ich wiederum meine 24 Jahre bei *Derrick* nicht reduzieren. Die Serie brachte mir nämlich auch unheimlich viele tolle Erlebnisse ein. Und das tut sie heute noch, mehr als 20 Jahre später, nachdem am 16. Oktober

1981 erhielt ich die Goldene Kamera für Derrick

1998 die letzte Folge ausgestrahlt wurde. Erst kürzlich standen zwei italienische Fans vor meinem Gartentor und winkten. Auf ihren Sweatshirts stand in großen Buchstaben »I Love Derrick«. Aktionen wie diese rühren mich. Denn sie beweisen mir, dass ich als Schauspieler nicht nur Figuren zum Leben erwecken kann, sondern auch echte Leidenschaft in den Herzen meiner Fans. Die italienischen sind besonders impulsiv. Horst Tappert sagte mal zu mir: »Für sie kommt der Papst an erster Stelle – und danach gleich Derrick.«

Ende der 1980er-Jahre war ich mit meinem Freund Max Heiden in Südtirol zum Skifahren verabredet. Ich wartete morgens um halb zehn in Alta Badia oben am Berg auf ihn und schlug vor: »Noch schnell einen Cappuccino vorm Start?«

»Wunderbar!«

Weiter unten gab es eine Hütte, in der ich schon am Vortag gewesen war. Als wir hineingingen, startete die unverkennbare *Derrick*-Titelmelodie und ein Kellner begrüßte mich mit: »Ahh, Signore Wepper! Vuoi un cappuccino?« Danach wurde uns, ohne dass wir irgendwas davon bestellt hatten, auch gleich ein Frühstück, Tiroler Speck, das erste Bier und selbst gebrannter Schnaps serviert. Ununterbrochen kamen freundliche Südtiroler und Italiener an, die ganz begeistert waren, dass der »l'ispettore« da war.

Max: Bis vier Uhr nachmittags fuhren wir keinen Meter Ski und ich drängte zum Aufbruch, schließlich waren wir mit dem Rest der Familie Wepper zum Abendessen verabredet. Das Problem: Wir befanden uns zwar am richtigen Berg, aber auf der falschen Seite. Wir wedelten – glücklicherweise ohne Alkoholkontrolle – so gut es ging ins Tal, um per Skilift ans Ziel zu kommen. Aber unten wollte uns unbedingt noch ein Skilehrer, den wir oben kennengelernt hatten, seine Hausbar zeigen. Er wohnte gleich an der Talstation, wie praktisch! Durch diese Einkehr verpassten wir natürlich die letzte Auffahrt.

Der Skilehrer fuhr uns dann wie Walter Röhrl im Finstern mit seinem Schneemobil den Berg hinauf – Fritz saß hinter ihm, mich zog unser Rennfahrer auf Skiern hinter sich her. Am Bergkamm wollte er uns absetzen, wir sollten alleine hinabfahren. Das redete ich ihm im Hinblick auf die Dunkelheit und die Promille in unserem Blut aus. Mit seiner Hilfe schafften wir's ins Tal. Dort stolperten Fritz und ich zum Aufwärmen erst mal in die nächste Bar. Um 20 Uhr hätten wir am Tisch im Hotel sitzen sollen, eine halbe Stunde später spazierten wir noch in voller Skimontur und mit den Brettern in der Hand in die Lobby.

Wir steuerten vor dem erstaunten Publikum hinter der Rezeption den Aufzug an, die Türen öffneten sich und Angela, die Frau von Fritz, stand drin. Sie schaute ihren Mann mit dem Blick eines Staatsanwalts an, der im nächsten Moment die Höchststrafe fordert. Um Begnadigung hoffend, flötete Fritz vergebungsvoll Angelas Spitznamen: »Schnüüürchen!« Ihre Antwort: »Mit DIR spreche ich überhaupt nicht.« Und schon rauschte sie an uns vorbei.

Fritz und ich wollten schnell duschen, uns zehn Minuten später wieder auf dem Gang treffen. Aber er tauchte nicht auf. Ich ging zu seinem Zimmer, die Tür stand sperrangelweit auf und Fritz lag tief schlafend mit Skistiefeln im Bett. Aufwecken? Keine Chance.

Ich erreichte solo einen schweigenden Tisch, an dem es zunächst ähnlich frostig war, wie draußen. Die Stimmung lockerte sich allerdings zusehends beim Erzählen unseres Bergabenteuers. Als Fritz und Angela am nächsten Morgen zum Frühstück kamen, waren sie wieder ein Herz und eine Seele.

1999 wurde mir im Teatro Nazionale in Mailand für meine Verdienste als Harry Klein der italienische Fernsehpreis »Telegatto« verliehen. Angela und ich fuhren in einer Limousine mit Fahrer vor. Etwa 100 Meter vor dem Theater musste der Wagen durch die jubelnde Menge kriechen und ich kam mir vor wie John F. Kennedy auf dem Weg zur Vereidigung. Bodyguards liefen rechts und links neben den ankommenden Autos her, ich ließ das Fenster herunter und als die Wartenden mein Gesicht sahen, riefen sie ganz aufgeregt »Ciao, Harry, ciao, Harry!«.

Im Gebäude, zwischen all den Schlipsträgern und italienischen Kollegen, sah es anders aus, da wurde ich erst mal gar nicht wahrgenommen – bis Albert von Monaco auftauchte, den ich ja von der Wiesn in München kannte. Eine Armee von Leibwächtern umgab ihn, doch er schälte sich dort heraus und steuerte schnurstracks auf uns zu. Angela küsste er zur Begrüßung, mich drückte er herzlich. Als die Italiener um uns herum das mitkriegten, drehten sie sich auf einmal auch nach mir um. »Ciao, Harry Klein, mi piace molto«, riefen mir ein paar Gäste zu, andere winkten freundlich. Aber mir ging da nur das einzige Schimpfwort durch den Kopf, das ich auf Italienisch kann: Vaffanculo! Verp... dich!

Die treuesten *Derrick*-Fans sind aus meiner Erfahrung heraus die Norweger. Auf dem Oktoberfest stellte sich mir mal ein norwegischer Professor vor, der sich sogar alle Folgen im Original angeschaut hatte: »Sie sind doch Herr Wepper, oder? Ich wollte mich bei Ihnen bedanken, denn ich habe mit Ihrer Serie Deutsch gelernt.«

Sanne: 2019 übernachteten Fritz, Filippa und ich ein paar Tage in der Villa Amistà bei Verona – ein Palazzo aus dem 16. Jahrhundert, der eher ein Kunstmuseum ist als ein Hotel. In einem Saal mit weltbekannten Werken Moderner Kunst machte ich ein paar Fotos von Filippa, als mir eine extravagant gekleidete Dame lächelnd zurief: »She looks like a movie star!« Ich antwortete scherzhaft: »She is the daughter of a movie star.« Die Dame kam herüber, stellte sich als Beatriz Millar vor und als sie erfuhr, dass Filippas Papa Fritz Wepper ist, war sie ganz aus dem Häuschen: »Ich liebe ihn! Und mein Mann ist seit *Derrick* ein großer Fan!«

Wir erfuhren, dass Beatriz' Mann Dino Facchini ist. Er besitzt ein Modeimperium und eine der größten Kunstsammlungen der Welt. Die Begegnung der beiden Männer war so herzlich und vertraut, als würden sie sich bereits ewig kennen. Für Fritz, der sich schon immer sehr für bildende Kunst interessiert hat, auch eine wunderbare Gelegenheit, sich mit Dino darüber auszutauschen. Das Hotel Villa Amistà wurde für Fritz ein neues Refugium und wir schlossen mit Dino und Beatriz »eine späte Freundschaft«, wie er es mal bezeichnete.

Derrick ist bis heute die meistverkaufte deutsche Serie der Fernsehgeschichte, sie lief in über 100 Ländern, darunter neben Frankreich, England und Italien auch Island, Indien und China. Ich habe eine Folge auf Japanisch gesehen, das ist schon lustig. Ende der 1980er veranstalteten *Derrick*-Fanclubs sogar Lookalike-Wettbewerbe und es wurden Nachtclubs nach Harry Klein benannt.

Bundeskanzler Helmut Kohl erklärte in den 1990ern, *Derrick* habe dazu beigetragen, ein sympathisches Bild der Deutschen im Ausland mitzuprägen. Auch Hans-Dietrich Genscher, der mich bei einem Zusammentreffen in seinem Hallenser Dialekt nur »der Webba« nannte, zählte zu den Anhängern.

Alle kannten Harry Klein und damit mein Gesicht, selbst an entlegenen Flecken dieser Erde. Das war manchmal echt verblüffend! Als ich mit dem *Traumschiff* in Taiwan andockte, schlenderte ich an einem drehfreien Tag an einer Straßenküche vorbei, wo drei Frauen Fleischklößchen formten. Eine schaute mich an und strahlte. »Harry? Harry!« Lächelnd überreichte sie mir eine Gratisportion Fleischklößchen, die waren köstlich.

Die erste Folge von *Derrick* mit dem Titel *Waldweg* flimmerte am 20. Oktober 1974 über die Bildschirme und 31 Millionen Menschen schauten zu – das war eine Traumquote.

Hinter dieser Krimiserie steckte dasselbe Erfolgsduo wie hinter *Der Kommissar*: Helmut Ringelmann war der Produzent, Herbert Reinecker schrieb die Drehbücher. Die beiden baten mich 1973 von der einen Serie rüber zur anderen, aber meine Rolle als Harry Klein sollte ich bei diesem Wechsel behalten. Eine bestehende Fernsehfigur taucht unter demselben Namen in einer anderen Serie auf – das hatte es im deutschen Fernsehen bis dato noch nicht gegeben. Immerhin wurde ich befördert, vom Kriminalhauptmeister zum Inspektor. Ich ermittelte ab sofort einmal pro Monat an der Seite von Horst Tappert alias Stephan Derrick.

Ein weiterer wichtiger Unterschied zum *Kommissar*: Wir sendeten in Farbe, nicht mehr in Schwarz-Weiß. Manche Fans fanden erst da heraus, dass ich rote Haare habe. *Derrick* kam zunächst sonntagabends, ab 1978 dann freitags um 20.15 Uhr. Gedreht wurde in den Bavaria Filmstudios, in München und im Umland. Für mich als Vater war das sehr praktisch, denn so blieb auch genug Zeit für die Familie.

Sophie: Papi drehte *Derrick* quasi vor der Haustür und war dadurch für mich sehr greifbar. Schauspielern unterstellt man oft, sie seien abwesend. Mein Vater war das nicht. Im Gegenteil: In meinen Kindheitserinnerungen ist er sehr präsent. Er hat gerne Dinge mit mir unternommen oder mit mir gespielt. Auch später hatte ich immer das Gefühl, mit allem zu ihm kommen zu können, für nichts verurteilt zu werden. Es gab nichts, was ich nicht zu ihm hätte sagen können. Das ist bis heute so.

Dass mein Papi prominent ist, habe ich in der Grundschule gemerkt. Vorher war es für mich nichts Besonderes, dass er zum Drehen ging und ich ihn freitags in *Derrick* sah. Aber plötzlich sollte ich Eltern von Schulkameraden Autogramme besorgen und verstand nicht wirklich, warum. Starkult ist mir bis heute ein Rätsel.

Max: Als Fritz und ich uns Mitte der 1980er kennenlernten, hatte ich gerade den Jagdschein gemacht. Vor unserer ersten gemeinsam Jagd in Tschechien besuchten wir ein Café in Karlsbad. Wir saßen an einem der riesigen Fenster und auf einmal stand eine Busladung Touristen davor. Alle deuteten mit den Fingern auf uns und riefen: »Da sitzt der Fritz Wepper!« Wir haben uns gefühlt wie Tiere im Terrarium.

Für die Zuschauer hatte man sich bei *Derrick* etwas Neues einfallen lassen: Die ersten Folgen waren so angelegt, dass der Täter von vornherein bekannt war. Diesen Kniff nutzte bereits die amerikanische Krimiserie *Columbo* mit Peter Falk in der Hauptrolle und es kam gut an. Die ersten *Derrick*-Folgen entpuppten sich allerdings nach der anfänglichen Mega-Quote als Reinfall. Leider waren da schon 13 Episoden abgedreht. Es herrschte Enttäuschung beim gesamten Team, der Produktionsfirma und dem Sender. Aber Gott sei Dank hatte man damals in diesem Geschäft noch einen langen Atem.

Alle weiteren Drehbücher wurden sofort auf den gehabten Krimi-Modus umgestellt, sodass die Fans wieder bis zur letzten Minute bei der Suche nach dem Mörder mitfiebern konnten. Ab da ging's quotenmäßig steil bergauf.

Horst Tappert und ich waren vor der Kamera ein Team, generell würde ich unsere Beziehung aber als zwiegespalten beschreiben. Dicke Freunde waren wir nicht. Vielleicht lag es daran, dass Horst 18 Jahre älter war als ich.

Wir beide hatten schon Spaß miteinander, so war es nicht. Als wir in Amsterdam drehten, sind Horst und ich dort um die Häuser gezogen, das hat ihm gut gefallen. Wir flachsten auch am Set rum, zum Beispiel an Bord eines Schiffes auf dem Starnberger See. In jener Folge war ein Küchenmesser mit versenkbarer Klinge die Tatwaffe. Wir waren gut drauf, weil die Osterferien kurz bevorstanden. Ich rief nach Horst und als er sich nach mir umdrehte, rammte ich mir theatralisch das Messer in den Bauch. Er lachte, ich lachte – dabei sprang mir das Messer aus der Hand über die Reling und versank im dunklen Seewasser. Das war schrecklich! Denn es gab nur dieses eine Messer, es hatte 700 oder 800 Mark gekostet. Ein Taucherteam fand die Requisite nach zweistündiger Suche und wir konnten weiterdrehen, da hatte ich noch mal Glück.

Horst und ich standen ab Sommer 1973 für *Derrick* vor der Kamera, das erste Mal zusammengearbeitet hatten wir aber schon 1964, bei einem Fernsehspiel namens *Elektra* in Berlin. Sein Werdegang war ganz anders gewesen als meiner: Horst hatte ursprünglich eine kaufmännische Ausbildung absolviert und war nach dem Zweiten Weltkrieg als Buchhalter an einem Theater in Sachsen-Anhalt gelandet. Erst dort entdeckte er mit Anfang 20 seine schauspielerische Ader. Ich war jünger als er, brachte aber schon immens viel Erfahrung mit. Vielleicht war es ihm deshalb wichtig, am Set von *Derrick* sein Feld abzustecken: Zu Beginn der Serie löste ich als Harry Klein jedes Jahr einen Fall solo, er tauchte dann gar nicht auf. Aber das gefiel Horst nicht und deswegen hat er es abgestellt. Er mochte es nicht, für die betreffenden Folgen quasi aufs Abstellgleis geschoben zu werden. Ausgesprochen kollegial oder freundschaftlich war er nicht: Nach der Verleihung eines Fernsehpreises kam ich mit dem letzten Flieger zurück und bat ihn, am nächsten Morgen ausnahmsweise als Zweiter geschminkt zu werden, um noch etwas länger schlafen zu können. Doch das hat er abgelehnt. Sein Verhalten und manche seiner Entscheidungen haben mich natürlich gewundert, aber ich nahm es so hin. *Derrick* funktionierte eben nur als Team und ich bin nicht nachtragend. In der Beziehung bin ich eine coole Socke. Daher herrschte zwischen uns nach kleineren Zwistigkeiten keine lange Eiszeit.

Sanne: Fritz ist kein nachtragender Mensch. Für den Fall, dass wir uns mal streiten, haben wir ein »Versöhnungs-Codewort«. Nach einem emotionalen Gewitter sagt einer von uns einfach nur »Elfriede«. In dem Moment ist auf beiden Seiten der Ärger wie weggeblasen und wir sind wieder ganz innig. Wir sagen, dass wir uns lieben und alles ist gut, ohne weitere Entschuldigung.

Tappert war in manchen Dingen ein komischer Kauz: Er hatte nicht nur die Fachzeitschrift *Der Kriminalist* abonniert, sondern trug auch immer ein Köfferchen mit einer Gaspistole bei sich. Wahrscheinlich alles, um sich noch mehr in die Rolle des Kommissars hineinzufinden. Er war immer gut vorbereitet. Unterwegs hatte Horst stets zehn Kugelschreiber am Mann. Denn es hätte ja sein können, dass einer beim Schreiben von Autogrammen den Geist aufgibt.

Über seinen Einsatz im Zweiten Weltkrieg sprach er kaum, mir sagte Horst nur mal, er sei als Sanitäter an der Front gewesen. Daher war es auch für mich eine Überraschung, als 2013 herauskam, dass er damals Mitglied der Waffen-SS gewesen ist. Ein anderes Geheimnis lüftete er vor dem Ende von *Derrick* persönlich. 1997 gab Horst endlich zu, dass er ein Toupet trug.

Vorher ging schon ewig nichts ohne sein Zweithaar. Horst hatte oben eine richtige kahle Stelle, kam morgens bereits mit aufgeklebtem Toupet in die Maske. Als wir bei einem Termin zusammen in einen Heißluftballon stiegen, klappte sein Toupet im Wind wie ein Bierdeckel nach oben, da war er sehr dankbar, dass ich es ihm blitzschnell wieder glatt strich und andrückte, bevor jemand anderes das Malheur bemerkte.

Es gab viele Kollegen, die Serien abgelehnt haben oder nach einer Weile ausstiegen, weil sie lieber Kunst machen wollten. Aber von zwölf Monaten Kunst im Jahr kann man schwer leben. Man muss ja nicht immer Hamlet spielen! Ich finde, es ist eine Kunst, Menschen mit einfachen Mitteln zu unterhalten und ihnen den Spiegel vorzuhalten. Das macht für mich den Beruf des Schauspielers aus.

Bei *Derrick* liefen die Verträge immer über ein Jahr mit Option fürs nächste. Ich blieb dabei. Denn der Sender und die Zuschauer hingen an der Serie und ich wollte beide Parteien nicht enttäuschen. Das gehört sich für mich nicht.

Valerie: Dadurch, dass *Derrick* 24 Jahre lang lief, war die Serie ein regelmäßiges Einkommen. Ich glaube, Fritz hat andere Rollen ausgeschlagen, weil er damit die Familie ernährt hat. Diesen Aspekt darf man bei Schauspielern nicht außer Acht lassen. Es gibt nicht nur die künstlerische Verwirklichung, sondern auch die wirtschaftliche Seite.

Ich rechne es Fritz hoch an, dass er für uns das ein oder andere Opfer gebracht hat. Nachdem er meine Mutter kennengelernt hatte, wollte er für sie sorgen. Fritz ist ein ehrenhafter Mann. Er hat einen tollen Charakter. Natürlich birgt der auch Untiefen. Aber das ist ja bei allen Menschen so.

Die Zeitungen hauten nach einigen Jahren immer wieder wenig charmante Schlagzeilen raus wie »Fritz Wepper – der ewige Assistent«. Diese Wahrnehmung empfinde ich als provinziell. Ich war in dieser Serie der zweite Mann, aber das war ja auch von Anfang an klar und in Ordnung für mich. Andere schienen ein Problem damit zu haben, ich nicht. Klar, wer will nicht gerne mal die Nummer eins sein? Aber ich hatte für diese Serie und diese Rolle zugesagt und da war es eben nicht so.

Derrick war ja auch bei Weitem nicht das Einzige, was ich in den 70ern, 80ern und 90ern drehte. Aber viele ignorierten meine restliche Arbeit völlig. Dabei stand ich in dieser Zeit unter anderem sechs Jahre lang mit meinem Bruder Elmar für die Serie *Zwei Brüder* vor der Kamera. Ich drehte *Der letzte Kampf* mit Luc Besson – und dann bat mein Freund Helmut Fischer mich in den 1990ern, bei einer Filmreihe mitzumachen, die ihm am Herzen lag. Der Helmut sagte: »Fritz, du musst unbedingt diese Rolle spielen! Ohne dich bin ich verloren.«

Wir zwei kannten uns schon lange, bevor der Helmut Anfang der 1980er als »Monaco Franze« mit Ende 50 seinen Durchbruch feierte. Wir waren uns beim Synchronsprechen in den Bavaria Filmstudios über den Weg gelaufen. Man hat gutes Geld verdient am Tag und wir saßen oft zusammen im Vorraum des Aufnahmestudios. Dort lag ein Buch mit dem Text aus, den wir zu sprechen hatten. Als wir wieder einmal beide da waren, ging ich ins Studio, machte ein paar Takes, kam wieder raus. Da war der Helmut immer noch am Blättern in dem Buch. Ich fragte: »Was ist denn los?«

Helmut war wie ich gebürtiger Münchner, sprach aber starken Dialekt. Er blickte mich erschrocken an: »Fritz, hast scho glesen? Hochdeutsch!«

Die Rolle, die ich seiner Meinung nach in den 90ern »unbedingt« spielen sollte, war sein Gegenpart in der Komödie *Drei in fremden Kissen,* für die auch schon eine Fortsetzung geplant war. Helmut und ich spielten zwei Brüder, die ein Luxushotel am Viktualienmarkt leiten. Die Handlung war unterhaltsam und gefiel mir. Den Helmut plagten gesundheitliche Probleme, er humpelte wegen starker Rückenschmerzen. Vielleicht hatte er deswegen beim Dreh einen Vertrauten an seiner Seite haben wollen.

Im Drehbuch stand, dass ich meinen Bruder aufgrund seines unrunden Ganges veräppeln sollte. Da habe ich zu Regisseur Otto Retzer gesagt: »Das mache ich nicht, und wenn du dich auf den Kopf stellst!« Weil im echten Leben nie jemand Witze auf Kosten seines Bruders machen würde, der unter körperlichen Einschränkungen leidet. Der vermeintliche Gag wurde daraufhin aus dem Drehbuch gestrichen. Helmut kam zu mir und sagte: »Fritz, das werde ich dir nie vergessen.«

Im Jahr darauf drehten wir den zweiten Teil, *Drei in fremden Betten.* Darin wird die von mir dargestellte Figur von seiner Geliebten nackt vor die Tür gesetzt und rennt nur mit einem üppigen Rosenstrauß in den Händen über den Münchner Viktualienmarkt. Otto Retzer sagte zu mir: »Keine Angst, das doubeln wir.«

Aber ich war skeptisch: »Wie willst du das doubeln?«

»Wir gehen mit der Kamera weit weg, das passt schon.«

Ich schlief eine Nacht drüber und verkündet dann: »Die Szene mache ich selber!«

Dank meiner FKK-Erfahrungen hatte ich kein Problem damit, meinen nackten Körper zu zeigen. Es war schon ein besonderer Dreh – auch, weil er an einem Samstag stattfand und der Viktualienmarkt ziemlich gut besucht war. Die Leute drängelten sich übers Kopfsteinpflaster, vorbei an Käse-, Wurst-, Gemüse- und Obstständen.

Ich war in einen Bademantel gehüllt, darunter verdeckte ein Suspensorium, so eins wie es Tänzer tragen, nur das Nötigste. Bevor Retzer »Uuuund Action!« rief, maß ein Vertreter der Versicherung noch mal die Bodentemperatur: acht Grad. Das war rechtlich völlig okay, aber mit nackten Füßen und ohne Klamotten eiskalt! Ich bibberte, als mir Retzer meine Laufstrecke erklärte. Ich sollte ein Karree laufen: 100 mal 100 mal 100 mal 100 Meter. Einer der Kameramänner filmte alles vom Dach eines Verkaufshäusels aus mit.

Okay, ich war bereit. Ich streifte den Bademantel ab und ein Assistent reichte mir einen gigantischen Rosenstrauß an. Die eine Hälfte der Stängel hielt ich mir mit der Rechten vors Gemächt, die andere Hälfte mit der Linken vor die nackten Pobacken.

Es ging los! Abgesperrt war nichts für mich, ich sollte einfach so schnell wie möglich die 100 mal 100 mal 100 mal 100 Meter um einige Marktstände herumlaufen. Gott sei Dank war's außen gar nicht so voll. Aber die Leute guckten natürlich. Ich flitzte und kam atemlos bei Regisseur Retzer an. Immerhin war mir jetzt warm, trotzdem hüllte ich mich schnell wieder in den Bademantel. Doch da meinte Retzer: »Fritz, wir müssen es aus Sicherheitsgründen noch mal machen.«

»Wie bitte?«

»Na, falls da irgendeine Kamera ausgefallen ist ...«

Ich weiß nicht mehr, was genau ich in diesem Moment gesagt habe. Besonders nett kann es nicht gewesen sein. Ich habe ihn nicht beleidigt, aber toll fand ich es nicht.

Bei meiner zweiten Runde haben mich dann viele Marktbesucher erkannt: »Ah, das ist der Wepper!« Beim dritten Mal hätten sie mich wahrscheinlich jubelnd angefeuert, aber dazu kam es dankenswerter Weise nicht. Die Szene war im Kasten.

Als ich wenig später privat über den Viktualienmarkt bummelte, beugte sich eine Verkäuferin über ihren Tresen, mustert mich und fragte: »Ah, ham ma heut a Höserl an?«

Leider ging es bei diesem Dreh nicht nur lustig zu. Denn Helmut Fischer verriet mir: »Du, ich hab's nicht am Kreuz, ich hab's im Kreuz.« Wir brachten den Film zu Ende, aber danach ging es ihm immer schlechter. Von seiner Frau erfuhr ich schließlich, dass Helmut Rückenmarkkrebs hatte. Aber er selber nahm dieses Wort nie in den Mund. Helmut verweigerte klassische Krebstherapien, er war in der Privatklinik von Professor Julius Hackethal am Chiemsee in Behandlung, der die These vertrat, dass man bestimmte Krebsarten besser nicht bestrahlen oder operieren solle. Hackethal starb selber an Krebs – und der Helmut im Jahr nach unserem Filmdreh auch. Seine Frau rief mich noch aus der Klinik an und sagte, dass Helmut sehr schlecht beisammen sei. Sie werde mich auf dem Laufenden halten. Nur eine Stunde später klingelte wieder mein Telefon, da war der Helmut tot. Das war im Juni 1997. Er muss irrsinnige Schmerzen gehabt haben, aber zumindest musste er die nun nicht mehr durchleiden. Das war ein Trost für mich.

Bei der Fortsetzung namens *Drei unter einer Decke* im Jahr 2002 fehlte Helmut mir sehr. Es war schwer, diese Trilogie ohne ihn zu Ende zu bringen. Da half es, dass Uschi Glas und mein Bruder Elmar das Team verstärkten. In einer Szene sollte ich mich auf den Sarg meines toten Bruders stützen und schimpfen: »Ludwig, nimm des wieder zurück! Du musst des zurücknehmen!« Laut Drehbuch hatte er mir nämlich vor seinem Ableben Impotenz an den Hals gewünscht. Wir haben mit einer herzlichen Inbrunst gedreht, weil wir wussten, der Helmut schaut ganz sicher von oben zu und hat dort einen Logenplatz.

Bei *Derrick* spielte ich im Laufe der Jahre mit allen Gro-ßen des deutschen Fernsehens: darunter Götz George, Maria Schell, Horst Buchholz, Ruth Maria Kubitschek, Brigitte Mira, Will Quadflieg, Thomas Fritsch, Klausjürgen Wussow, Klaus Maria Brandauer, Christiane Hörbiger und viele mehr – es gibt ja kaum jemanden, der nicht als Gaststar dabei war. Wenn nicht, lag es häufig an Helmut Ringelmann und seiner schwarzen Liste.

Einmal richtete ich es sogar ein, dass mein Freund Poldi als Komparse mit dabei war, doch leider passierte bei dem Dreh ein unvorhersehbarer Unfall.

> **Poldi:** Ich war oft mit am Set von *Derrick*, weil ich den Fritz als Schauspieler so schätzte. Da habe ich gemerkt, wie viel Arbeit hinter so einer Serie steckt.
>
> Fritz sorgte dafür, dass ich in einer *Derrick*-Folge mitspielen durfte. Ich hatte vor, meine Frau mit dem Ergebnis zu überraschen. Ich sollte in einer Szene am Bahnsteig als Kriminalbeamter dabei sein und Fritz riet mir: »Bleib ganz dicht hinter mir, dann sieht man dich auch im Fernsehen!« Mein episch langer Text lautete: »Oi, Wahnsinn!« Eine Woche später haben sie den Film untersucht und irgendeinen Fehler in der Sequenz entdeckt. Zu dem Zeitpunkt war ich bei einem Autorennen im Ausland und konnte am Wiederholungs-Dreh nicht teilnehmen. Gut, dass ich meiner Frau noch nichts verraten hatte ...

Der »Fehler« war ein verunglückter Junge, der gar nichts mit dem Dreh zu tun hatte. Er saß auf dem Dach eines Güterwagens, der in den Bahnhof einfuhr, auf dem wir drehten. Kurz bevor der Zug zum Stehen kam, stand der Junge auf und touchierte mit seinem Körper eine Oberleitung. Die Kamera hatte den Vorfall im Hintergrund eingefangen, damit war das Material unbrauchbar. Die gute Nachricht: Der Junge bekam zwar einen schweren Schlag, aber er überlebte.

Genau wie ich im September 1986 – und das grenzt an ein Wunder. Ich kam abends von einer Reise zurück, sollte am nächsten Morgen wieder für *Derrick* drehen. Mein Zielflughafen war aber nicht München, sondern Frankfurt, weil dort ein Freund lebte, der in meiner Abwesenheit auf meinen Hund Ero aufgepasst hatte.

Am Airport wartete schon mein Leihwagen, ein dicker metallicblauer Mercedes 300 E. Im Gegensatz zu den von mir geliebten Sportwagen hatte der einen ausladenden Kofferraum. Beim Einsteigen ahnte ich ja nicht, dass mir der in dieser Nacht noch das Leben retten würde. Ich holte Ero ab und nahm Kurs auf München.

Gegen Mitternacht war ich auf der Höhe von Nürnberg mit rund 200 Sachen unterwegs, als ich plötzlich erkannte, dass in der Ferne etwas die Fahrbahn versperrte. Was mir nachher ein Experte erklärte: Bei Unfällen in der Nacht kommt neben der Schrecksekunde noch eine »optische Sekunde« hinzu, weil die Augen Hindernisse langsamer wahrnehmen. Ich stieg in die Eisen, meine Bremsspur auf dem Asphalt war nachher 130 Meter lang und pechschwarz. Aber es war zu spät.

Ein Wagen hatte einen Unfall gehabt und stand quer auf der dreispurigen Autobahn. Ein anderer Autofahrer hatte versucht, dem Verunglückten zu helfen – aber dabei seinen Golf links daneben geparkt.

Und in den bin ich voll reingefahren, der Golf wurde 50 Meter nach vorne geschleudert. Es knallte, Metall knirschte, mein Airbag öffnete sich. Tausend schreckliche Dinge passierten in einer Sekunde. Mir ging aber nur ein Gedanke durch den Kopf:

Ich muss den Ero retten! Mein Hund saß im Fußraum des Beifahrersitzes und als ich mich zu ihm runterbeugen wollte, sah ich im Rückspiegel zwei Scheinwerfer, die auf mich zuschossen. Dieses Fahrzeug rammte mich mit 70 Stundenkilometern. Meine Rettung war mein Kofferraum, der Mietwagen hörte nach diesem Auffahrunfall an der Heckscheibe auf. Der Notarzt sagte: »Herr Wepper, wenn Sie in einem anderen Fahrzeug unterwegs gewesen wären, hätten wir Sie wahrscheinlich tot rausgeholt.« Die Knautschzone hatte alles ausgemacht.

Ich wollte den Ero, dem Gott sei Dank nichts passiert war, unbedingt mitnehmen ins Krankenhaus. Erst sagten die Sanitäter, das gehe nicht, doch auf mein mehrfaches Bitten hin durfte er doch mit in den Krankenwagen. Nach dem Unfall kam ich um fünf Uhr in der Frühe nach Hause und saß um acht Uhr in der *Derrick*-Maske.

Der Drehort war an diesem Tag nur 150 Meter von meinem Haus in Harlaching entfernt. Ich wäre durch den Unfall schon entschuldigt gewesen, aber ich war gut drauf und wollte nicht, dass der Dreh in Verzug kommt. Ein innerliches Hochgefühl trieb mich an: Ich hatte überlebt! Ein Pflaster zierte meine Stirn, darunter hatte man eine Wunde getackert. Rücken, Arme und Beine schmerzten. Aber: ICH HATTE ÜBERLEBT! Und darum drehte ich.

Michi: Ich hab den Fritz in all den Jahren, die wir zusammengearbeitet haben, nie jammern gehört. Eigentlich gibt's des gar nicht. Jeder von uns kommt doch mal und sagt: »Boah, ich hab heute solche Kopfschmerzen!« Nicht der Fritz. Er würde höchstens fragen: »Du, hast du 'ne Kopfschmerztablette für mich?« Dann weiß ich, dass es ihm nicht gut geht. Aber aussprechen würde er das nie. In der letzten Staffel von

Um Himmels Willen gab es einen Tag, wo ich gemerkt habe, dass es ihm nicht gut geht. Ich sagte: »Fritz, du gefällst mir heute nicht!« Aber das will er gar nicht hören.

Am Tag nach dem Unfall ging's mir wirklich überraschend gut. Erst Jahre und Jahrzehnte später bekam ich die Spätfolgen des starken Aufpralls zu spüren. Ich hatte den Stoß mit Füßen und Armen aufgefangen, das war das Problem. Ich schrumpfte mit einem Schlag um vier Zentimeter, weil mein ganzer Körper zusammengestaucht worden war. Anfang 2020 wurden bei mir Bandscheibenprothesen eingesetzt, ich habe außerdem zwei künstliche Hüften, die eine seit 2000, die andere seit 2014. Beide wurden von einem großartigen Professor perfekt eingebaut. Er hat eine eigene Methode erfunden, operiert Hüften mit angewinkeltem Bein. Er hat es so gut gemacht, dass alle anderen Orthopäden die Beweglichkeit als besonders gut bezeichnen.

Aber ich habe Einschränkungen beim Gehen. Ich müsste muskulär mehr tun, um wieder richtig auf die Beine zu kommen. Corona hat die letzten Reha-Maßnahmen verlangsamt. Eigentlich ist es ganz einfach: Ich sollte öfter zu meinen Walking Stöcken greifen und einfach losgehen. Vor meiner Haustür führt ja gleich ein Weg in den Wald. So könnte ich mir selber zu mehr Kraft verhelfen. Aber manchmal siegt eben der innere Schweinehund und ich bleibe zu Hause sitzen.

Bernie: Wir zocken mit den Karten, die das Schicksal für uns gemischt hat. Seine eingeschränkte Bewegungsfreiheit beunruhigt nicht nur mich. Fritzi kämpft, lässt sich aber nur widerwillig die Hände reichen. Er besitzt einen angeborenen, unaufdringlichen

Stolz, der ihn immer wieder sagen lässt: »Lass mal, ich schaffe das schon.«

Poldi: Ich sehe, wie der Fritz leidet unter seinem – um mich mal in der Autosprache auszudrücken – beschädigten Fahrwerk. Ihn so zu sehen, tut mir weh. Der Fritz müsste mehr Sport machen, ich sollte ihn da mal an der Nase ziehen. Früher war Fritzi topfit. Aber bei seinem letzten Geburtstag am Tegernsee meinte er: »Poldi, ich weiß gar nicht, ob ich meinen 80. noch erleben werde.« Ich mache mir echt Sorgen. Wenn ein Freund von dir geht, ist es sehr schwer. Ich wünsche, dass der liebe Gott ihm noch viele Jahre schenkt.

Ja, früher war ich topfit und viel unterwegs. Horst Tappert und ich wurden mal als deutsche »Vorzeige-Kriminaler« vom Polizeipräsidenten Norwegens nach Oslo eingeladen. Horst erkrankte und ich arrangierte es so, dass mich Poldi statt seiner begleiten durfte. Allerdings legten wir keinen Touchdown in Topform hin. Denn Poldi und ich waren gerade erst von einem Angeltrip aus Ghana zurückgekommen, hatten dann noch einen Partystopp in Berlin eingelegt.

Als wir das Polizeipräsidium in Oslo betraten, ein graues Hochhaus, war ich völlig im Eimer und noch nie vorher so müde gewesen. Man ließ uns in einem Raum warten, in dem es mehrere am Boden festgeschraubte Metallsitze gab. Die sahen ziemlich unbequem aus, aber ich habe mich da draufgelegt wie ein Fakir.

Poldi: Der Polizeipräsident kam, um Fritz zu begrüßen. Aber der war tief und fest eingeschlafen. So peinlich! Dem Fritz aber war's schnurzegal. Er wurde trotzdem noch mit allen Ehren empfangen. Und ich habe ihn mit Tritten gegen's Fußgelenk geweckt, wenn ihm wieder die Augen zugefallen sind.

An dem Tag war noch ein Besuch in einem Heimatmuseum geplant. Menschen in Tracht begrüßten uns fröhlich mit »Velkommen til Norge!« Ich habe immer abwechselnd ein Auge zugemacht, und das hat dann geschlafen, bis das andere nicht mehr konnte. Dass ich nicht im Stehen eingeschlafen bin, war nur der Tatsache geschuldet, dass ich im Stehen nicht schlafen kann.

Viel Schlaf habe ich mir generell nicht gegönnt. Angela und ich wurden zu tollen Veranstaltungen eingeladen, privat und beruflich. Wir ließen uns kaum was entgehen. Einmal waren wir in die Hallertau eingeladen, das größte Hopfenanbaugebiet der Welt, 45 Autominuten nördlich von München. Freunden von uns gehört dort das Schloss Au. Als wir durch den Schlosspark fuhren, dachte ich, ich sehe nicht richtig.

Denn da hockte mein Schauspielkollege Raimund Harmstorf, der 1971 als »Seewolf« berühmt geworden war, oben ohne und mit Arbeitshandschuhen an den Händen in einer Kastanie. Ich bremste, ließ mein Fenster runter und rief: »Hey, Raimund, was machst du da?« Er hatte diese dichte blonde Mähne, einen Vollbart und grinste nur – dann schwang er sich wie Tarzan von Ast zu Ast. Nachher beim Abendessen saß er im Anzug am Tisch.

Raimund hatte den athletischsten Körper, den ich je gesehen hatte. Er war früher mal Zehnkämpfer gewesen. Aber er bildete sich nichts darauf ein. Ich mochte Raimund, weil er uneitel und witzig war. Wir lernten uns bei Dreharbeiten zu *Derrick* kennen, er spielte zwischen 1975 und 1987 in drei Episoden mit. Raimund fuhr einen Rolls-Royce, dessen Hupe wie ein lautes »Muh« klang und wollte 1976 bei den Olympischen

Spielen für seine Wahlheimat Grenada als Skifahrer antreten, was nicht ging, weil die Karibikinsel nicht Mitglied der Fédération Internationale de Ski war. Er hatte bis zu seinem Tod immer die unglaublichsten Ideen und war extrem frustriert, wenn sie sich aus irgendeinem Grund nicht in die Tat umsetzen ließen. Raimund und ich waren aus einem ähnlichen Holz geschnitzt – mit dem Unterschied, dass ich mich nicht von Ast zu Ast schwang.

Bei Menschen wie Raimund muss ich immer an ein Kinderspielzeug denken. Das, bei dem man unterschiedlich geformte Holzklötze durch die passenden Löcher stecken muss. Wäre Raimund einer dieser Klötze, würde er nirgendwo passen, egal, wie oft man ihn dreht und wendet. Die Frage ist nur: Will man überhaupt in eine der Öffnungen passen? Ist es erstrebenswert, einer 08/15-Norm zu entsprechen, nur um von anderen einschätzbar zu sein? Ich mag Menschen mit ungewöhnlichen Kanten und wilden Visionen. Daher war ich auch ein großer Verehrer von Gianni Versace.

Wir schlossen 1985 Freundschaft, als er mit dem Münchner Modepreis ausgezeichnet wurde. Michael Käfer lud mich auf die Wiesn ein und auf einmal setzte sich dieser bärtige Mann neben mich, der sich schlicht als Gianni vorstellte. Ich hatte schon zwei, drei Maß intus und habe ihn daher nicht gleich erkannt. Ich erzählte ihm, dass ich Schauspieler sei und so entdeckten wir ein gemeinsames Lieblingsthema: das Theater. Er entwerfe ab und zu Bühnenkostüme, erklärte mir mein neuer Bekannter. Erst Minuten später dämmerte es mir, dass er der große Versace war. Seine Entwürfe waren stets schrill und laut, doch Gianni selbst hatte eine sehr feine und bescheidene Art.

Am nächsten Tag sahen wir uns nach dem Modepreis bei einer Party wieder. Dort lernte Gianni meine Frau Angela kennen. Nachdem ich für uns alle Getränke besorgt hatte, empfing er mich mit einem schuldbewussten Blick und den Worten: »Fritz, I feel so sorry, but I fell in love with your wife.« Mich wunderte das nicht, denn Angela war bei allen beliebt. Daher sagte ich zu ihm: »Gianni, God bless you.«

1992 gab's im Museum Villa Stuck eine große Ausstellung zu seinen Ehren. Da kam Gianni zu mir und bat mich, in seiner Nähe zu bleiben. »I hate it when there are so many people.« Komisch, oder? Von einem der größten Designer unserer Zeiten, der auf Laufstegen rund um die Welt im Applaus badete, hätte ich das nicht erwartet.

Karl Lagerfeld war auch da und damals noch ziemlich füllig. Er wedelte hektisch mit seinem Fächer herum. Ich fragte lässig im Vorbeigehen: »Lagi, wie geht's dir?«

Er schaute mich erbost und mit gespitzten Lippen an: »Kennen wir uns?«

»Jetzt schon«, antwortete ich frech und zog mit Gianni weiter.

Auf der Ausstellung in der Villa Stuck sind wir uns zum letzten Mal begegnet. Im Juli 1997 machten Angela und ich eine Reise nach Miami. Wir liefen abends den Ocean Drive entlang, eine Straße in South Beach, die auf der einen Seite vom Atlantischen Ozean gesäumt wird, auf der anderen von wunderschönen Häusern, viele davon im Art-déco-Stil.

Nicht aber die Hausnummer 1116. Die sah eher so aus, wie ein kleiner Junge sich eine Burg vorstellt: weiße Mauern, drei Stockwerke hoch, und vorne ein wuchtiges Eingangsportal mit steinernen Säulen und einem gigantischen Holztor, durch das man ins Innere gelangte. Zur Straße hin wurde das Anwesen von hohen Hecken und einem schmiedeeisernen Tor geschützt. Es war Giannis Villa.

Die Stufen, die zum Tor hinaufführten, waren an diesem Abend überhäuft mit Blumensträußen, es flackerten zig rote

Grabkerzen. Angela und ich erfuhren, dass Gianni genau auf diesen Stufen am Tag zuvor erschossen worden war. Das war ein Zufall, den wir uns gerne erspart hätten. Auf den Stufen war im Schein der Kerzen noch sein Blut zu sehen, das in den porösen Stein gesickert war.

Am Set von *Derrick* hatte ich schon reichlich Kunstblut gesehen. Doch dies war etwas anderes. Ein echter Tatort. Einer, an dem ein mir nahestehender Mensch aus dem Leben gerissen worden war. Einfach so, nachdem er morgens die Zeitung geholt hatte. Mir wurde übel – und noch heute ist mir unwohl, wenn ich an diesen Moment zurückdenke. Es war eines dieser Erlebnisse, die einem zeigen, wie schnell alles vorbei sein kann. Auf meinem Couchtisch liegt ein kleiner Aschenbecher aus Porzellan, den Gianni entworfen hat. Er besitzt für mich eine große Symbolkraft. Denn dieser Aschenbecher steht für ein Leben ohne vorgeformte Grenzen. Eines, das man mit aller Kraft auskostet, solange es geht.

Horst Tappert und ich schlossen bei *Derrick* einen Pakt: Wir würden nur zu zweit weitermachen. Sollte einer von uns das Pensum, das die Serie forderte, kräftemäßig oder aus gesundheitlichen Gründen nicht mehr schaffen, so würden wir beide Schluss machen. Und so war es dann auch. Wir hörten 1997 auf zu drehen, weil es Horst, der damals schon 74 war, zu diesem Zeitpunkt nicht gut ging. Er sagte es mir, bevor er zu den Produzenten ging. Nach außen wurde das nie so kommuniziert.

Natürlich wäre ich ein legitimer Nachfolger für Horst gewesen. Aber ich habe mich an unsere Verabredung gehalten.

Didi: Typisch Fritz ist seine Genauigkeit in jeder Hinsicht. Wenn man etwas bespricht oder ausmacht, bleibt's dabei. Fritz ist immer da, auf ihn kann man sich hundertprozentig verlassen.

Horst und ich sahen uns ab da nur zu besonderen Anlässen. 2004 schlüpften wir noch einmal in unsere legendären Rollen: Im Zeichentrick-Kinofilm *Derrick – Die Pflicht ruft* liehen wir Harry und Stephan unsere Stimmen. An seinem 85. Geburtstag im Mai 2008 besuchte ich Horst ein letztes Mal zu Hause. Wir lachten über alte Anekdoten und weihten einen wertvollen Aschenbecher ein, den ich ihm geschenkt hatte. Horst rauchte nur drei Zigaretten am Tag, das war schwer ritualisiert. Keine sieben Monate später starb er an Prostatakrebs.

Auch wenn wir nicht die besten Freunde gewesen waren, traf mich sein Tod hart. 24 Jahre lang waren unsere Lebenslinien parallel verlaufen, mal eng aneinander, mal mit Abstand. Das würdigte ich in einer Rede auf seiner Beerdigung.

Wenn ich mir heute vorstelle, wie Horst diese Welt verlassen hat, sehe ich kein Grab vor mir. Dann denke ich an unsere letzte *Derrick*-Folge mit dem Titel *Das Abschiedsgeschenk*. Darin wird Stephan Derrick zu Europol befördert. In der letzten Szene sagt er zu mir: »Harry, ich danke dir für alles.«

Dann dreht er sich um, geht durch ein Tor in den Kapellenhof der Münchner Residenz, wird immer kleiner – und verschwindet schließlich ganz.

Kapitel 8

Seit meiner Kindheit faszinieren mich Cowboys und Indianer. Ich fand allerdings die hollywoodartige Darstellung der Ureinwohner Amerikas, deren Vertreibung mit der Ankunft von Christopher Kolumbus im Jahr 1492 begann, immer äußerst ungerecht. Denn die ist oft eindimensional und klischeebeladen. Ich wollte mehr über das Leben der »Native Americans« erfahren, über ihre Verbundenheit mit der Natur und ihre traditionellen Riten. Daher reiste ich fünfmal ganz gezielt nach Arizona, die Heimat der Hopi, Navajo und Apachen.

Einen besonderen Moment erlebte ich 1990: Es war am Canyon de Chelly, den man ganz anders ausspricht, als man ihn schreibt, nämlich »de schäi«. Der Canyon de Chelly ist eine etwa 40 Kilometer lange Schlucht mit irren Formationen aus rotem Sandstein. Ich stand auf einer Anhöhe, vor meinen Füßen fiel die Felswand geschätzt 50 Meter steil ab. Unten im Canyon säumten lindgrüne Sträucher einen schmalen Flusslauf, drum herum Schotter und Staub. Von oben konnte ich beobachten, wie eine ganze Herde von Pferden angaloppiert kam. Ich dachte, es handele sich um Wildpferde und beobachtete das Schauspiel eine ganze Weile. In der Staubwolke, die die Pferde aufgewirbelt hatten, zeichnete sich schließlich in der Ferne die Silhouette eines Reiters ab. Als er näher kam, konnte ich ausmachen, dass seine langen schwarzen Haare über seine Schultern wehten.

Die vermeintlichen Wildpferde waren gar keine. Sie ließen sich bei ihrem Besitzer, einem Native, für Ausritte mieten, wie ich herausfand. Und das brachte mich auf eine Idee: Ich war gerade 49 geworden. Was wäre, wenn ich meinen 50. Geburtstag mit Familie und Freunden im Canyon de Chelly feiern würde? Diejenigen, die nicht selber aufs Pferd steigen wollten, könnten sich in einen Planwagen setzen.

Genauso machte ich es und organisierte alles für meine 20 Gäste, darunter neben Angela und Sophie auch Didi Küffer und Bernie Herzsprung mit seinen Töchtern Hannah und Sara sowie Ehefrau Barbara.

An meinem Ehrentag hatte man mir zunächst eine ganz träge Mähre zugedacht. Ich fragte, ob es kein flotteres Pferd gebe. Daraufhin brachte man mir eins, das nervös tippelte, statt ruhig zu gehen. Sobald dieser Wallach gesattelt war, wollte er los. Wir ritten zu mehreren in einem ausgetrockneten Flussbett, und ich startete im gestreckten Galopp. Damit mir nicht der Cowboyhut vom Kopf flog, hielt ich ihn mit einer Hand gut fest. Plötzlich kam von rechts hinten meine Sophie angeritten und schrie strahlend: »Hey, Papi, ist das nicht toll?«

Mit zehn Jahren, die kleine Maus! Das war mein bestes Geburtstagsgeschenk. Ein ungeplanter Liebesbeweis – und die sind besonders schön. Diese Szene zeigte, wie nah und ähnlich Sophie und ich uns sind.

Ich habe schon eine tolle Familie.

Sophie: Ich erinnere mich lebhaft an diese Situation. Papi und ich sind den Guides weggaloppiert und unserem Impuls gefolgt. Das war ein toller Moment voller Freiheit! Wenn ich heute daran denke, spüre ich noch die Bewegungen des Pferdes und den Wind in meinem Gesicht.

Wir waren sehr eng mit der Familie Herzsprung befreundet, Hannah und Sarah zählen zu meinen ältesten Freundinnen. Hannah war damals tief beleidigt, weil sie im Planwagen mitfahren musste. Im Gegensatz zu mir konnte sie noch nicht reiten.

Am Abend waren wir zu einer besonderen Zeremonie eingeladen, der »initiation of a young man«. Bei so etwas werden Heranwachsende verschiedener Stämme offiziell zu Männern erklärt. Um die Kriegerehre zu erlangen, tanzen sie mit den Göttern. Damit diese wichtige Veränderung für alle sicht-, oder besser, hörbar wird, erhalten die Betreffenden sogar neue Namen, ihre alten werden nie wieder benutzt.

Unsere Guides sagten, wir seien mit den Autos in 30 Minuten bei der Zeremonie auf einem Berg. Aber die holprige Fahrt auf ungeteerten Straßen dauerte schließlich zweieinhalb Stunden. Wir fuhren durch die nächtliche Steppenlandschaft, sahen im Kegel unserer Frontscheinwerfer nicht viel mehr als Geröll und hier und da mal eine platt gefahrene Klapperschlange. Als wir ankamen, brannten mehrere Feuer, Trommelmusik und Gesänge aus Dutzenden Kehlen erfüllten die Luft.

Ich habe so viele Western in meinem Leben gesehen, aber die Realität war überwältigender als jede Leinwandinszenierung. Es war unglaublich! Um uns herum sangen und tanzten Indianer mit bombastischem Kopfschmuck, bunter Gesichtsbemalung und traditionellen Gewändern mit Fransen. Wir waren die einzigen Weißen.

Ich hatte meine Kamera dabei, fragte aber jedes Mal, ob ich ein Foto machen dürfe. Nur ein Priester lehnte ab.

»Do you mind if I take a picture?«

»I do mind«, antwortete er und überkreuzte grimmig seine Arme vor der Brust.

Viele Indianerstämme glauben, dass durch Fotos ihre Seelen gestohlen werden, darauf nahm ich natürlich Rücksicht. Aber ich durfte genug Aufnahmen machen. Die Dias von diesem Abend lagern in meiner Garage – die müsste ich mir eigentlich mal wieder anschauen.

Mein ganzes Leben lang bin ich gerne und viel gereist. Für mich war es die Belohnung nach dem Fleiß. Ich brauchte Pausen zum Entspannen. Nur wer arbeitet, kann auch die freie Zeit genießen – und umgekehrt. Bei all meinen Serien, ob »Kommissar«, *Derrick* oder *Um Himmels Willen*, hatte ich die Monate Juli und August frei. Somit konnte ich meinen Geburtstag am 17. August meist im Urlaub an irgendeinem besonders schönen Plätzchen feiern.

Mit der Reiseplanung fing ich schon zu Beginn jeden Jahres an. Vorfreude ist die schönste Freude, sagt man. Gerade beim Reisen trifft dieser Spruch voll ins Schwarze, finde ich.

Unsere Touren durch die USA unternahmen wir oft im Wohnmobil. Ich war Mitglied bei Kampgrounds of America, kurz KOA, einem Zusammenschluss von mehreren tausend privaten Campingplätzen in Nordamerika und Kanada. Damals gab es ja noch kein Internet. Ich musste also zum guten alten Telefonhörer greifen und bei der Hotline des KOA in Amerika anrufen. Über die reservierte ich alle Standplätze für einen kompletten Urlaub durch, so machte ich es auch bei unserer Hochzeitsreise im Jahr 1972. Dafür musste ich natürlich vorher schon mit Hilfe von Landkarten die Route festgelegt haben. Mich da reinzufuchsen, machte mir einen Heidenspaß!

Während einer meiner ersten Reisen nach Arizona lernte ich einen High Priest der Hopi-Indianer kennen, mit dem ich mich gleich spirituell verbunden fühlte. Dieses Zusammentreffen kam zufällig zustande, weil wir uns auf dem Weg vom Canyon de Chelly zum westlich davon gelegenen Grand Canyon verfahren hatten. Aber ich glaube nicht an Zufälle. Bei dieser Irrfahrt wird das Schicksal seine Hände im Spiel gehabt haben.

Ich war mit Bernie und Angela in einem Chevrolet Monte Carlo durch das Land der Navajo Nation Reservation unterwegs, dem größten Indianerreservat der Vereinigten Staaten. Dort gibt es ein Gebiet, das dem Stamm der Hopi zugewiesen ist. Die Hopi-Indianer werden auch »People of Peace« genannt, das »friedfertige Volk«. Sie lebten auf drei »mesas«, das sind gewaltige Tafelberge, die sich in der Einöde Richtung Sonne recken. Die Hopis sind tiefreligiös. Ihr Glaube ist erdverbunden und mit ihrem täglichen Leben eng verknüpft. Die Stammesältesten sehen sich als Verwalter und Schützer ihrer »Mutter Erde«.

Gut anderthalb Autostunden westlich vom Canyon de Chelly erreichten wir Hotelvilla, die Hauptstadt der Hopis. Stadt ist aber in diesem Fall ein viel zu großes Wort, tatsächlich war es eher ein kleines Dorf. Da standen einige Häuser im Adobe-Stil aus Stein und Lehmziegeln. Sie wurden ohne Fußboden gebaut. Die Bewohner lebten und schliefen direkt auf ihrer »Mutter Erde«, waren so enger mit ihr verbunden. Wir fuhren ganz langsam und landeten in einer Sackgasse, in der kleine Kinder spielten. Wir stiegen aus dem Auto aus und verteilten erst mal eine Packung Kekse an die Kleinen. Dafür ernteten wir großen Jubel.

Bernie, Angela und ich hatten uns verfahren, deshalb breiteten wir unsere Landkarte auf der Motorhaube aus. Wir beugten uns gerade gemeinsam darüber, als aus einer der Häuser ein Indianer mit hüftlangen schwarzen Haaren herauskam. Er hatte anscheinend die Jubelschreie der Kinder gehört und fragte nun, ob er uns helfen könne. Ich zeigte auf eine haarfeine mäandernde Linie auf der Karte und fragte: »Wir wollen zum Grand Canyon, können wir diese unbefestigte Straße nehmen?«

»Das kann ich euch nicht raten«, antwortete er. Der Indianer beschrieb uns aber eine sichere Alternativroute. »Bevor ihr fahrt, möchte ich dir etwas zeigen«, sagte er und schaute mich an. Dieser Mann hatte eine Ausstrahlung der besonderen Art. Sein Blick reichte bis auf den Grund meiner Seele.

Ich schaute Bernie und Angela an, zuckte mit den Achseln und folgte dem Fremden in sein Haus. Dort stellte er sich als »Joseph« vor. Den nächsten Satz hörte ich nicht mehr, denn ich war zu sehr damit beschäftigt, mich um die eigene Achse zu drehen, um all das in mich aufzunehmen, was da an den Wänden hing. Es waren hunderte »Kachinas«, das sind Figuren oder Puppen, die für die Hopi-Indianer als Vermittler fungieren. Über die können sie mit Ahnen oder den Geistern von Göttern in Verbindung treten. Eine Art selbst gebasteltes Medium also. Schon ab dem sechsten Lebensjahr vermitteln die Indianer ihrem Nachwuchs den sogenannten Kachina-Kult. Die Kinder spielen mit den Figuren und lernen so auch den Ablauf bestimmter Zeremonien. Joseph stellte diese »Kachinas« selbst her. Sie waren aus Holz geschnitzt und in leuchtenden Farben kunstvoll bemalt.

Ich habe mir »Kachinas« von den Hopi-Indianern mitgebracht.
Sie bevölkern meine Fensterbank

Plötzlich fragte mich Joseph: »Are you ready to fight?« Bist du bereit zu kämpfen? Ich sagte, wir kämen aus Deutschland und seien in friedlicher Absicht unterwegs. Joseph erklärte, er habe einen Brief von einem anderen High Priest aus Mexiko bekommen. Da begriff ich erst. »Sie sind ein High Priest? Welche Ehre.«

Er zeigte mir seine Papyrus-Post und erklärte, was darauf zu sehen war: In roter, gelber und grüner Farbe hatte der andere Priester kleine und große Geister gemalt. Einer davon hielt in der Hand drei Blitze fest. Joseph erläuterte mir, dass dieses Symbol eine kriegerische Auseinandersetzung voraussagen würde. Tatsächlich kam es wenig später zu einer nicht ganz gewaltfreien Protestaktion junger Indianer im Ort Wounded Knee in South Dakota: Sie wollten auf die Vertreibung ihres Volkes aufmerksam machen und an das Massaker von 1890 erinnern, bei dem amerikanische Soldaten 300 wehrlose Sioux-Indianer ermordet hatten.

Joseph sagte, es komme ihm so vor, als würden wir uns schon lange kennen. Das gleiche Gefühl hatte ich auch. Am liebsten hätte er mich wohl dabehalten. Denn als wir drei wieder unsere Landkarte einpackten und ins Auto steigen wollten, lud er uns zu einem sogenannten »Snake dance« ein. Eines der heiligsten Rituale der Hopi-Indianer, für das Priester in der Umgebung Schlangen einfangen, auch hochgiftige. Diese werden dann hin und her gereicht, in den Mund genommen und am Nacken mit Lippen oder Zähnen festgehalten. Damit wollen die Hopi um Regen bitten, denn Schlangen gelten bei ihnen als Beschützer von Wasserquellen.

Der Snake dance wird jedes Jahr Ende August durchgeführt, Besucher dürfen nicht mehr zuschauen, seit sich einige nicht angemessen verhielten. Doch für uns wollte Joseph eine Ausnahme machen. Schweren Herzens mussten wir absagen, denn zum Zeitpunkt der Zeremonie würden wir schon wieder im Flieger nach München sitzen.

Wir verabschiedeten uns, aber ich versprach: »Ich komme wieder.« Und das tat ich auch. Immer, wenn ich in den Jahren danach in der Gegend war, schaute ich in Hotelville vorbei, um Joseph zu besuchen. Eine andere Art, in Kontakt zu bleiben, hatten wir nicht. Joseph war ja noch nicht einmal im Besitz eines Telefons. Manchmal hatte ich Glück und er war da, manchmal stand ich auch vor verschlossener Tür. Aber für diesen besonderen Menschen nahm ich den Umweg gerne auf mich.

Stephanie: Als wir mit dem Wohnmobil in Amerika unterwegs waren, hat Fritz gesagt, er kennt da einen Indianer und den will er besuchen. Dann sind wir in ein Indianerreservat gefahren, das alles andere als touristisch war. Mami hat nur gemeint: »Das ist so typisch Fritz! Dass wir da jetzt rein müssen.«

Wir hielten mit unserem riesigen Wohnmobil vor einer winzigen Hütte und Fritz versuchte, diesen Joseph ausfindig zu machen. Das war derartig skurril! Solche Sachen hast du mit ihm ständig erlebt. Fritz war immer für eine Überraschung oder ein Abenteuer gut.

Sophie: Mein Vater war schon immer ein Abenteurer. Er hat unglaublich viel erlebt, wusste um viele Gefahren oder hat ihnen selber ins Auge geschaut. Ich glaube, das hat dazu geführt, dass er mich in meiner Kindheit und Jugend am liebsten in Watte gepackt hätte. Er machte sich viele Sorgen um mich. Ich durfte zum Beispiel nie einen Vespa-Führerschein machen. Er sagte: »Um Gottes willen – viel zu gefährlich!«

Heute als Mutter kann ich das besser nachvollziehen. Die Angst, dass dem eigenen Kind etwas passiert, ist sehr archaisch. Dadurch bin ich vielleicht nicht der mutigste Mensch geworden, aber das ist nicht so schlimm.

Andererseits ließen mir meine Eltern in anderen Bereichen viele Freiheiten. Sie waren nie sehr dominant oder streng. Sie schenkten mir ihr Vertrauen und mir war schnell klar, dass ich das nicht missbrauchen möchte. Ich hoffe, das gelingt mir so auch bei meiner Tochter.

Für einige Trips nach Nordamerika verabredete ich mich mit meinem Freund Tim Barker aus Los Angeles. Er fischte genauso gern wie ich und war echt hart im Nehmen. Tim war eine Zeit lang bei den »Green Berets« gewesen, einer Spezialeinheit des amerikanischen Militärs. Als wir zusammen in der Mojave-Wüste übernachteten, bot er mir seinen Schlafsack an. »Und wo schläfst du?«, fragte ich. »Mit 'ner Decke am Boden, das macht mir nichts aus«, winkte er ab. Tim war herausfordernde Umstände gewohnt, er hatte bei Übungsmanövern sogar schon in Pfützen und Schlamm übernachtet.

Tim: Viele unserer Abenteuer fanden im östlichen Teil der Sierra Nevada statt. Wir fuhren in die Gegend um Lone Pine, die kannte ich wie meine Westentasche. Mein Vater hatte mich und meinen Zwillingsbruder dorthin mitgenommen, seit wir fünf waren. Daher besaß ich reichlich Erfahrung, die ich an Fritz weitergeben konnte. Um Lone Pine herum wurden eine Menge Filme gedreht, auch meine Mutter stand dort in den 1950ern mehrfach vor der Kamera.

Tims Mutter Susan Hayward hatte dort unter anderem die Western-Romanze *Zwei in der Falle* von 1951 gedreht. Auch mein Lieblingsheld aus der Kindheit, »Hopalong Cassidy«, war im Umland von Lone Pine gegen seine Widersacher angetreten, genau wie John Wayne. Lone Pine befindet sich nur drei Autostunden nördlich von Los Angeles, aber die Natur dort ist so rau und unberührt, dass der Ort auch gut in einer anderen Galaxie liegen könnte.

Das Gebiet gilt als ideale Westernkulisse: Im Osten erheben sich die gewaltigen Inyo Mountains, in den Alabama Hills machen massive Findlinge und Steinbögen die Landschaft einmalig und dahinter überragen die Gipfel der Sierra Nevada, des höchsten Gebirgszugs der USA, einfach alles.

Früher, als kleiner Junge, hatte ich an der Seite meines Bruders Elmar den Cowboy gespielt. Hier konnte ich wirklich einer sein! Mit Stetson, Boots und dicker Gürtelschnalle. Relevant war für mich aber nicht das Outfit, sondern das Gefühl, eins zu werden mit der Natur.

Wenn ich durch die Steppe ritt und meine Augen durch die endlose Weite wanderten, war ich so weit weg vom roten Teppich, wie es nur geht. Aber auch von allen anderen Dingen, die man im Alltag sonst für essenziell hält, die es aber, wenn man ehrlich zu sich selber ist, nicht sind. Beim Schlafen unterm freien Himmel wurde mein Kopf wieder ganz frei. Das ging nur da und so.

Nordamerika ist eines meiner Sehnsuchtsziele, das Gleiche gilt fürs Nachbarland Kanada. Bevor ich dort das erste Mal hinreiste, las ich in einem Werbeprospekt über British Columbia, die westlichste Provinz des Landes: »Die Wildnis zu entdecken, heißt, sich selber zu entdecken.« Das gefiel mir, und es ist bis heute ein Satz, den ich zweihundertprozentig unterschreiben kann.

Ich würde jedem empfehlen, mal in die Wälder von British Columbia abzutauchen. Als Stadtmensch verliert man mit den Jahren seine Instinkte. Aber dort, im Schatten uralter Kiefern, Tannen oder Fichten, in der Heimat von Elchen, Wapitihirschen und Karibus, erwachen die Sinne zu neuem Leben: Du riechst, hörst, siehst und fühlst wieder mehr. Selbst der Rücken wird zur Radarfläche, alle körpereigenen Sensoren sind aktiviert. Das muss man nicht trainieren, das haben wir in uns! Es wird uns im Alltag nur nicht abverlangt, dadurch verkümmert unser Wahrnehmungsvermögen. Durch die starken Empfindungen in der Natur bekommst du einen körperlichen und seelischen Schubser. Das ist das große Ereignis auf einer solchen Reise.

Wenn du das einmal erfahren hast, willst du es immer wieder erleben, so ging es mir zumindest. So intensive Emotionen hatte ich vorher weder beim Heli-Skiing noch auf der Rennstrecke. Unterwegs sein im wilden Kanada, das war das Höchstmaß an Erlebnis. Dort verbrachte ich meine spannendsten Urlaube.

Waren nur wir Männer unterwegs, schliefen wir über Wochen hinweg in Zelten, standen mit Anglerhut und -weste stundenlang bis zu den Oberschenkeln in eiskalten Gebirgsbächen. Ein typischer Tag sah so aus: früh aufstehen, gemeinsames Frühstück, den ganzen Tag über fischen, zwischendurch ein Bierchen aus unserem Depot im Fluss und ein Nickerchen im Schatten. Abends dann gegrillten Fisch am Lagerfeuer, von mir zubereitet. Diesen Outdoor-Luxus zog ich jedem Fünf-Sterne-Hotel vor.

Alles, was wir brauchten – dazu zählten Zelte, Axt, Säge, Campinggeschirr – bestellte ich vorab. Die Ausrüstung wartete dann inklusive Mietwagen schon am Flughafen von Vancouver auf uns.

Tim: Als wir am Gold River auf Vancouver Island unterwegs waren, brachte ich das Gewehr meiner Mutter mit. In jenen Tagen waren dort nämlich jede Menge sehr große Grizzlys unterwegs. Einmal liefen wir auf dem Weg zum Wasser über eine Wiese und da näherte sich uns kein Bär, sondern ein junges Reh. Es kam bis auf fünf Meter an uns heran, zeigte keine Angst. Das war eine unglaubliche Ausnahme und ist mir in all der Zeit, die ich in der Natur verbracht habe, nie wieder passiert.

1977 hatte ich die Idee, mir in Amerika einen eigenen Geländewagen zuzulegen und den nach dem Urlaub nach Deutschland verschiffen zu lassen. Im März rief ich das erste Mal bei Lee Johnson Chevrolet nahe Seattle an und bestellte einen Blazer mit dicker Stoßstange und Allradantrieb. Im Sommer sollte er fertig sein. Bis dahin wählte ich aber noch zigmal die Chevrolet-Telefonnummer. Die Mitarbeiter begrüßten mich schon mit »Oh, hi Fritz!«, weil ich etliche Extras dazubestellte, wie zum Beispiel eine lange Antenne, die hinten angebracht wurde und nach vorne zeigte.

Im August holten Bernie und ich den Wagen vor Ort ab, ich war stolz wie Oskar. Es ist immer wieder ein besonderes Gefühl, in ein Auto zu steigen und zu wissen: Das ist jetzt meins! Und dann noch so ein Superwagen, der perfekt für unsere geplanten Unternehmungen ausgestattet war.

Für unser erstes großes Ziel mussten wir zunächst die Grenze nach Kanada überqueren. Wir wollten meinen Bruder Elmar, der schon früher in die USA geflogen war, dort in der Chilko Lake Lodge treffen. Diese Unterkunft, die es heute noch gibt, bestand damals noch aus recht einfachen Holzhäusern. Die standen am Ufer des 80 Kilometer langen Chilko

Lakes, in dem sich Berggipfel spiegeln, die bis in die Gletscher-region reichen.

Elmar: Das war ein abgelegenes und völlig unberühr-tes Paradies! Dort konnten wir Lachse fischen, mit ei-nem Schnellboot den Fluss rauffahren und traumhafte Ausritte machen. Die Lodge war kein Luxus, sondern Abenteuer.

Ich hatte den Besitzer Jochen Neumann in München kennengelernt. Er kaufte die Lodge Mitte der 70er-Jah-re und ich half ihm in den Wochen vor der Öffnung vor Ort aus. Später bin ich dann mit Fritz hin, so hat er diesen Ort kennengelernt. Die vielen tollen Bilder, die ich von dort im Kopf habe, sind über 40 Jahre alt – aber noch so lebendig, als wäre es gerade mal zwei Jahre her.

Die Lodge hatte einen eigenen Landeplatz, normalerweise flog man von Vancouver oder Seattle aus per Wasserflugzeug hin, das war der schnellste und einfachste Weg. Aber ich hatte ja nun mein neues Gefährt und das galt es einzuweihen. Bernie und ich folgten nach einem nächtlichen Zwischenstopp in Ka-nada der einzigen Straße nach Norden, die die Chilko Lake Lodge mit der Zivilisation verband. Eine sechsstündige Tour durch die Walachei, die nicht ganz so verlief wie erhofft.

Elmar: Wenn Fritz irgendwas wollte, auch wenn es völlig durchgeknallt war, dann hat er es durchgezo-gen. Zur Chilko Lake Lodge führte damals nur eine unbefestigte Straße, die River Road. Auf der waren pro Jahr vielleicht fünf Autos unterwegs. Zu Recht: Denn bei ungünstiger Wetterlage versank man auf der mit Schlaglöchern übersäten Piste im Schlamm.

Bernie und Fritz erwischten genau so einen Tag. In einem Schlagloch ist ihnen der Ersatzreifen samt Halterung abgesprungen. Das vermeintlich perfekte Geländefahrzeug stellte sich leider als nur bedingt geländetauglich heraus. Aber immerhin kamen die beiden heil an.

Meine Meinung ist: Wer nicht wagt, der nicht gewinnt. Bernie und ich hatten trotz kleiner Zwischenfälle viel Spaß. Wir verfügten ja über einen Kassettenrekorder und grölten stundenlang zu Country-Songs mit. Die Fahrt war hochlustig, stellenweise sogar hochprozentig lustig.

Aber ich kann nicht gerade sagen, dass der Wagen mir Glück gebracht hätte. Auf unserer fünf Tage langen Weiterfahrt nach New York – von dort aus flogen Elmar, Bernie und ich wieder zurück und dort sollte auch mein Blazer verschifft werden – hörten wir im Radio, dass Elvis gestorben war. Das war am 16. August 1977, und ich vergesse den Moment nicht, in dem der Ansager erklärte: »Elvis is dead.« Ich wäre vor Schreck fast in den Gegenverkehr gerauscht. Denn ich bin ein großer Elvis-Fan, besitze alle seine Platten. Zu einem Elvis-Song küsste ich meine erste Freundin, ich glänzte mit seinen Alben auf Partys mit Freunden und ich trat sogar hier und da als Elvis auf, zum Beispiel in *Um Himmels Willen.*

Elvis starb mit nur 42 Jahren, einen Tag vor meinem 36. Geburtstag. Ich spielte im Kopf durch, wie es wäre, wenn mir nur noch sechs Jahre zum Leben bleiben würden. Wie schrecklich, undenkbar! Ich hatte noch so viel vor, das würde nie in einen so kleinen Zeitraum passen.

Vielleicht war ich dadurch ein bisschen durch den Wind, als wir New York erreichten. An der 13th Street in Manhattan war ich gerade dabei, aus einer Parkbucht herauszufahren, als ein viel zu schnelles Auto von hinten in uns reinrauschte.

Das Heck meines Blazers war total hinüber und der Wagen musste aufwendig repariert werden. Da der Automobilkonzern General Motors, der die Ersatzteile herstellte, gerade bestreikt wurde, dauerte das Ganze noch mal länger und mein amerikanischer Geländewagen kam erst im Dezember in München an. Merry Christmas!

Auf meinen Reisen ging ich oft an meine Grenzen, manchmal auch darüber hinaus. Aber das war ja gerade das Tolle. Denn wo hat man sonst als Erwachsener noch die Gelegenheit, sich neu zu erproben und dadurch über sich hinauszuwachsen?

Von der Chilko Lake Lodge aus machten wir mal einen Elf-Stunden-Ritt, hin zu einem anderen See. Ich war ja ein geübter Reiter, aber so lange am Stück hatte ich vorher auch noch nicht im Sattel gesessen. Ich versuchte, so entspannt wie möglich zu bleiben, aber das war nach einer Weile angesichts meiner Schmerzen im Hintern und im Kreuz unmöglich. Ich wusste nicht mehr, wie ich sitzen sollte. Mal nahm ich die Füße aus den Steigbügeln und kreuzte sie abwechselnd überm Sattel, mal ging ich ein Stück zu Fuß. Die Pferde tränkten wir aus unseren Cowboyhüten.

Als wir am Ziel ankamen, bin ich kraftlos aus meinem Sattel geglitten. Ich hab noch ein Bier getrunken, ein *Old Heidelberg*, und dann bin ich am Lagerfeuer eingeschlafen. Die anderen haben mich zugedeckt und ich bin am nächsten Morgen an derselben Stelle aufgewacht. Ein bisschen gerädert, aber wieder mit einem tollen neuen Erlebnis im Kopf. Der ist inzwischen voll mit einer Sammlung von Erinnerungssequenzen. Wenn ich will, schließe ich einfach die Augen und drücke auf »Play«.

Elmar: Auf einem unserer Trips sind wir von der Chilko Lake Lodge aus auf einen Berg mit Blick auf den

See hochgeritten, das hat den ganzen Tag gedauert. Unser Guide Bud hatte dort oben vorab ein Lager mit kleinen Zelten für uns aufgebaut.

Aber als wir abends ankamen, war alles verwüstet, das Zelt mit den Lebensmitteln lag zerfetzt am Boden. Ein Grizzly hatte dort gewütet! Eine Konservendose zierten drei bis vier Zentimeter lange Löcher. Die hatten die Zähne des Bären dort hineingerissen. Auf dem erdigen Boden sahen wir gewaltige Tatzenabdrücke.

Bud hatte die Verantwortung für uns Greenhorns und war ziemlich beunruhigt – aber das wollte er uns gegenüber nicht zeigen. Wir fragten ihn: »Was ist los? Kommt der Grizzly wieder?« Weil Bud uns keine Angst machen wollte, sagte er: »Ach was, wir müssen einfach cool bleiben.« Das war natürlich nicht so einfach. Ich konnte in dieser Nacht kaum schlafen. Auch, weil ein heftiger Wind ums Zelt pfiff. Hinterher erzählte uns Bud dann: »So ein Grizzly streunt auf der Suche nach Nahrung ziellos herum. Wenn der was zu fressen gefunden hat, kommt er wieder.« Wir hatten Glück, dass es in dieser Nacht nicht so war.

Natürlich nahm ich auch Angela und die Kinder mehrfach mit zur Chilko Lake Lodge. Dieses Paradies musste ich ihnen zeigen!

Am Chilko Lake hat Angela ihre erste Forelle gefangen, sie hatte das vorher noch nie gemacht. Ich brachte ihr an einem bassinartigen Zulauf zum See bei, wie man die Angel auswirft und was man sonst noch alles beachten muss. Nach Angelas erstem Erfolg ließ auch ich an derselben Stelle meinen Köder hineinbaumeln und sie sagte nur: »Gehst du weg, das ist MEIN

Wasser!« Wir haben so gelacht. Das war eine tolle Zeit, Angela gefiel das Leben, das wir dort hatten, ausgesprochen gut.

Genau wie den Kindern: Stephanie saß in Kanada erstmals auf einem Pferd.

Stephanie: Durch Fritz wurde ich zu einer leidenschaftlichen Reiterin.

Ich war auch gut im Laufen, ein Sportlehrer aus der Schule meinte, ich müsse gefördert werden. Fritz ist daraufhin in München jedes Wochenende mit mir joggen gegangen. Er wollte mich unbedingt unterstützen.

Aber Stephanie war ein bisschen eigen. Sie wollte bei einem längeren Ausritt statt eines Cowboyhuts nur eine Kappe aufsetzen. Dabei hatte ich für uns alle welche besorgt. So ein Cowboyhut schützt vor Sonne und Regen, aber auch vor spitzen Ästen am Wegesrand. Und wenn du durch den Busch reitest, sind da viele Äste. Um es kurz zu machen: Stephanie hatte am Abend einige Schmisse im Gesicht. Ich verkniff mir ein lautes »Hab' ich's doch gesagt.« Aber gedacht habe ich es natürlich schon.

Es gab Momente, in denen ich mir vorstellte, wie es wäre, für immer in dieser Wildnis und Freiheit zu leben. Aber die Idee wurde nie zum realen Wunsch. Denn dafür liebe ich meinen Beruf zu sehr. Ich könnte mir nicht vorstellen, ohne ihn zu sein. Und da die Sommerpause lang war, konnte ich mir meist sechs bis sieben Wochen zum Auftanken und Schärfen meiner Sinne gönnen. Danach stand ich wieder voller Verve vor der Kamera.

Werner: Auf dem Flug nach Kanada hatte Fritz, den natürlich alle Stewardessen kannten, mal solche Rückschmerzen, dass er sich beim Notausgang auf den Boden gelegt hat und einschlief. Da kennt der Fritz nichts, er machte das, was ihm guttut.

Angela und ich waren zusammen überall auf dieser Welt: Südafrika, Philippinen, Madagaskar, Seychellen, Barbados, Mauritius, Hongkong, Bali ... Wenn ich eine *Traumschiff*-Folge drehte, durfte Angela auch mit. Die schönste Route startete 2004 in Sydney, von dort aus waren wir sechs Wochen unterwegs, machten unter anderem Halt auf Samoa und gingen letztendlich in Tokio von Bord. In diesen sechs Wochen hatte ich neun Drehtage, das war also mehr als erträglich.

Gut einmal im Jahr ließen wir uns von einer befreundeten Fotografin auf unseren Reisen begleiten. Die Fotos erschienen samt Reisebericht in Magazinen und wir zahlten auf diese Weise nichts bei Hotels oder Veranstaltern. So hatten wir die Möglichkeit, außergewöhnliche Unterkünfte kennenzulernen: 1995 übernachteten wir zum Beispiel zusammen mit unserer Tochter Sophie im Finch Hattons Camp, einem der exklusivsten Zelt-Camps in Kenia. Es ist nach dem Großwildjäger Denys Finch-Hatton benannt, der im Film *Out of Africa – Jenseits von Afrika* von Robert Redford gespielt wurde. Das Camp befindet sich mitten im Tsavo West National Park, wo dieser Blockbuster aus dem Jahr 1985 gedreht wurde. Von unserer privaten Terrasse aus konnten wir Flusspferde, Krokodile und andere Wildtiere beobachten, auf Safari sahen wir Elefanten, Leoparden und Löwen. Auch wieder ein herrliches Naturerlebnis!

Sophie: Ich fand es furchtbar, dass eine Fotografin dabei war. Daher rührt wohl auch meine absolute Abneigung gegenüber der Presse. Diese Erfahrungen haben mich sehr geprägt. Ich kann es bis zu einem gewissen Punkt nachvollziehen, dass meine Eltern es so gemacht haben. In meiner Kindheit, in den 80ern und 90ern, war das Bewusstsein für Öffentlichkeit ein anderes. Man sah alles noch naiver. Daher ist es nichts, was ich meinen Eltern je vorgeworfen habe. Aber ich selbst handhabe es bewusst anders.

Valerie: Als Schauspieler braucht man die Presse, um Projekte zu promoten, im Gespräch zu bleiben und Rollen zu bekommen. Aber je weiter man sich öffnet, desto mehr geraten auch Dinge in den Fokus der Öffentlichkeit, die man lieber für sich behalten würde. Das mussten Mami und Fritz miterleben. Heutzutage ist man sich dieses Effekts bewusst. Es gibt inzwischen Schauspieler, die ihr Privatleben komplett unter Verschluss halten. Damals war das noch anders. Da gab es diese Erfahrung mit den Medien noch nicht.

Meine Eltern sind Zeitzeugen, sie haben die jüngere deutsche Geschichte vom Zweiten Weltkrieg bis heute erlebt. Sie waren mittendrin, kannten Hubert Burda, Willy Bogner, meine Mutter war früher sogar mal mit Ted Kennedy zusammen. Sie haben dieses Leben mit allen sich bietenden Möglichkeiten genossen – und auch gelitten. Deswegen muss man manche Sachen, wie Drogen oder den Umgang mit der Presse, verzeihen.

Meine Eltern waren in der Flower-Power-Zeit erwachsen. Da wurde neben Alkohol einiges ausprobiert, das gehörte damals einfach dazu. Viele Künstler haben es gemacht, um kreativer zu sein. Manche waren sich der Tragweite nicht bewusst. Meine Eltern entschieden sich schließlich dazu, es sein zu lassen. Bei vielen Dingen merkt man eben erst im Nachhinein, dass es nicht so optimal war. Aber es gab vor ihnen niemanden, der das alles schon gemacht hatte.

In Kenia waren wir öfter. Freunde von mir hatten ein Unternehmen, das auf Afrika-Reisen spezialisiert war. Sie besaßen eigene Flieger und ein 125 Meter langes Kreuzfahrtschiff aus dem Jahr 1936. Einmal durften Angela und ich sogar in der »Owner's Suite« mitfahren, die erstreckte sich übers komplette Heck des Schiffes. Überall poliertes Mahagoniholz und glänzendes Messing, dazu der Traumblick auf den Indischen Ozean durch extragroße Fenster.

Die Leiterin dieser Reiseagentur war Schweizerin und ein Fan von mir. Aber noch lieber mochte sie den Volksmusiker Hansi Hinterseer. Ich sagte: »Ich bin mit dem Hansi befreundet, kein Problem!« Bei einer unserer Besuche in Kenia brachte ich ihr ein Autogramm vom Hansi mit und sie freute sich riesig.

Im Gegenzug organisierte sie für uns einen Bootsausflug auf eine traumhaft schöne Insel. Dort servierten uns Einheimische geräucherte Kokosnüsse, frisch gegrillten Fisch und Hummer. Nach diesem Festmahl unter Palmen ließen wir uns faul auf diwanartige Betten am Strand plumpsen. Die waren so gemütlich! Angela und ich lagen auf einem, Bernie und seine Begleiterin auf einem anderen, gut zwei Meter von uns entfernt.

Ich blinzelte raus aufs Meer, war schon kurz vorm Eindösen, da sah ich aus dem Augenwinkel – darauf muss mich der liebe Gott aufmerksam gemacht haben – über dem Bett vom Bernie ein grünes Band baumeln, so dünn wie eine Makkaroni. Ich dachte: »Was ist das denn?«

Nachdem ich mich aufgerichtet hatte, erkannte ich, dass das »grüne Band« eine Schlange war, die sich von einem Ast ganz langsam auf unsere Freunde herunterließ. Ich sagte Bernie nicht, was wirklich los war, sondern befahl ihm nur ganz ruhig: »Bernie, jetzt tu bitte, was ich dir sage. Rollt euch sofort aus dem Bett und lasst euch zu Boden fallen.«

»Was ist denn das für ein Spielchen?«, fauchte er.

»Das ist kein Spielchen – macht es!«

Ich guckte anscheinend so ernst, dass die beiden meine Anweisung befolgten. Als ich ihnen dann eröffnete, warum ich sie von ihrem Diwan gescheucht hatte, waren sie mir natürlich sehr dankbar. Und noch dankbarer, als sich herausstellte, dass das grüne Band ein äußerst giftiges Exemplar gewesen war.

Aber so etwas passiert. Für mich kein Grund, mich bei der Wahl meiner Reiseziele einzuschränken.

Wie schrieb der kanadische Schriftsteller Douglas Coupland so schön? »Abenteuer ohne Risiko ist Disneyland.«

Und das ist einer der wenigen Orte auf der Welt, die mich nicht interessieren.

Kapitel 9

Als meine Tochter Filippa zur Welt kam, war ich 70 Jahre alt. Es gibt Menschen, die das nicht verstanden haben. Manche, die mich nicht mal persönlich kennen, machten sich sogar öffentlich darüber lustig. Ein bekannter Comedian fand spöttische Worte, die ich hier nicht wiederholen will. Diese Anfeindungen waren nicht schön. Aber ich hakte sie ab. Denn für mich war Filippas Geburt mit dem größten Glücksgefühl verbunden, das ich kenne, genau wie die Geburt meiner älteren Tochter Sophie. Das sind Momente der Liebe, die niemals enden. Und die würde ich um nichts in der Welt ungeschehen machen wollen.

Der Geruch eines frisch geborenen Babys, die winzigen Fingerchen, das zarte Gesicht – das vergisst man nie! Es existiert ein Foto, auf dem ich neben der erst wenige Tage alten Filippa liege und ihr ein Fläschchen gebe. Bei meiner ersten Tochter war ich 40, als ich das gemacht habe. Mit 70 fühlte es sich nicht anders für mich an. Es war ein Zustand purer Zufriedenheit. In den ersten Monaten war Filippa rothaarig wie ich. Diese Farbe verschwand mit der Zeit, nun ist sie blond. Dafür bekam meine Tochter Sommersprossen, auch die hat sie von ihrem Papi.

Filippa ist ein Sonnenstrahl in meinem Leben, ich sehe sie wahnsinnig gerne. Sie ist ein Wunschkind, das möchte ich betonen. Ihre Mutter, Susanne Kellermann, die ich meist Sanne oder Sue nenne, liebe ich noch immer – wenn auch inzwischen auf eine andere Art und Weise. Die Begegnung mit ihr war und ist eine besondere. Das lässt sich nicht verheimlichen und das wollen wir auch nicht. Das Ergebnis ist eine wirklich großartige Tochter.

Filippa und ich – auch das Lächeln hat sie von mir geerbt

Poldi: Ich fand's mutig von ihm, mit 70 noch mal Vater zu werden. Denn wie lange hat das Mädchen noch etwas von ihm? Aber der Fritz ist so verliebt in die Filippa! Sie ist sein Herzi-Bubi. Der Fritz macht es, wie er es haben will. Wenn er sich was in den Kopf setzt, kannst du's ihm nicht ausreden.

Als Sanne und ich uns für ein gemeinsames Kind entschieden, geschah das nicht aus Berechnung. Ich habe nicht vorher kalkuliert, ob ich den Schulabschluss, die Hochzeit oder den

50. Geburtstag meines zukünftigen Kindes noch erleben würde. Es war eine Hier-und-jetzt-Entscheidung. Und die war richtig so. Ich freue mich über jede Minute, die ich mit Filippa zusammen sein kann. Meine Tochter ist aus Liebe entstanden. Ich verlor mein Herz an ihre Mutter in einer Zeit, die für mich schwierig war und in der sie mir half, wie kein anderer Mensch es konnte.

Sanne: Eigentlich war es bei uns ähnlich wie beim Kennenlernen zwischen Fritz und Angela damals. Als wir im Jahr 2009 zusammenkamen, lag seine Ehe auf Eis.

Angela und ich hatten uns auf eine Beziehungspause geeinigt. Wir kommunizierten es nicht nach außen, lebten aber getrennt. Sie am Tegernsee, ich in einer Wohnung in München, die mir gehört. Das allein war für mich schon schwer zu verdauen, dann kam im Juli 2009 auch noch die Trauer um meine verstorbene Mutter hinzu. Wenige Tage nach ihrem Tod rief mich auf meinem Handy eine unbekannte Nummer an. Es folgte ein Gespräch, das alles verändern sollte. Denn am anderen Ende war Sanne, die mir ihr Beileid bekunden wollte. Aus einem Dialog, der in wenigen Sätzen hätte beendet sein können, wurde ein längerer Austausch, der schnell in die Tiefe ging.

Das kam für mich völlig unerwartet, denn wir kannten uns nur flüchtig. Sanne war Kamerafrau und Regisseurin, wir hatten aber noch nie zusammen gearbeitet, sondern uns nur auf einigen Events gesehen. Sie war ebenfalls bei dem Golfturnier in Kitzbühel gewesen, das ich überstürzt verlassen musste, weil meine Mutter im Sterben lag.

Sanne: Ich hatte davon gehört und bat Anja Schüte, die auch in Kitzbühel dabei war, mir die Nummer von Fritz zu geben. Wir drei hatten im November 2007 zusammen in der Sansibar auf Sylt gefeiert, bei einer Veranstaltung des Royal Fishing Clubs. Nachher waren wir noch weitergezogen und hatten sehr viel Spaß. Es lief nichts zwischen Fritz und mir, ich genoss einfach die Lebensfreude, die er ausstrahlte. Party machen mit ihm ist der Wahnsinn! Ich kenne niemanden, der einen so mitreißen kann wie Fritz.

Als wir das erste Mal telefonierten, war Sanne genau wie ich sehr unglücklich. Ein Jahr zuvor war eine große Liebe in die Brüche gegangen und sie litt noch immer darunter. Wir telefonierten an einem Montag und am Sonntag darauf, dem 14. Juni 2009, trat meine Freundin Liza Minnelli in der Münchner Philharmonie auf. Weil sie vom Tod meiner Mutter wusste, sang Liza »My Mammy« für mich, was mich sehr berührte. Ich hatte wieder mein traditionelles Aftershow-Dinner im Seehaus im Englischen Garten für Liza und ihre Freunde organisiert und bat Sanne, doch auch zu kommen. Weil ich dachte, das lenkt sie ein bisschen ab. Und, weil wir uns guttaten in diesem Moment. Das beruhte auf Gegenseitigkeit. Es war ein seelisches Pingpong.

Sanne: Das Lustige daran ist: Fritz und ich sind uns schon einmal bei einem Konzert von Liza Minnelli in der Philharmonie begegnet, aber das ist lange her, es war am 19. Oktober 1991. Ich war 18 und ein Riesenfan von Liza. Ich wollte ihr an jenem Abend unbedingt eine rote Rose überreichen. Beim Schlussapplaus schaffte ich es in die erste Reihe, aber ein weiblicher

Bodyguard wackelte bei der Vorahnung meines Plans schon mit dem Finger: »She doesn't like that.« Also warf ich meine Blume nur auf die Bühne, als Liza abging. Plötzlich sprang ein Fremder auf die Bühne und hob meine Rose auf. Er hielt sie mir hin und meinte: »Die kannst du ihr gleich persönlich geben.« Es war Marcel Avram, der Konzertmanager. Er führte mich zur Garderobe von Liza – und wer stand da? Der Fritz.

Ich habe bei meinen Eltern ein altes Tagebuch gefunden und da hatte ich an diesem Tag reingeschrieben:

»Fritz Wepper war auch da. Habe mich kurz mit ihm unterhalten, war eigentlich ziemlich blöd.«

Ich weiß auch noch genau, warum ich es so empfunden hatte. Ich trug bei dem Konzert braune Wollleggins, ein braunes Rollkragenshirt und darüber einen langen weißen Pullover mit V-Ausschnitt. Dazu schwarze Lackschuhe mit goldenen Absätzen. Ich fand dieses Outfit damals todschick. Aber Fritz musterte mich nur kurz und sagte dann: »Das sieht gar nicht mal so gut aus.« Er durfte natürlich zuerst in die Garderobe. Ich habe eine Stunde gewartet, aber am Ende mein heiß ersehntes Autogramm von Liza bekommen.

Ich sage eben die Wahrheit, auch wenn sie manchmal unbequem ist. Aber an diese erste Begegnung zwischen Sanne und mir erinnere ich mich leider nicht. An unser zweites Treffen nach einem Minnelli-Konzert dagegen schon. Bei dem Abendessen im Juni 2009 habe ich mich im Seehaus zwischendurch auch zu Sanne gesetzt und wir unterhielten uns. Der Altersunterschied von 32 Jahren zwischen uns war nie ein Thema.

Wir haben uns seelisch wahrgenommen und uns im gleichen Maße trösten können. Sanne hatte einen Punkt in ihrem

Leben erreicht, wo sie nicht mehr wusste, wie es weitergehen soll. Durch das Gespräch mit mir sah sie wieder eine Perspektive. Zum Abschied habe ich die Hand auf mein Herz gelegt und Sanne tat es mir nach. Da war diese besondere Verbindung zwischen uns. Wir verstanden uns vom Kopf her, aber besonders auch vom Herzen. Wir schauten uns länger als nötig in die Augen und vereinbarten, dass wir wieder telefonieren würden.

Sanne: Von dem Dinner aus bin ich direkt nach Österreich gefahren, weil ich dort für die Fernsehserie *Der Bergdoktor* gedreht habe. Ich musste mich in eine Felswand einhängen und vor unserem Abendessen ging's mir so, dass ich sagte: »Wenn ich da abstürze, ist mir das auch egal.« Ich konnte meinen Schmerz nicht mehr ertragen. Aber vom Seehaus bin ich anders weggefahren. Fritz hatte mir wieder ein Fünkchen Lebensfreude geschenkt. Am nächsten Morgen wachte ich mit einem Lächeln auf.

Ich kannte Fritz vorher nur als Partymenschen. An diesem Abend habe ich ihn ganz anders erlebt. Er schenkte mir Aufmerksamkeit, Empathie, Verständnis. Damit hat er mich total überrascht. Mit seiner Art löste er alle schlechten Eindrücke, die ich von ihm durch verschiedene Presseberichte gewonnen hatte, in Luft auf.

Ab dem Tag haben wir öfter telefoniert. Ich drehte zu der Zeit gerade die Serie *Um Himmels Willen* in Landshut. Sanne erzählte mir, dass sie dort geboren und aufgewachsen ist. »Hättest du mal Lust auf ein gemeinsames Essen in deiner alten Heimat?«, fragte ich sie. »Warum nicht?«, fand Sanne.

Ich habe noch die Handynachrichten im Kopf, die wir damals austauschten. Es ging darum, zusammen die Stadt unsicher zu machen, auf Englisch heißt das »let's paint the town«.

> **Sanne:** *Fritz, let's paint the town on Monday.*
> **Ich:** *Sue, let's paint it blue ...*
> **Sanne:** *And the other side white? I think that's too bright.*
> **Ich:** *What do you think – pink?*

So wurde der zweite Kosename geboren, den ich Sanne gab: Sue. Später kam nach einem Mallorca-Ausflug »Schatzolita« hinzu, Sanne nennt mich entsprechend »Schatzolito«.

Wir spielen beide gerne mit Worten, haben großen Spaß daran, lustige Nachrichten miteinander auszutauschen. »What do you think – pink?« wurde danach bei uns zum geflügelten Wort.

Wir trafen uns wirklich in Landshut und ich führte Sanne quasi als Bürgermeister in ihrer eigenen Stadt aus, denn den spielte ich in *Um Himmels Willen*. Es war ein sehr kurzweiliger Abend. Und ein ziemlicher Gefühlsanstieg. Von Sannes »War ziemlich blöd«-Tagebucheintrag hatten wir uns Lichtjahre entfernt. Ich merkte, dass Sanne eine Frau ist, in die ich mich verlieben könnte. Ihre rehbraunen Augen und dunklen Haare erinnerten mich an die Familie meiner Mutter. Sie und meine Cousinen, alle hatten diesen warmen Blick, den ich so gerne bei Sanne einfing.

> **Sanne:** Noch im Juli wussten wir beide, dass das zwischen uns mehr ist als nur Freundschaft. Da habe ich Fritz natürlich gefragt, wie es um seine Ehe steht. Ich

habe immer zu ihm gesagt, dass ich auf gar keinen Fall als Geliebte bezeichnet werden möchte – und es auch faktisch nicht sein will. Eine Parallelbeziehung kam für mich nicht infrage. Im August 2009 stand Fritz für *Mord in bester Gesellschaft* in Heiligendamm vor der Kamera, dort habe ich ihn besucht. Da war das zwischen uns noch nicht offiziell. Seine Tochter Sophie drehte mit Fritz und er erzählte ihr, dass er mit mir zusammen sein will. Dann hat er es Angela gesagt und erst danach zog ich bei Fritz in seiner Münchner Wohnung ein. Ich hatte noch nie einen Menschen getroffen, der mich so gut kennt und so gut versteht wie er. Wir haben gerade am Anfang so viel zusammen gelacht.

Ich mag unsere ganz besonderen Augenblicke: Denn da schauen wir uns nicht nur in die Augen, sondern auch in unsere Seelen, bis uns die Tränen kommen. Weil es so schön ist, was wir in dem anderen sehen und auch wie wir uns spiegeln. Sanne und ich haben immer gesagt: »Du bist ich und ich bin du – und wir sind beide nicht Müllers Kuh.«

Aber obwohl Angela und ich getrennt waren, fiel es mir nicht leicht, ihr von Sanne zu erzählen. Wir zwei hatten zwar eine Einigung, aber trotzdem sorgten diese Neuigkeiten bei Angela verständlicherweise für eine große seelische Unzufriedenheit. Dennoch: Bevor die Öffentlichkeit von Sanne und mir erfuhr, war zwischen uns dreien alles besprochen.

Ende 2009 berichteten die ersten Medien über unsere Beziehung, die von außen als »Seitensprung« und »Affäre« bezeichnet wurde, obwohl es nicht so war. Und damit begannen die Probleme.

Sanne: Ich habe damals gesagt, wenn auch nur in einer Zeitung das Wort Geliebte im Zusammenhang mit mir steht, ist das die rote Linie, die ich nicht überschreiten möchte. Dann bin ich sofort weg, wenn das nicht klargestellt wird. Natürlich kam es genau so. Ich hatte noch eine Wohnung in Schwabing und bin erst mal bei Fritz ausgezogen.

Ich hatte ein Statement vorbereitet, das ich Sanne am Telefon vorlas. Darin stand, dass sie nicht meine Geliebte ist, sondern meine neue Lebensgefährtin. Und dass ich sie liebe. Aber mein Anwalt riet mir dringend davon ab, dieses Schriftstück rauszugeben. Wenn ich mich zu unserer privaten Situation äußerte, würden wir einen Teil von Sannes Persönlichkeitsrechten verlieren, warnte er. Er wollte vermeiden, dass sie wie ich als Person des öffentlichen Lebens eingestuft werden kann, also als Mensch mit einem besonderen Bekanntheitsgrad. Denn dadurch verändert sich das Recht auf Privatsphäre sowie das Recht am eigenen Bild. Auch in ihren Berichterstattungen haben Journalisten dann mehr Spielraum.

Mein Anwalt sagte: »Herr Wepper, bei Ihnen haben wir keine Chance, weil Sie sich in der Vergangenheit schon mit der Presse eingelassen haben.« Aber Sanne versuchte er zu schützen. Als wir juristisch gegen verschiedene Äußerungen vorgingen, hieß es aber laut Gericht: Na ja, wer sich mit Fritz Wepper einlässt, wird ab dem Moment selbst zur Person des öffentlichen Lebens. Und dann hat man auch kein Recht mehr auf den Schutz der eigenen Privatsphäre.

Der Rat meines Anwalts zum Umgang mit der Situation war: »Zeigen Sie sich gemeinsam auf einer Veranstaltung, lassen Sie sich zusammen fotografieren, aber sagen Sie nichts zu Ihrem Beziehungsstatus.«

Es schwirrten immer mehr Giftpfeile durch die Luft, die besonders Angela und Sanne trafen. Die Stimmung im medialen Blätterwald war aggressiv: Ich war der böse Ehebrecher, der sich eine junge Geliebte nimmt. Sanne war die Geliebte, die eine Ehe zerstört. Angela war die Betrogene. Die Rollen waren von vorneherein fest verteilt. Angela wurde von Journalisten und sogar vom privaten Umfeld angestachelt, mit Sätzen wie »Das kannst du dir doch nicht gefallen lassen!« oder »Die hat dir deinen Mann gestohlen!«.

Sanne: Angela wollte das Bild von einer Ehe aufrechterhalten, die bis dahin intakt war, das ist ja auch verständlich. Sie wurde so oft provoziert! Ein Reporter behauptete irgendwas, daraufhin hat sie Fritz angegriffen und gefragt: »Wie konntest du nur?« Fritz sagte dann: »Das stimmt doch so gar nicht.«
Gleichzeitig machte ich Fritz Vorwürfe: »Tu irgendwas! Ich liege am Boden und du schützt mich nicht.« Ich war voller Vorwürfe ihm gegenüber. Im Nachhinein und mit viel Abstand versuche ich, sein Verhalten zu verstehen. Er konnte sich nicht auf eine Seite schlagen. Hätte er mir geholfen, hätte er Angela verletzt, und das wollte er nicht.

Ich befand mich in einer heiklen Situation. Ich konnte und wollte nicht Partei ergreifen. Es fühlte sich an, als steckten wir in einem gesellschaftlichen Sumpf, aus dem wir nicht mehr herauskamen. Es gab keine Gerechtigkeit, weil die Wahrheit nicht propagiert wurde. Ein Journalist behauptete etwas, andere kopierten es und schrieben noch was dazu. Von 2009 bis zu unserer Trennung im Jahr 2012 haben Sanne und ich knapp 300 Unterlassungsansprüche anwaltlich geltend machen lassen. Anerkennt ein Medium die Ansprüche und unterschreibt eine Unterlassungserklärung, darf es die falschen Behauptungen zukünftig nicht mehr verbreiten und die betreffenden Artikel werden aus den Archiven gelöscht. Verstößt das Medium gegen die Erklärung, droht eine finanzielle Strafzahlung.

Sophie: Die größte Schattenseite des Berühmtseins war die mediale Aufmerksamkeit und die nicht immer positiven Schlagzeilen. Gerade in jungen Jahren hat mich das sehr belastet. Das sind Erfahrungen großer Ohnmacht, wenn man etwas nicht richtigstellen kann. Manche Geschichten stimmen, andere nicht. Und man hat keine Handhabe, sich zu wehren.

Wenn Papi über seinen Anwalt Richtigstellungen oder Unterlassungen erwirkt, sage ich: »Lass es!« Ihm ist das wichtig und ich verstehe auch, warum. Er will sich zur Wehr setzen. Aber das bringt nichts. Denn die Info ist draußen, ob richtig oder falsch. Die kriegt man nie wieder zurück und kann sie auch nie mehr kontrollieren.

Papi hatte in meiner Wahrnehmung früher ein dickeres Fell als heute. Inzwischen nimmt es ihn sehr mit. Von der Ratio her hat er immer gesagt: »That's part of the game. Wir Schauspieler brauchen die Medien, das ist ein Nehmen und Geben.« Mit dieser Argumentation konnte er Dinge sehr gut wegdrücken und damit leben. Aber manche Schlagzeilen haben ihn, denke ich, mehr getroffen, als er es zugegeben hat.

Sanne: Wir waren jede Woche mehrfach in den Blättern. Die Geschichten stimmten zu 80 Prozent nicht. Ich fragte mich immer: »Über wen schreiben die da?

Das ist mein Name, aber das ist nicht mein Leben, das sind nicht wir.«

Weil so viele Verleumdungen verbreitet wurden, haben Sanne und ich den Kontakt zur Presse komplett eingestellt. Zu den seelischen Verletzungen waren nämlich zuletzt körperliche hinzugekommen: Als ich im Februar 2010 ein Weihnachtsspecial für *Um Himmels Willen* auf einem Kreuzfahrtschiff drehte, begleitete Sanne mich. Bei einem Landausflug im spanischen Málaga verfolgte uns ein Paparazzo, der unbedingt Fotos von uns als Paar schießen wollte. In einem Restaurant kam es zu einer folgenschweren Auseinandersetzung.

Daraufhin versuchte ich im Frühjahr 2010, zumindest hinter den Kulissen, etwas gegen die negative Medienflut zu tun. Ich erhoffte mir mehr Verständnis und endlich Ruhe. Ich schrieb der Chefredakteurin eines großen People-Magazins, die ich seit Jahren kannte, einen Brief. In ihrem Editorial war sie auf die erwähnten Rollen eingegangen, die man Angela, Sanne und mir bei der allgemeinen Berichterstattung zugedacht hatte.

Ich richtete folgende Worte an sie:

Schön, dass du erkannt hast, dass in der Presse die simpelste aller Rollenverteilungen in der Causa Wepper/ Kellermann gewählt wurde. Sicherlich hat diese Darstellung einen hohen Unterhaltungswert. Für Susanne und mich war und ist es allerdings alles andere als das. Wir haben großen Schaden genommen. Susanne, die bis dahin für die Öffentlichkeit ein unbeschriebenes Blatt war, ist nun ein beschmutztes, ohne etwas dafür zu können.

Als wir uns kennenlernten, hatte ich mich bereits seit mehreren Monaten mit meiner Frau arrangiert und den Schein nach außen gewahrt. Susanne und ich haben uns gleichermaßen ineinander verliebt, ohne es zu wollen. Uns hat einfach das Schicksal auf wundersame Weise zusammengeführt. Das Zitat »Der Zufall ist die Maske des Schicksals, wenn es nicht erkannt werden will« trifft bei uns voll zu: Unsere Geschwister wohnen in derselben Straße, ich bin in Susannes Heimatstadt Landshut durch Um Himmels Willen *auch fast zu Hause. Das sind nur ein paar der kuriosen Zufälle.*

Susanne wäre nie in eine funktionierende Ehe eingedrungen. Ich hatte ihr glaubhaft versichert, dass ich nicht mehr kann, mich innerlich gelöst habe. Als wir uns beide sicher waren, dass wir zusammen sein und zusammenbleiben möchten, haben wir unsere Familien darüber informiert. Das war im August, also lange vor den sogenannten »Enthüllungen«. Susanne ist keine Geliebte, wir sind ein Paar. Wir leben seit sieben Monaten zusammen in München.

Dass man ihr Berechnung vorwirft, ist lächerlich. Susanne braucht mich nicht – sie war die jüngste Filmkamerafrau Deutschlands, bevor sie in Wien ihre Schauspielausbildung absolvierte. Sie hat bereits mehrere mit Preisen ausgezeichnete Kurzfilme produziert, schreibt und hat gerade ihre zweite Regiearbeit fertiggestellt. Außerdem ist sie eine klassische Pianistin und eine hervorragende Sportlerin. Das alles erreicht nur ein sensibler, begabter und ernsthafter Mensch. Das Bild, das die Presse von ihr geschaffen hat, hat, wie du siehst, nichts mit der wirklichen Susanne zu tun. Vielleicht wirst du sie ja in Zukunft einmal kennenlernen, dann kannst du dich selbst davon überzeugen.

Bis jetzt hat sie sich trotz aller Verletzungen tapfer zurückgehalten, weil wir beide nicht eingesehen haben, uns vor der Presse rechtfertigen zu müssen. Aber ich kann dir nur sagen, jedes schlechte Wort über Susanne ist ein schlechtes Wort über mich.

Nun sind die seelischen Verletzungen, die wir erlitten haben, von einer körperlichen getoppt worden: Susanne wurde von einem Fotografen in Málaga der Zeigefinger gebrochen, nachdem er uns auflauerte und sie sich dagegen gewehrt hatte – auch nachdem uns unser Anwalt geraten hatte, klare Grenzen zu ziehen.

Zuvor hatten wir den jungen Mann über alle juristischen Konsequenzen aufgeklärt, die seine illegal zustande gekommenen Fotos nach sich ziehen könnten. Susannes Verletzung ist ein komplizierter Spiralbruch, der operiert werden musste. Ob sie jemals wieder Klavier spielen kann, ist derzeit fraglich. Für uns ist damit die Schmerzgrenze erreicht. Deshalb melde ich mich hiermit nach konsequentem Schweigen zu Wort und bitte dich um Verständnis für meine Situation.

Sanne: Dieser Vorfall war die totale Eskalation nach Monaten voll schlechter Presse, Belagerung und Beleidigungen. Die Folge für mich war ein Spiralsplitterbruch in meinem linken Zeigefinger. Der Knochen musste in einer dreistündigen OP mit mehreren Schrauben rekonstruiert werden. Mein Finger ist noch heute stark beeinträchtigt, es wird immer schlimmer. Die Sehne verkürzt sich stetig und ich kann nicht mehr so Klavier spielen wie vorher. Ich werde jeden Tag an diesen Vorfall erinnert.

Für Fritz blieb danach beruflich alles beim Alten, er arbeitete weiter und wurde nach wie vor respektiert, weil er ein großer Star ist. Aber ich habe erst mal keinen Job mehr bekommen – trotz der großen internationalen Filmpreise, die ich in dieser Zeit für meine Kurzfilme bekam. Das interessierte in Deutschland kaum jemanden. Nur die *Süddeutsche Zeitung* beschrieb anlässlich eines renommierten Preises genau dieses Dilemma und lobte ausführlich meine Arbeit.

Ich hatte das Gefühl, mein Name sei zerstört, auch in der Branche. Bei einem Event kam ein bekannter Schauspieler auf mich zu und sagte: »Susanne, wie konntest du nur? Alle hassen dich!«

Noch hielten wir an unserer Liebe fest. Sanne und ich wollten uns das, was zwischen uns war, nicht von anderen kaputt machen lassen. Wenn uns der ganze Rummel zu viel wurde, tauchten wir einfach ab. 2010 reisten wir irgendwann nach Mallorca und bummelten durch Santa Catalina, einen kleinen Stadtteil von Palma. In der Markthalle kann man frischen Fisch und das schönste Gemüse kaufen. Ganz hinten in der Ecke ist die Bar Joan Frau, die mallorquinische Köstlichkeiten wie Tapas, gefüllte Teigtaschen, Ofenlamm und süße Kuchen anbietet. Dienstags, donnerstags und samstags dampft göttliche Paella in einer gigantischen Pfanne.

Vor der Theke gibt es ein paar Sitzgelegenheiten für Gäste, aber wenn man die Besitzer kennt, darf man auch hinter die Theke schlüpfen und an einem der vier winzigen Holztische Platz nehmen, die zwischen Kaffeemaschine und Gasherd an der weiß gekachelten Wand stehen. Das taten Sanne und ich.

Und dann passierte etwas Seltsames: Am Nebentisch saß ein Vater mit seinem kleinen Sohn. Der hatte mokkafarbene Augen und einen dunklen Wuschelkopf. Der Junge schaute immer wieder zu Sanne und mir hinüber. Plötzlich stand er auf und setzte sich neben Sanne. Er sah sie an und fragte: »Do you want to be my Mom?« Wir mussten schmunzeln und frag-

ten ihn nach seinem Namen. »Alessandro«, verriet der Kleine.
Er sei zehn Jahre alt. Wir flachsten noch ein bisschen herum,
dann sagte er zu uns beiden: »I love you«, und drückte mir einen Kuss auf die Wange. Sein Vater war wohl auch verwundert
über diese schnellen Zuneigungsbekenntnisse. Er zuckte nur
mit den Achseln, zwinkerte uns zu und mit einem »Adiós«
verschwanden die beiden. Sanne und ich schauten uns an.

Sanne: Dann sagtest du: »Es wäre natürlich ein Traum,
wenn wir ein Kind miteinander hätten.« So wurde diese Idee geboren.

Es war wie die Botschaft eines Engels, einfach toll. Und ab da
haben wir entschieden: Wenn's passiert, passiert's.

Anfang April 2011 war Sanne mit ihrem Kurzfilm *Puppenspiel* beim European Independent Film Festival in Paris nominiert. Wir beschlossen, gemeinsam in die Stadt der Liebe
zu reisen. Ich wollte Sanne unbedingt Notre Dame zeigen und
andere Ecken, die sie noch nicht kannte.

Ich führte sie abends in mein Lieblingsrestaurant aus,
das La Tour d'Argent im 5. Arrondissement. Man fährt mit
dem Aufzug hoch ins oberste Stockwerk eines historischen
Gebäudes und hat dort durch bodentiefe Fenster einen fan-
tastischen Blick auf Notre Dame und den Rest der Stadt. Da
ich schon oft dort gewesen war, bekamen wir einen Tisch
am Fenster. Unter uns glitzerte die Seine, auf der Touristen-
schiffe mit dicken Scheinwerfern auf und ab tuckerten. Das
La Tour d'Argent, übersetzt heißt das Silberturm, wurde 1582
gegründet, zu den ersten Stammgästen zählten Ludwig XIV.
und Kardinal Richelieu. Später waren unter anderem Charlie
Chaplin, Richard Nixon und Queen Elizabeth zu Gast. Das
alles ist genau dokumentiert, denn wer dort eine Ente be-

stellt, und dafür ist das mit einem Michelin-Stern ausgezeichnete Restaurant berühmt, erhält eine kleine Postkarte mit einer Nummer darauf. Die Enten, die im La Tour d'Argent auf den Tisch kommen, werden seit jeher gezählt, meine letzte lag bei über 600 000. Die Zubereitung und das Servieren der Ente wird unglaublich zelebriert, ein exklusives Spektakel. Im Weinkeller des Restaurants liegen mehr als 400 000 Flaschen, daher ist die Weinkarte dick wie ein Telefonbuch. Ich bin ein Fan der Tropfen aus dem französischen Weingut Château Cheval Blanc.

Als ich früher mal im La Tour d'Argent speiste, entdeckte ich am Nebentisch Robert De Niro und Robin Williams. Nach meinem zweiten Glas Rotwein beugte ich mich zu Williams rüber, zeigte auf De Niro und sagte auf Englisch: »Wir zwei haben übrigens eine gemeinsamen Freundin.«

De Niro guckte kritisch. »Oh, really?«, entgegnete er.

»Ja, Liza Minnelli.« Mit ihr war er 1977 im Filmmusical *New York, New York* aufgetreten.

»You know her?« De Niro beäugte mich nun ganz genau, zog die Mundwinkel nach unten, seine Augen wurden zu Schlitzen und seine Brauen wanderten nach oben.

»Ja«, entgegnete ich. Aber sein Blick sagte: »Ich glaube dem Kerl kein Wort.« Egal – ich wusste ja, dass ich die Wahrheit sagte.

Im April 2011 saßen zwar keine Kollegen aus Hollywood neben uns, trotzdem hatten Sanne und ich einen oscarreifen Abend. Am Tag darauf fand die Preisverleihung des European Independent Film Festival statt.

Sanne: Wir saßen in der letzten Reihe und alle Kategorien, bei denen ich gedacht hätte, da könnte ich einen Preis mitnehmen, waren durch. Offen war nur noch der Hauptpreis, beste Regie international. Aber davor kam eine Pause und ich hatte solchen Hunger! Ich meinte zu Fritz: »Komm, wir haben doch einen Tisch reserviert. Lass uns jetzt gehen, bevor es nachher ewig dauert, bis wir hier rauskommen.«

Ich legte mein Veto ein: »Sanne, das kannst du nicht machen. Diese Ehre musst du deinen Kollegen erweisen. Das musst du aussitzen! Wir bleiben.« Und es lohnte sich: Denn als es nach der Pause um den Preis für die »Beste Regie« ging, wurde Sannes Name und der ihres Filmes *Puppenspiel* ins Mikro gesprochen. Sie war völlig baff – und ich wahnsinnig stolz. Ich stand auf, damit Sanne durchkam und zur Bühne gehen konnte. Später erhielt sie ja noch beim International Film Festival in Kanada einen Award für *Puppenspiel*. Aber mit Preisen kann Sanne nicht viel anfangen. Darüber spricht sie auch nicht gerne. Sie ist zu schüchtern und bescheiden.

In der Jury in Paris saß auch der französische Regisseur Luc Besson, in dessen Science-Fiction-Film *Der letzte Kampf* ich 1982 mitspielte. Besson war damals 24 und *Le Dernier Combat,* so der französische Titel, sein erster großer Film. Er hatte mich über meine Agentur angefragt. Es war ein moderner apokalyptischer Stummfilm, in dem nur zweimal das Wort »Bonjour« fällt. Aber die Körpersprache war toll, genau wie Lucs Regie. Wir haben uns sehr gut verstanden. Unsere Regiebesprechung fand in einem Waschsalon in einer Seitenstraße der Champs-Élysées statt. Denn Luc besaß damals nur ein einziges Paar Jeans. Während das sich in der Waschmaschine drehte, saß er mir in Unterhose gegenüber und wir klärten alles Wichtige. Damals ging in den Medien die Geschichte rum, ich habe in den Film investiert. In gewisser Weise stimmte das auch: Ich musste acht Jahre auf meine Gage warten.

Die Paris-Reise von Sanne und mir war in vielerlei Hinsicht ein voller Erfolg. Ziemlich genau neun Monate später kam am 30. Dezember 2011 unsere Tochter Filippa zur Welt. Die Monate bis dahin waren recht turbulent, dass Sanne schwanger ist, erfuhr ich in einem höchst dramatischen Moment.

Im Mai 2011 landete ich mit einer Blutvergiftung im Krankenhaus. Durch die Kralle meines Hundes Aron war ein kleiner Kratzer an meinem linken Unterarm entstanden. Ich maß dem zunächst keine Bedeutung bei, doch in der Nacht vor dem ersten Drehtag zur neuen Staffel von *Um Himmels Willen* tat die Stelle am Arm doch merklich weh. Sanne stellte fest, dass meine Temperatur erhöht war und sagte: »Fritz, das musst du morgen früh gleich anschauen lassen. Vielleicht hast du Fieber, weil sich der Kratzer entzündet hat.« Gerade am ersten Drehtag nach einer längeren Pause will man natürlich topfit sein und auf gar keinen Fall den Drehfluss durch Sonderaktionen stören. Dennoch bat ich einen Arzt, in die Bavaria Filmstudios zu kommen und mich kurz zu untersuchen. Er verband meinen Arm und irgendwie überstand ich den Drehtag, obwohl ich mich nicht gut fühlte. Nach Drehschluss ließ ich mich in eine Klinik fahren und wurde mit einer Packung Antibiotika und der Empfehlung, mich auszuruhen, nach Hause geschickt.

Dort sagte Sanne: »Fritz, Du gefällst mir gar nicht.« Sie bestand trotz meines Widerstands darauf, dass wir noch mal in eine andere Klinik führen oder mich ein befreundeter Arzt zu Hause untersuchte. Er stand wenige Minuten später vor meinem Bett und ließ mich sofort wegen des Verdachts auf Blutvergiftung in eine Klinik einweisen. Am nächsten Morgen machte ein Arzt Sanne gegenüber die Lage noch einmal deutlich: »Wenn Fritz nicht in die Klinik gekommen wäre, hätte er die Nacht nicht überlebt.«

Sannes Instinkt und sicher auch ihr medizinisches Wissen, schließlich ist sie die Tochter eines Arztes und einer OP-Schwester, haben mir das Leben gerettet. Aufgrund der Schwere der Sepsis kämpften die Mediziner die folgenden 14 Tage um mein Leben. Mein Arm war zum Teil schon nekrotisch, also abgestorben. Er konnte nur durch eine Operation gerettet werden.

Sanne: Ich bangte nicht nur um Fritz, sondern merkte auch, dass mit mir etwas anders war als sonst. Noch im Krankenhaus machte ich einen Schwangerschaftstest – und der fiel positiv aus. Ich konnte es nicht fassen! Als ich Fritz davon erzählte, schossen ihm gleich Tränen in die Augen. Er lag im Bett und war ziemlich geschwächt, aber trotzdem sah ich seine tiefe Freude.

Nachdem Fritz wieder aus dem Krankenhaus raus war, hoffte ich, dass die Presse mich in Zukunft in Ruhe lassen würde. Schließlich war meine Anwesenheit in seinem Leben doch offensichtlich für etwas gut gewesen! Ich war mit dafür verantwortlich, dass er noch da war. Das müssten doch auch seine Familie und die Medien so sehen, fand ich. Aber es war halt nicht so.

Irgendjemand aus unserem Umfeld hat der Presse verraten, dass ich schwanger bin. Dabei willst du es ja die ersten drei Monate für dich behalten. Ein Journalist infiltrierte unseren Bekanntenkreis, rief zahlreiche Leute an und veröffentlichte diese sehr private Information.

Das war keine leichte Zeit, aber wir versuchten, uns voll und ganz auf das Wunder zu konzentrieren, das in Sannes Bauch heranwuchs. Aron wusste als Erster, dass Filippa an ihrem jetzigen Geburtstag auf die Welt kommen würde. Sanne hatte, wie schon die Tage zuvor, wieder einmal Wehen. Aber diesmal legte Aron plötzlich seinen Kopf auf ihren Bauch. Dann fing er an zu juchzen – es hörte sich tatsächlich genauso an. Da war klar: Heute ist etwas anders. Heute kommt Filippa!

Vollends genießen konnten wir dieses Ereignis nicht, denn nach ihrer Geburt ging die Jagd der Presse erst richtig los. Als Sanne mit der neugeborenen Filippa im Krankenhaus lag, schauten schon die ersten Journalisten vorbei.

Sanne: Ich kam gerade mit Filippa von einer der ersten Untersuchungen für Neugeborene, und da sehe ich, wie ein Reporter mit Blumenstrauß einfach in mein Zimmer reingeht. Dabei hatten zu diesem Zeitpunkt noch nicht einmal meine Eltern Filippa gesehen. Ich sagte sofort einer Schwester Bescheid und ließ ihn entfernen.

Unser nächstes Problem war: Wie kriegen wir Filippa vom Krankenhaus in die Wohnung, ohne dass wir abgelichtet werden? Für diese Aktion brauchten wir loyale Verbündete. Unsere engen Freunde Norman Synek und Uli Volles haben uns schließlich mit ihrem VW-Bus am Hinterausgang abgeholt, dieses Fahrzeug kannte keiner. Wir sind durch die Hintertür in unser Haus rein und ich habe drei Wochen lang die Wohnung nicht verlassen, weil an der Straße die Fotografen in Schichten warteten.

Wir wollten dieser Belagerung Einhalt gebieten und haben uns dazu entschlossen, Sanne und Filippa für ein People-Magazin fotografieren zu lassen, damit wir wenigstens über das erste Foto entscheiden können, das gedruckt wird. Zwei Tage nach dem Shooting fuhr Sanne ins Studio des Fotografen, um sich die Bilder anzuschauen. Ein Paparazzo ist ihr gefolgt, hat durchs Atelierfenster die Aufnahmen auf dem Computerbildschirm abfotografiert und dann damit das Magazin unter Druck gesetzt. Er bekam Geld, damit er seine Fotos nicht vorher veröffentlicht.

In dem Augenblick wusste ich, dass wir nie Ruhe haben würden. Darum haben wir uns im Mai 2012, gerade mal fünf Monate nach Filippas Geburt, getrennt.

> **Sanne:** Wir haben uns gefragt: Was haben wir denn, was ist denn von uns übrig? Es herrschte so viel Unruhe und Stress. Ich habe mich bewusst für diesen Schritt entschieden und ab da die Zeit mit Filippa alleine genossen. Ich wollte einfach meine Ruhe haben, mich zurückziehen und mich auf mein Kind konzentrieren.

Viele Paare trennen sich und haben dann auch wirklich keinen Kontakt mehr. Aber die seelische Verbindung, die uns ursprünglich ausgemacht hatte, bestand weiter. Die kann man ja nicht einfach abstellen. Sanne ist die Mutter von Filippa und Filippa ist unser Engel, der uns beide beflügelt.

Mir ist es wichtig, so viel Zeit wie möglich mit Filippa zu verbringen. Wir waren schon zusammen Ski fahren, ich habe sie zum Ballettunterricht und Modern Dance begleitet, zum Fußball- oder Tennisspielen und auf den Golfplatz. Sie ist sportlich sehr begabt. In meinem Garten am Tegernsee habe ich ein großes Trampolin aufstellen lassen und Filippa damit überrascht. Ich machte ein kleines Spielchen daraus: Durch meinen Garten fließt ein Bach, der normalerweise voll mit Saiblingen und Forellen ist. Aber ein Fischreiher hatte einen nach dem anderen rausgetaucht. Ich forderte sie auf: »Filippa, rate doch mal, wie viele jetzt noch drin sind!«

Ich zog ihr eine Augenbinde auf und führte sie zu der kleinen Holzbrücke, die über den Bach führt. »Fünf?«, riet sie. In dem Moment nahm ich ihr die Augenbinde ab und sie schaute direkt aufs Trampolin. Sie ist sofort draufgehüpft.

Angela, mit der ich mich nach der Trennung von Sanne wieder versöhnte, hat Filippa sehr gern gehabt, ich würde sogar sagen, geliebt. Angela und Sanne kamen recht gut miteinander aus. Kurz vor Angelas Treppensturz im Dezember 2019 trafen sie sich auf dem zweiten Geburtstag meiner Enkelin Claire. Da fragte Angela: »Susanne, was machst du eigentlich Silvester? Wir können doch zusammen feiern.« Aber alles in allem bleibt es innerhalb der Familie kompliziert.

Ich vertraue Sanne weiterhin voll und ganz, darum war sie im November 2016 bei einer lange geplanten Herzoperation in der Universitätsklinik Innsbruck meine offizielle Kontaktperson und damit Ansprechpartnerin für die Ärzte. Ich leide seit über 30 Jahren an einer Herzinsuffizienz, eine Herzklappe schloss nicht mehr richtig und musste ausgetauscht werden.

Sanne telefonierte auch mit meinem Anwalt, als es am Tag meiner OP zum nächsten Presseskandal kam: Ein Arzt aus München, der mir für diesen Eingriff die Spezialisten in Innsbruck empfohlen hatte, hatte vorab einen Deal mit einer großen Tageszeitung gemacht. Er beschaffte sich noch während der OP Infos über deren Verlauf und gab diese an die Zeitung weiter. Er hatte also so etwas wie eine Liveschalte in den OP. Als ich noch auf dem Tisch lag, ging schon die erste Veröffentlichung online. Sachen gibt's, die gibt's eigentlich gar nicht!

Die OP dauerte neun Stunden, ich habe davon natürlich nichts mitbekommen. Sanne zeigte mir später ein Foto, auf dem ich intubiert war.

Ich fragte: »Was ist das?«

»Na, das bist du nach der Operation.«

Ich war so auf Drogen, dass ich kaum etwas mitbekommen habe. Aber auf diese Weise konnte ich die Situation aushalten. Meine Familie hatte Fotos von sich an den Wänden aufgehängt, als ich auf der Intensivstation lag, das gab mir Kraft.

Nachdem ich die Klinik verlassen durfte, ging ich zur Reha an die Osterseen, südlich vom Starnberger See. Und mit wem saß ich beim Frühstück, Mittagessen und Abendessen an einem Tisch? Mit Sannes Mutter. Denn sie war wegen einer Herzmuskelerkrankung im Krankenhaus gewesen und musste sich auch erholen.

Sanne: Die beiden saßen da wie ein altes Ehepaar. Sie waren über Weihnachten und Silvester in der Reha-Klinik. Bei beiden war es knapp gewesen, aber sie hatten es überlebt, die Survivor. Filippa und ich blieben auch ein paar Tage dort. Das war eine unglaublich schöne Zeit: Alles war überstanden und wir hatten dort unsere Ruhe.

Sannes Mutter nenne ich »Mami«. Wir sind uns sehr nah.
Hier schauen wir uns Fotos von Filippa auf einer Kamera an

Aber die war nicht von langer Dauer. Denn obwohl wir längst kein Paar mehr waren, gab es schon wieder böse Schlagzeilen um Sanne. Dieselbe Tageszeitung, die auch die Infos über meinen Eingriff abgedruckt hatte, behauptete nun, Sanne habe sich im Krankenhaus aufgespielt und sei mit meiner Familie aneinandergeraten. Ich schickte eine Stellungnahme an diese Zeitung, in der ich betonte, dass keine der Behauptungen den Tatsachen entspreche:

Weder gab es persönlich noch telefonisch einen Streit zwischen Susanne Kellermann und meiner Frau. Schon gar nicht am Krankenbett. Die beiden sind sich in der Klinik nie begegnet.

Es war mein Wunsch, dass Susanne am Tag vor und am Tag nach der Operation als Verbindungs- und Vertrauensperson zwischen mir, dem Ärzteteam, meiner Familie, meinem Anwalt und dem Pressesprecher der Klinik fungiert. Das wussten meine Familienmitglieder und waren damit einverstanden. Susanne hat sich hierzu nicht angeboten und demnach auch nicht in den Vordergrund gedrängt. Ich alleine wollte das so, da sich Susanne durch absolute Verlässlichkeit, Diskretion und medizinisches Verständnis auszeichnet. Außerdem wollte ich gerne meine kleine Tochter Filippa um mich haben, die ich so sehr liebe und die für mich ein Quell der Lebensfreude und Kraft ist.

Susanne hat die Informationen der OP vollumfänglich an meine Familie weitergegeben. So wurde es mir von meinen Familienmitgliedern berichtet.

Nach der OP bekam ich abwechselnd Besuch von Susanne, Sophie, Angela und Elmar. Auch Elmar und Sophie weisen von sich, dass sie sich von Susanne gegängelt und ausgebootet gefühlt hätten.

Natürlich ist der Zugang zu jeder Intensivstation abgeriegelt. Meinen Familienmitgliedern wie auch Susanne war es nur nach vorheriger Anmeldung und Erlaubnis der Ärzte möglich, zu mir vorzudringen. Dies hat alles bestens und reibungslos funktioniert.

Ich habe mich mit dem Professor, der mir durch den Eingriff das Leben rettete, angefreundet. Er ist Fliegenfischer, wie ich. Gut ein halbes Jahr nach der OP waren wir Ende Juni 2017 zum Fischen in Kitzbühel verabredet. Sanne und Filippa waren mit mir nach Österreich gekommen. Aber am Morgen nach unserer Ankunft ging es mir auf einmal unglaublich schlecht. Ich war gar nicht mehr richtig anwesend, sodass Sanne wieder einmal genau richtig reagierte.

Sanne: Filippa und ich wollten Fritz in seinem Hotelzimmer zum Frühstück abholen. Aber Fritz sagte: »Ich bin so müde. Ich kann jetzt noch nicht aufstehen.« Ich dachte: »Okay, er hat viel gedreht, es war anstrengend. Lassen wir ihn noch ein bisschen schlafen.« Nach dem Frühstück bin ich wieder zu ihm gegangen. Er lag genauso da wie vorher und ich sah, dass Aron noch kein Fressen hatte, das war ungewöhnlich.

Ich merkte, dass Fritz Fieber hat und habe den Notarzt gerufen. Der tat es als Magen-Darm-Geschichte ab. Aber bei mir läuteten die Alarmglocken. Sein Zustand erinnerte mich an die Blutvergiftung von damals. Vielleicht eine Infektion an der künstlichen Herzklappe oder Aortenprothese? Daher wählte ich als Nächstes die Nummer von Dr. Stephan Eschertzhuber, einem der wichtigsten Ärzte bei der ersten Herz-OP. Ich sagte: »Mir wär's lieber, er würde zu euch kommen und ihr checkt das.« Er schickte sofort einen Helikopter, der auf der Wiese hinterm Hotel landete.

Letztlich hat sich meine Vermutung bestätigt. Es folgte eine wahnsinnig komplizierte OP. Dr. Eschertzhuber saß mit mir vor der Klinik und sagte: »Wir müssen das Gleiche wie vor einem halben Jahr noch mal machen.« Da liefen bei mir die Tränen. Neun Stunden würden sie operieren müssen, viele Patienten überleben das gar nicht oder erleiden starke Schäden. Ich dachte, ich halte das nicht aus. Bevor Fritz operiert wurde, habe ich den Elmar und die Sophie angerufen. Ich sagte zu ihr: »Wenn du deinen Vater noch einmal sehen willst, musst du dich jetzt ins Auto setzen. Man weiß einfach nicht, wie die OP ausgehen wird.«

Ich habe davon gar nichts mitbekommen. Ich weiß noch, dass ich im Heli lag und von einer Notärztin versorgt wurde, aber ab da ist in meinem Gedächtnis alles verschwommen.

Sanne: Fritz durfte direkt vor der OP nichts trinken, hatte aber so einen Durst. Immer wieder hat er nach Cola gefragt. »Bitte nur einen Schluck!« Und ich dachte nur: »Vielleicht ist das ja jetzt sein letzter Wunsch!« Ich habe ihm ein Wassereis mit Colageschmack besorgt und es ihm heimlich an die Lippen gehalten. Dann kam Sophie und ich ließ die beiden alleine. Sie begleitete Fritz bis zur Tür zum OP.

Sophie: Da habe ich Papi gesagt, dass ich schwanger bin, das wusste zu dem Zeitpunkt noch niemand, weil ich noch nicht weit war. Aber mein Mann meinte auf der Fahrt: »Das musst du ihm jetzt sagen!« Papi stand schon leicht unter Medikamenten, er war nicht mehr ganz klar. Trotzdem wollte ich ihm diese Nachricht unbedingt mitgeben. Das war natürlich ein hochemotionaler Moment, weil ich nicht wusste, ob ich meinen Vater noch einmal lebend wiedersehe.

Die erste Herz-OP war schon belastend für ihn – aber die hat er wissentlich auf sich genommen und konnte sich darauf einstellen. Er war so froh, das hinter sich zu haben. Die zweite OP hat ihn lange mitgenommen. Ich habe das Gefühl, dass der Papi seit dieser zweiten Herz-OP emotionaler geworden ist. Er hat noch mal ein anderes Bewusstsein für Familie und gemeinsame Momente entwickelt.

Papi verbringt viel Zeit mit Filippa. Denn er weiß, dass er sie nicht so lange begleiten können wird wie mich. Das gönne ich den beiden. Filippa ist ein entzückendes Mädchen. Ich bin für Papi wirklich glücklich, dass er sie hat, weil sie ihm viel Auftrieb und Lebensmut gibt. Gerade nach dem Tod von Mami. Ich bin auch froh, dass er Susanne jetzt in einer anderen Form hat. Ihm tut es gut.

Der Arzt sagte nach der OP: »Herr Wepper, Sie san scho a harter Knochen. So einen Eingriff überleben nur fünf Prozent der Patienten.« Ich hätte es gar nicht mitbekommen, wenn ich mich auf dem OP-Tisch von dieser Welt verabschiedet hätte. Aber wieder einmal ging es gut.

Ein Leben ohne Sanne kann ich mir nicht vorstellen. Nur ihretwegen habe ich meines ja noch. Filippa wird uns immer verbinden, aber das war mir nicht mehr genug. Darum habe ich Sanne gefragt, ob sie mich heiraten will.

Sanne: Wir haben niemandem von unserer Hochzeit erzählt. Denn wir wollten uns weder erklären noch rechtfertigen müssen, hatten keine Lust auf neue Schlagzeilen oder Angriffe. Wir wollten etwas haben, das nur uns gehört. Ein Bekenntnis, das uns zusätzlich verbindet wie ein unsichtbares Band.

Am Tag unserer Trauung ließ Fritz sich von seinem Freund und Fahrer André Bäuch zum Rathaus in Tegernsee bringen. Er habe dort etwas zu erledigen, erklärte er ihm. Ich wartete mit Filippa drinnen. Es war so schön, dass sie alles miterleben konnte.

Ich erinnere mich noch genau daran, wie Fritz und ich vor der Standesbeamtin standen und »Ja« sagten. Seines kam von ganzem Herzen, das hörte ich. Wir schauten uns an, Fritz hatte Tränen in den Augen. Das war ein inniger, intimer Augenblick, losgelöst von Raum und Zeit.

Natürlich auch ein ungewöhnlicher, nach allem, was zwischen uns passiert war. Wir waren seit Jahren kein Liebespaar mehr im klassischen Sinne, aber trotzdem fand ich es schön, dass Fritz mich dennoch fragte, ob ich diesen Schritt mit ihm gehen möchte. Schon vor meiner Schwangerschaft hatte er mir einmal versprochen, dass wir heiraten, wenn wir ein gemeinsames Kind bekommen. Das sei für ihn selbstverständlich. Ich glaube, es hat ihm einen gewissen Seelenfrieden gegeben, dass er dieses Versprechen doch noch einlösen konnte. Nach seinem Antrag habe ich nicht gleich eingewilligt. Ich musste mir erst einmal darüber klar werden, ob ich das wirklich will. Ein enger Freund, den ich einweihte, sagte schließlich den Schlüsselsatz zu mir: »Aber Fritz ist doch der Mann deines Lebens.« Und damit hat er recht.

Fritz hätte es gerne gehabt, dass ich seinen Nachnamen annehme. Aber das hätte nur wieder für Aufmerksamkeit gesorgt, das wollte ich nicht. Daher blieb ich bei meinem.

Nach der Trauung trafen wir uns im Herzoglichen Bräustüberl, einem Restaurant direkt am See, mit André. Ohne es zu wissen, war er der einzige Gast auf unserer Hochzeit. Fritz lächelte mich an und sagte: »So, jetzt stoßen wir an, Frau Kellermann.« Meinen Nachnamen betonte er dabei extra. André fiel das nicht weiter auf, aber ich wusste natürlich, worum es ging. Bei Fritz und mir ist alles ein bisschen unkonventioneller als bei vielen anderen Paaren. Aber das macht uns wahrscheinlich auch aus.

Sanne und ich bei Filippas Taufe – einer unser besonderen Augenblicke

Kapitel 10

Ich habe viel von meiner Mutter gelernt.

Ich habe Freunden oder Verwandten zugehört und konnte so manches besser einordnen.

Ich habe mir einiges von erfahrenen Kollegen abgeschaut.

Doch meine größten Lehrmeister waren die Tiere. Durch sie und den Alltag mit ihnen wurde ich entscheidend geprägt.

Daher regt es mich auf, wenn jemand sagt: »Es sind ja nur Tiere ...« Wir arroganten »human beings« unterschätzen oft die Lebewesen, mit denen wir uns diese Erde teilen. Viele von ihnen haben wahre Superkräfte: Haie zum Beispiel wittern einen Blutstropfen aus mehr als einem Kilometer Entfernung. Wanderfalken erreichen im Sturzflug 300 Kilometer pro Stunde, ein winziger Floh springt, wenn es sein muss, das 200-Fache seiner eigenen Körperlänge. Dagegen sehen wir Menschen mit unseren Fähigkeiten im Vergleich ganz schön mickrig aus. Das sollte man sich dann und wann vor Augen halten.

Mich begleiten Tiere schon mein Leben lang, mein Hund Aron ist mein bester Freund. Sein herausragender Instinkt fasziniert mich. Hunde spüren Dinge zwischen Himmel und Erde, die uns selbst verborgen bleiben.

Wenn man sich darauf einlässt, kann man von Tieren fürs Leben lernen. Es gibt fünf Lektionen, auf die ich nicht verzichten möchte.

Lektion 1: Bedingungslose Liebe

Hundertzwölf. Das ist die Hausnummer meiner Wohnung in München. Ich nenne sie aber Hundezwölf. Ich fahre in die Hundezwölf, ich übernachte in der Hundezwölf. Denn schließlich wohnt Aron hier mit mir, wenn wir nicht am Tegernsee sind.

Meine Eltern besaßen vor meiner Geburt einen Schäferhund, das weiß ich von einem Foto her. Auch mein Bruder Elmar lebt heute mit Hunden. Wir sind eine richtige Hundefamilie, das ist wohl genetisch bedingt.

Ich brauche Aron bei mir, er ist mein lebendiger Schatten. Aron begleitet mich wenn möglich zum Drehen, legt seine Schnauze in meinen Schoß, während ich esse und sein Hundebett steht gleich neben meinem. Wenn er sich zu mir auf die Matratze legen will, ist das für mich in Ordnung. Bittet er mit einem sehnsüchtigen Blick um ein Stück meiner Butterbreze, bekommt er es. Mein Herz ist Wachs in seinen Pfoten. Ich habe oft Freunde, Familie oder Kollegen um mich. Aber wäre Aron nicht bei mir, würde ich mich trotzdem manchmal einsam fühlen. Wir verstehen uns auch ohne Worte.

Wie sehr ich mit Aron seelisch verbunden bin, wurde mir nach dem Tod meiner Frau Angela bewusst. Ich konnte aus seinem Verhalten ablesen, dass er Anteil nahm und spürte, was los war. Nach diesem Schicksalsschlag wedelte seine Rute nicht wie gewohnt und er sah mir tief in die Augen. Er drückte sich fest an mich, was für mich so viel hieß wie: Ich gebe dir Halt, ich stehe dir bei. Wenn ich ihn streichelte, kam ein tiefer Seufzer aus ihm heraus. Es hätte auch meiner sein können.

Michi: Aron ist ihm seit dem Tod von Angela eine Riesenstütze. Das mag für manche vielleicht lächerlich klingen. Aber ich habe erlebt, wie sehr Fritz diesen Hund liebt.

Beim Dreh der letzten Staffel von *Um Himmels Willen* brachte er den Aron am Ende unter der Woche zu einer Hundetrainerin. Freitagabends hatten wir mal einen Nachtdreh bis zehn oder zwölf und Fritz sagte: »Mein Gott, mir bricht das Herz, weil ich den Aron heute nicht mehr abholen kann.«

Aron ist seit 2009 bei mir. Damals fiel er mir als blutjunger Deutsch Drahthaar auf einer Jagd ins Auge. Seine Züchterin erlaubte mir, ein paar Schritte mit ihm an der Leine zu gehen und ihn schließlich frei laufen zu lassen. Ich setzte mich derweil auf eine Holzbank. Plötzlich sprang Aron mir zur Seite, so als wollte er sagen: »Na, wie wär's mit uns beiden?« Daraufhin ging ich voller Überzeugung zu seiner Besitzerin und bekundete mein herzliches Interesse für Aron vom Liether-Moor, so lautet sein kompletter Name. Seitdem sind wir unzertrennlich.

Ich war 13, als Elmar und ich unseren ersten Cocker Spaniel erhielten. Wir tauften den Welpen Jimmy und behandelten ihn wie ein Familienmitglied. Mit Jimmy konnten wir kuscheln und spielen, er ließ alles mit sich machen. Elmar und ich wetteiferten darum, wer mit Jimmy spazieren gehen durfte. Wenn er auf mich zugelaufen kam, flogen seine großen Hängeohren dabei auf und ab.

Jimmy eroberte nicht nur unser Herz, wir lernten auch, was es heißt, die Verantwortung für ein anderes Lebewesen zu übernehmen. Gerade mal drei Jahre später erfuhren wir auf tragische Weise, dass diese Verantwortung auch mit Schmerz verbunden sein kann. Ich zeltete mit Freunden im Paradieswinkel am Starnberger See, das ist eine zauberhafte Bucht zwischen Starnberg und Possenhofen. Wir lagen gerade faul im Zelt herum, als eine Freundin fragte, ob sie mit Jimmy spazieren gehen dürfe. Ich nickte. Das nächste, was ich von draußen hörte, war das lautstarke Quietschen von Reifen auf Asphalt, gefolgt von einem gellenden Schrei besagter Freundin.

Ich rannte aus dem Zelt Richtung Straße. Dort, neben einem mintfarbenen Messerschmitt Kabinenroller, lag der regungslose Jimmy. Mein Gesicht wurde heiß, Tränen brannten in meinen Augen. Als ich Jimmy auf den Arm nehmen wollte, biss er mich, wahrscheinlich vor Schmerz. Die Freundin erzählte, was passiert war: Sie war mit Jimmy an der Leine über die viel befahrene Straße gegangen, doch auf der anderen Seite hatte er sich losgerissen, weil er unbedingt zu mir zurückwollte.

Wir legten Jimmy auf eine Luftmatratze und fuhren mit einem Erwachsenen in die Tierklinik nach München. Am nächsten Tag kam ein Anruf, dass Jimmy die Nacht nicht überlebt hatte und jetzt im Hundeparadies sei. Ich rannte in unser Kinderzimmer, sah dort das Körbchen stehen, in dem Jimmy immer geschlafen hatte, und weinte eine gefühlte Ewigkeit in mein Kissen. Dieses traumatische Erlebnis steckte mir noch lange in den Knochen.

Aber Elmar und ich hatten erlebt, wie wunderbar die bedingungslose Liebe ist, die Hunde und ihre Halter verbinden kann. Darum hielten wir es nicht lange ohne vierbeinigen Freund aus. So kam Benny 1957 zu uns, ebenfalls ein Cocker Spaniel. Er blieb 15 Jahre lang in unserer Familie. Zuletzt konnte er nichts mehr hören und es muss sehr komisch ausgesehen haben, wenn Elmar oder ich mit ihm spazieren gingen. Denn wir mussten ihm mit großen Gesten zu verstehen geben, was wir von ihm wollten. Benny starb im Winter 1973. Elmar und ich begruben ihn in Straßlach, südlich von München, auf einem kleinen Hügel mit einer wunderschönen alten Eiche. Wir hatten für Benny einen Holzsarg anfertigen lassen und wollten mit zwei Spaten eine Grube dafür ausheben. Aber es lag Schnee und der Boden war steinhart gefroren. Nach stundenlanger Schwerstarbeit konnten wir unseren geliebten Benny beerdigen. Fotos von ihm und den Hunden, die auf Benny folgten, finden sich heute im ganzen Haus verteilt.

Nach meiner Heirat mit Angela holte ich Ero zu uns, meinen ersten Deutsch Drahthaar. Als meine Tochter Sophie 1981 auf die Welt kam, lag sie auf einer Decke im Garten mit einem Laufstall drum herum und Ero bewachte sie. Dieses Bild habe ich noch genau vor Augen.

Ero war ein Zuchtrüde. So kam es, dass sich sein Züchter zu einem Besuch mit einer Hündin anmeldete. Der Zeugungsakt dauerte ungefähr 20 Minuten, für danach hatte ich zwei kalte Weißwürschtel vorbereitet. Ich muss lachen, wenn ich daran denke, wie beide dastanden, die Würschtel quer im Maul, und mich mit großen Augen ansahen. Appetit hatten sie anscheinend nicht. Aber es klappte auch ohne diese Stärkung: Zwei Monate später wurde Ero mehrfacher Vater.

Aus diesem Wurf durfte ich mir einen Sohn oder eine Tochter von Ero aussuchen. Wobei ich immer das Gefühl hatte, meine Hunde suchten mich aus, so war es auch bei Andy. Gerade mal acht Wochen alt, kam er auf mich zugelaufen, oder besser gesagt zugetapst. Mir fielen seine starken Pfoten auf, wie Minilöwenpranken. Dadurch war absehbar, dass er einen starken Körperbau haben würde.

Als Andy schon ein älterer Herr war, kam Hanny, die Jack-Russel-Hündin meiner Tochter Sophie, in die Familie. Obwohl Andy seine Hinterläufe beim Gehen nicht mehr richtig anheben konnte und seine Krallen ständig den Boden streiften, spielte er noch den großen Rüden, um Hanny beim Spazierengehen zu begleiten. Er war Beschützer und Gentleman. Die Zeit, die wir mit drei Hunden im Haus verbrachten, empfand ich als besonders emotional und lebendig. Ero wurde zwölf Jahre alt, Andy fast 15 und Hanny 17.

Wer Hunde um sich herum hat, wird nie vergessen, wie wichtig es ist, Liebe zu empfangen und sie auch zu geben. Das hat mein Leben und mein Herz für immer bereichert.

Lektion 2: Unermüdliche Ausdauer

Es gibt Gegenden, da werden Barrakudas mehr gefürchtet als Haie. Denn diese Raubfische haben ähnlich scharfe Zähne, sind unter Wasser pfeilschnell unterwegs und verhalten sich absolut unberechenbar. Und genau so ein Kamerad biss an, als mein Freund Poldi und ich Ende der 1970er-Jahre auf dem Volta River in Ghana fischten.

> **Poldi:** Fritz war wie immer perfekt ausgestattet: Er hatte nicht eine Angel dabei, sondern drei. Nicht zehn Blinker, sondern 30. Seine Ausrüstung war stets vom Feinsten und Fritz für alle Eventualitäten gewappnet!
>
> An diesem Tag war es heiß, 35 Grad im Schatten – und wir haben eine Stunde lang mit dem Fisch an unserer Angel gekämpft! Immer abwechselnd: mal er, mal ich. Als wir den Barrakuda endlich an Bord gehievt hatten, haben wir uns voller Euphorie umarmt. Dieser Fang war eine echte Gemeinschaftsarbeit!
>
> Den Schädel nahmen wir in einer Eisbox mit und ließen ihn präparieren. Die eine Hälfte hängt heute bei Fritz, die andere bei mir. Dieser Barrakuda war so groß, dass er nur fünf Zentimeter unter dem damaligen Weltrekord lag. Ich habe die Maße nicht mehr im Kopf, Fritz sicher schon.

Na klar, habe ich mir die Maße gemerkt: Unser Barrakuda war 1,70 Meter lang, der Weltrekord lag damals bei 1,75 Meter. Unserem Maat überreichten wir vorm Abschied die Hälfte des Fischfilets, denn Ghana stand nach einem Putsch unter Militärherrschaft, was eine Hungersnot nach sich zog.

Beim Fischen befriedigen wir archaische Instinkte. Meine jüngste Tochter Filippa nahm ich mit sechs Jahren das erste Mal zum Fischen mit. Sie hatte eine Forelle an der Angel und meinte: »Papi, der Fisch tut mir irrsinnig leid.«

Ich konterte: »Aber wir müssen ja auch was essen.«

»Da hast du auch wieder recht«, meinte sie. Filippa hat es gleich verstanden.

Ich fische seit meinem zwölften Lebensjahr, zwei Jahre später machte ich den Jugendfischereischein. In Schweden fing ich Lachse, in der Karibik Schwertfische und Marlins. Dort machten wir auch oft »Catch & Release«, wir fingen also große Fische und entließen sie wieder in die Freiheit. Mein Freund Olivier Portrat ist Präsident des Europaverbandes der Angelgerätehersteller, und zusammen gelang es uns, einen fast zwei Meter langen Fächerfisch an die Angel zu bekommen. Der heißt so, weil seine Rückenflosse wie ein auseinandergefalteter Fächer aussieht. Olivier sprang für ein Erinnerungsfoto als Erster zu dem gigantischen Tier ins Wasser und rief: »Fritz, hüpf rein!« Aus Freude, so einen tollen Fang gemacht zu haben, tat ich es wirklich. Als ich die schwertartige Schnauze des Fächerfisches neben mir sah, wusste ich, dass das vielleicht keine gute Idee gewesen war. Denn in diesen Gewässern gab es Haie und die kleinste Verletzung hätte sie in Windeseile angelockt. »Wepper, das machst du nie wieder«, mahnte ich mich selbst.

Etwas Besonderes war die Jagd auf Stahlkopfforellen in der Wildnis Kanadas mit meinen Freunden Tim und Bernie. Die

»Steelheads« gelten als wahre Akrobaten unter Wasser und haben einige Tricks auf Lager, um Fliegenfischern zu entkommen. Wenn man es schafft, nach stundenlangem Taktieren, Auswerfen und Kurbeln einen der bis zu fünf Kilo schweren Fische aus dem Wasser zu holen, ist das schon ein herausragendes Ereignis. Ich ließ es mir nicht nehmen, die Stahlkopfforellen, die wir fingen – am Tag durfte es pro Person nur eine sein – höchstpersönlich zuzubereiten.

Und das geht so: Die Fische werden ausgeweidet, dann kommt Petersilie in ihren Bauch, dazu vier bis fünf Zitronenscheiben und dicke Butterflocken. Das Ganze in Alufolie wickeln und auf einem Gitter über dem Feuer garen. Köstlich!

Ich habe mich seit 1972 dem Fliegenfischen verschrieben, manche nennen es auch die Königin aller Angeltechniken. Denn dafür braucht man unermüdliche Ausdauer, Kraft und Präzision. Beim normalen Angeln benutzt man einen Köder, der ein bestimmtes Gewicht hat, und hängt ihn an einer relativ beliebigen Stelle ins Wasser. Beim Fliegenfischen ist der Köder federleicht und das Gewicht liegt in der Schnur. Die ist dicker und schwerer als andere Sorten. Durch Vor- und Zurückwerfen hält man die künstliche Fliege in der Luft, dazu braucht man eine besondere Technik. Landen muss die Fliege dann genau dort, wo sich im Wasser Ringe bilden – denn da sitzen die Fische. Wir Fliegenfischer angeln nicht auf Verdacht, sondern gezielt, wie Jäger.

Ich stehe Ewigkeiten mit einer wasserdichten Wathose, die bis unter meine Achseln reicht, im Wasser und warte auf den perfekten Moment. Dabei muss ich ständig die Wasseroberfläche beobachten und im Ernstfall schnell reagieren. Sobald die Fliege das Wasser berührt, ziehe ich die Schnur an, um den Verfolgungsreflex der Beute auszulösen. Dann muss ich hoffen, dass der Fisch anbeißt und dafür sorgen, dass er am

Beim Fliegenfischen an den Rottacher Wasserfällen

Haken bleibt, indem ich die Schnur ständig unter Spannung halte. Sonst entwischt er wieder. Dieser Vorgang ist so kompliziert, dass ich alles um mich herum vergesse. Die ideale Beschäftigung, um abzuschalten.

Mein Bruder Elmar und ich haben seit über 30 Jahren ein Fischereirecht an der Traun östlich vom Chiemsee, die müsste eigentlich Traum heißen. Da steht kein Haus weit und breit und der Wald am Ufer ist dicht wie in Kanada. Auch beim Fliegenfischen kommen wir beide uns nicht in die Quere, Elmar ist Linkshänder, ich bin Rechtshänder. Wir müssen sowieso gut 20 Meter auseinanderstehen, damit sich unsere Schnüre bei Wind nicht verheddern.

Eine Regel gibt es: Wir entnehmen jeder nur einen Fisch, der kommt am Ende in einen tragbaren roten Räucherofen aus Schweden, den ich immer dabeihabe. Nach 15 Minuten nehmen wir den Deckel ab und uns wabert ein traumhafter Duft entgegen. Wir stoßen mit einem guten Wein an und es wird nicht viel geredet. Unser »Dialog« geht ungefähr so: »Mmmh ..., aaah ..., mmmh ..., aaaah ..., Prost!«

> **Didi:** Wir haben schon in Irland zusammen Blauhaie gefischt. Aber gefährlicher wurde es bei einem Ausflug an die Traun mit Bernie Herzsprung. Fritz hatte einen kleinen Räucherofen dabei, in dem er unsere gefangenen Forellen zubereiten wollte. Den Ofen hat er aber auf eine Holzbank gestellt und diese dabei in Brand gesetzt. Die Fische wurden so gleich doppelt geräuchert.

Traditionell entlasse ich den ersten Fisch, den ich in einer Saison fange, wieder in die Freiheit. Davor mache ich meine Hand nass. Denn die Schleimhaut eines Fisches nimmt Schaden, wenn ich sie mit trockener Hand anfasse. Dann können sich Parasiten einnisten und das könnte diesem Tier das Leben kosten. Ich schmeiße den Fisch auch nicht zurück, ich setze ihn behutsam wieder ins Wasser. Es geht mir dabei nicht darum, Herr über Leben und Tod zu spielen. Ich möchte dem Fisch Respekt zollen. Ich hole nicht möglichst viel aus dem Fluss, sondern nur bedarfsgerecht.

Einmal passierte es mir aus Versehen doch, dass ich einen Fisch mit trockener Hand packte. Er flutschte mir aus den Fingern und ich schwöre, in dem Moment hat er mich noch ein letztes Mal traurig angeschaut. Aber es war zu spät, er war wieder weg. Danach habe ich bestimmt drei, vier Wochen alle Fische zurückgesetzt, die bei mir angebissen haben. Erst danach fing ich wieder an, sie mit gutem Gewissen zu verzehren.

1999 haben Elmar und ich zusammen mit einigen anderen die Royal Fishing Kinderhilfe gegründet, den Vorsitz des Vereins übernahm die Hamburger Verlegerin Alexandra Jahr. Wir möchten sozial benachteiligten Kindern und Jugendlichen eine sinnvolle und spannende Freizeitbeschäftigung ermöglichen. Und was wäre sinnvoller als Angeln? Da sind die Kinder in der Natur, lernen den respektvollen Umgang mit deren Ressourcen und erfahren mit der Angelrute in der Hand, wie wichtig es ist, das eigene Ziel nicht aus den Augen zu verlieren. Wir organisieren Angel-Safaris, Fischerei-Lehrgänge oder Feriencamps. Einmal haben wir 600 Kinder auf 19 Fischtrawler verteilt, in der Ostsee ging es dann auf Dorsch-Fang. Ich sorgte dafür, dass nachher jedes Kind einen Pokal bekam. Ich habe selber zahlreiche zu Hause stehen und weiß, dass sie nicht nur eine schöne Erinnerung an einen Erfolg sind, sondern auch ein Ansporn für die Zukunft.

Lektion 3: Tiefe Demut

Meine Tochter Valerie war zwölf, als ich mit ihr auf einem Hochsitz saß und etwas Tolles passierte: Von links kam eine Waschbärin herangezuckelt, gefolgt von vier Babys. Das war wie in einem Walt-Disney-Film! Mucksmäuschenstill verfolgten wir, wie die Waschbärenfamilie über Stock und Stein krabbelte und schließlich im Unterholz verschwand.

Meine Schwiegermutter Margarethe saß neben mir und stieß empört hervor: »Aber Fritz, warum hast du nicht geschossen?«

Ich antwortete: »Mami, erstens schieße ich in Gegenwart meiner Kinder nicht. Und dann schießt man auch kein Muttertier mit seinen Kleinen.«

Die Gräfin war pikiert, aber ich bestand auf meinen Prinzipien. Ich war nie ein Schießer, sondern vielmehr ein Heger. Ich tötete dann Tiere, wenn es nötig war. Im Jagdrevier, das der Familie meiner Frau Angela gehörte, musste regelmäßig Rehwild erlegt werden. Denn der Tisch in der Natur ist nur für eine begrenzte Zahl an Tieren gedeckt. Wächst der Wildbestand unkontrolliert, ist nicht mehr genug Nahrung für alle da.

Meinen Jagdschein machte ich mit 38, auf die Prüfung habe ich mich fast anderthalb Jahre lang vorbereitet, denn sie ist sehr schwer. Man muss, wie bei der Führerscheinprüfung, seitenweise Fragen beantworten, bei denen es um Anatomie und Lebensweise von Tieren geht, Natur- und Artenschutz, das Jagdrecht und vieles mehr. Valerie macht jetzt gerade den Jagdschein und ist ganz begeistert. Sie ruft mich jede Woche an und wir fachsimpeln ein bisschen.

Valerie: Fritz hat uns im Revier meiner Großmutter in Hessen die Jagd nähergebracht, aber vor allem die Hege der Tiere. In einem Winter haben wir das Rehwild gefüttert und uns auf Sauen angepirscht: Fritz, meine Mutter, Stephanie und ich. Wir sind im Tiefschnee durch den Wald gestapft und hielten angestrengt Ausschau. Fritz fand eine Spur und sagte: »Sie ist nicht weit von uns weg. Sie rennt – ich seh's an ihren Spuren!« Stephanie, Mami und ich haben so Schiss gehabt, dass die Sau sich umdreht und uns angreift. Wir haben schon geschaut, wo ein Baum ist, auf den wir zur Not klettern können. Letztendlich haben wir keine Sau gesehen, trotzdem waren Abenteuer wie diese immer großartig.

Durch Fritz mache ich jetzt den Jagdschein und alles, was ich dafür lernen muss, hat er mir in der Kindheit und Jugend schon nähergebracht. Daher fällt es mir extrem leicht. Ich wohne inzwischen in Westfalen, also weit weg von München. Aber diese Sache bringt uns trotz der Entfernung wieder enger zusammen.

Das Schießen habe ich von Konrad »Conny« Wirnhier gelernt. Er holte sich 1972 bei den Olympischen Spielen in München die Goldmedaille im Skeet-Schießen, da zielt man auf Wurfscheiben. Kurz nach seinem Sieg trainierten wir vier Wochen lang mit ihm auf der Olympia-Schießanlage in Garching. Eingefädelt hatte das unser Freund Friedrich Karl Flick, Poldi gehörte auch zum Kader.

Vor unserer ersten Lerneinheit waren wir wahnsinnig gespannt darauf, was uns der Olympia-Held wohl alles beibringen würde. Sein erster Satz lautete: »Buam, ihr müsst schiaßn, schiaßn, schiaßn!«

Und wir haben dann auch gschossn, gschossn, gschossn. Wegen des heftigen Rückschlags hatten wir geschwollene Wangen und manchmal sogar Blutergüsse. Die Übung unter den wachsamen Augen von Conny Wirnhier machte uns schließlich zu Meistern, zumindest fühlten wir uns so.

Das Schöne am Jagen ist, dass es sich wunderbar mit dem Reisen verbinden lässt. In Norwegen nahm ich zum Beispiel Elche, Schneehühner und Auerhähne ins Visier. Übernachtet habe ich manchmal bei Wencke Myhre und ihrem damaligen Mann Michael Pfleghar, sie wohnten in den Fjorden südlich von Oslo. Wenke und ich haben uns angefreundet, als wir 1983 in einer Fernsehsendung ein Duett über die »Neue Deutsche Welle« sangen – als Punks verkleidet, mit Kaugummi im Mund und bunt gefärbten Haaren.

In Namibia machte ich während der Dreharbeiten für eine Folge von *Um Himmels Willen* mit einem Berufsjäger Jagd auf Impalas, eine afrikanische Antilopenart. Auch bei diesem Ausflug schossen wir nicht wild herum, mein Begleiter suchte gezielt Tiere aus, um einen gesunden Wildbestand zu sichern. Die Jagd auf die »Big Five« – das sind Elefant, Nashorn, Büffel, Löwe und Leopard – lehne ich entschieden ab. Diese Tiere beobachte ich nur gerne aus der Ferne, voll tiefer Demut vor ihrer Schönheit, die es zu schützen gilt.

Werner: Fritz fiel bei der Jagd und beim Fischen immer durch ausgefallene Kleidung auf. In der Wüste kam er daher wie ein Kolonialherr, sodass sogar die Springböcke flüchteten.

Mitten im Busch von Namibia ließ er es sich nicht nehmen, mit den nackten Dorfschönheiten am Lagerfeuer zu tanzen. Er ist ein Positiv-Wahnsinniger, das mag ich an ihm.

Lektion 4: Gesunder Ehrgeiz

Mit neun Jahren fing ich an zu reiten. Ich mochte es, die ungestüme Kraft der Pferde unter mir zu spüren, im Sattel eins zu werden mit dieser muskulösen Naturgewalt und sie dadurch lenken zu können. Im Alter von 20 durfte ich 1962 meine Reitkünste sogar vor der Kamera unter Beweis stellen: Denn ich wurde in *Flucht der weißen Hengste* besetzt. Der Disney-Film handelt von den Lipizzanerhengsten der Spanischen Hofreitschule, die im Zweiten Weltkrieg evakuiert werden mussten. Gedreht wurde nicht in irgendwelchen Kulissen, sondern in der echten Hofreitschule in Wien. Ich spielte einen der Bereiter und durfte daher auf eines der berühmten Pferde steigen. Eine große Ehre! Die wurde 1969 auch Prinzessin Anne, der Schwester der Königin von England, zuteil. Aber als Normalsterblicher hatte man normalerweise keine Chance.

Mein Pferd Wanda besuchte ich jeden Tag, sehr zum Argwohn des Stallmeisters. Er mochte es nicht, wenn Fremde seinen Stall betraten. Aber ich sollte mich ja mit meinem Kollegen auf vier Hufen anfreunden. Wanda zeigte mir die »Hohe Schule« der klassischen Reitkunst. Sie konnte ja nicht einfach nur traben oder galoppieren, sondern auch Kunststücke wie »Piaffe« (eine Art Tänzeln auf der Stelle) oder »Levade«, eine Übung, bei der das Pferd sein Gewicht auf die gebeugten Hinterbeine verlagert und die vorderen in die Luft hebt. Die Lipizzanerhengste werden an der Spanischen Hofreitschule täglich trainiert und es dauert etwa sechs Jahre, bis sie ihre Ausbildung beendet haben. Diese Tiere sind sehr ehrgeizig und ausdauernd, dafür werden sie später, wenn sie bei Vorstellungen zeigen dürfen, was sie gelernt haben, mit tosendem Applaus belohnt.

Beim Dreh trug ich maßgeschneiderte Stulpenstiefel, dazu eine weiße Hirschlederne und einen braunen Gehrock. Ich war so stolz! Einmal beehrte uns sogar Walt Disney höchstpersönlich, schließlich war er ein großer Pferdeliebhaber. Das ganze Team sang für ihn ein Lied, das im Film vorkam. Er hörte mit einem Lächeln zu und wirkte überhaupt sehr entspannt.

Auf dem Rücken eines Pferdes zu sitzen, bereitete mir großes Vergnügen. Aber nur nett durch die Landschaft zu reiten, wurde mir ab einem gewissen Punkt zu eintönig. Ein Freund, der eine Pferderennbahn in Pfaffenhofen besaß, meinte zu mir: »Wäre das kein Sport für dich?« Kurz darauf saß ich das erste Mal im Sulky, einer Art einachsige Kutsche, und donnerte hinter einem Pferd mit 60 Kilometern pro Stunde über die o-förmige Rennstrecke. 1987 gewann ich gleich mein erstes Prominenten-Trabrennen in München-Daglfing. Damals entstand die Idee, auf jeder deutschen Rennbahn Stars für den guten Zweck gegeneinander antreten zu lassen.

Ich ging unter anderem in Hamburg, Berlin und Mönchengladbach an den Start, um den Sieg kämpften mein Bruder Elmar, mein Freund Bernie Herzsprung, Jürgen Drews, Raimund Harmstorf, Günther Jauch und viele weitere Kollegen aus der Showbranche. Der Erlös ging an die UNICEF-Kinderhilfe deren Ehrenbotschafter Joachim Fuchsberger war.

Ich begeisterte mich mehr und mehr fürs Trabrennen, züchtete nachher sogar selber Pferde. Aber die fressen einem die Haare vom Kopf: Futter und Training für meine acht Tiere kosteten über 16 000 Mark im Monat, ein stattlicher Betrag, den man versuchen musste, über Siegerprämien wieder reinzuholen. Ein Freund von mir besaß das bis dato erfolgreichste deutsche Trabrennpferd und heimste dicke Preisgelder ein. Ich war ein glühender Fan und reiste nach Stockholm, Paris oder Neapel, um seine Siege live mitzuerleben.

Bei den Charity-Rennen für Prominente wurde ich meinen Freunden auf Dauer zu gut. Sie schimpften: »Fritz, jetzt reicht's, geh zu den Amateuren.« Ich legte die nötige Prüfung ab und gewann 1991 mein erstes Rennen in Gelsenkirchen – und zwar mit einem Pferd, das mir Heinz Wewering geliehen hatte. Wewering war der Franz Beckenbauer des Trabrennsports, ein Gott! Zu dem Zeitpunkt hatte er vier Europameister-Titel im Trabrennen kassiert, später wurde er zweimal Weltmeister. Wir kannten uns aus dem Renngeschehen, verstanden uns gut.

Nach meinem Sieg kam ein Rennbahnmitarbeiter zu mir und forderte mich auf: »Herr Wepper, bitte zur Rennleitung!« Ich dachte schon, ich hätte einen Fehler gemacht, falsch überholt oder jemanden behindert. Zur Rennleitung gebeten zu werden, bedeutete selten etwas Gutes. In meinem Fall schon. Als ich in das Büro hereintrat, begrüßte man mich mit: »Wir haben eine freudige Überraschung. Herr Wewering ist für Sie am Telefon.«

Ich nahm den Hörer in die Hand und hörte: »Herzlichen Glückwunsch zu Ihrem ersten Amateur-Sieg. Ich freue mich so, als hätte ich die Deutsche Meisterschaft gewonnen.« Wewering schenkte mir eine blau-weiße Peitsche, die er selber bei Rennen benutzt hatte. Die steht bei mir vorm Haus – als Zeichen für meine damalige Lektion: Auch als Anfänger kann man es aufs Siegertreppchen schaffen, wenn man sich wirklich dahinterklemmt!

Meine Trabrennpokale nehmen in meinem Büro
ein ganzes Regal ein

Lektion 5: Ebenbürtiger Respekt

Er kuschelt sich ans engmaschige Gitter, das uns trennt, seine toffeefarbene Mähne streicht dabei über meine Wange. Elvis und ich haben eine innige Beziehung. Was ungewöhnlich ist: Denn Elvis ist ein 2013 geborener Löwe aus dem Münchner Circus Krone. Wenn ich ihn besuche, erkennt er mich sofort wieder, auch wenn unser letztes Treffen schon ein Jahr zurückliegt. Dann wird er zur Schmusekatze.

Dem Circus Krone bin ich schon lange verbunden, so kam es, dass mich die Direktorin Jana Mandana Lacey-Krone und ihr Mann Martin Lacey jr. zum Taufpaten für Elvis auserkoren. Als ich ihn zum ersten Mal sah, wirkte dieser kleine Löwe schon wie ein echter »King«, da fiel mir die Namensgebung leicht. Mit fünf Monaten wog er 20 Kilo, inzwischen sind es mehrere hundert.

Martin Lacey jr. zählt zu den bekanntesten Dompteuren der Branche, seine Raubkatzenshow gilt als größte der Welt. Martin erklärte mir, welche Faktoren für die Beziehung zwischen Mensch und Tier von maßgeblicher Bedeutung sind. Es sind die gleichen, die der Beziehung zwischen Eltern und Kindern zugrunde liegen sollten: Liebe und Respekt. Sind diese Emotionen vorhanden, geschieht automatisch etwas ganz Wunderbares, nämlich ein Zusammenleben auf Augenhöhe.

Ich hatte das Glück, genauso aufwachsen zu dürfen. Mutti brachte Elmar und mir immer Liebe und Respekt entgegen. Ich kannte es nicht anders. Deshalb war es für mich leicht, diese Haltung weiterzutragen. Ich übernahm sie intuitiv, nicht nur gegenüber meinen Kindern, sondern auch anderen Mitmenschen und Lebewesen gegenüber.

Wenn Liebe und Respekt die Basis sind, braucht es kein Dressieren, kein Dominieren, kein Erpressen, Drohen oder Bestrafen. Deshalb trifft die Bezeichnung »Dompteur« auf Martin Lacey jr. im Grunde genommen gar nicht zu. Denn dieser Begriff wird vom französischen Verb »dompter« abgeleitet, was übersetzt so viel heißt wie bändigen oder unterwerfen. Martin Lacey jr. bändigt seine Vierbeiner nicht, er ist ihr Lehrer. In freier Wildbahn haben es manche Tiere nicht so gut wie bei ihm im Circus Krone.

Deswegen kann ich es nicht nachvollziehen, dass Tierschützer den Zirkus immer wieder ins Visier nehmen und seinen Betreibern Tierquälerei vorwerfen. Skeptikern lege ich ans Herz, sich selbst davon zu überzeugen, wie gut die Tiere untergebracht sind und gepflegt werden. Sie bekommen die beste tierärztliche Betreuung und werden mit großer Achtsamkeit behandelt. Ich war schon oft im Circus Krone zu Besuch, auch hinter den Kulissen, und habe erlebt, wie sehr Martin Lacey jr. seine Tiere liebt.

Der Zirkus hat mich schon als kleiner Junge begeistert, mit sechs Jahren sah ich meine erste Vorstellung im Circus Krone. Das Wittelsbacher-Gymnasium, das ich später besuchte, steht nur wenige Meter entfernt vom Krone-Stammbau. Von meinem Klassenzimmer aus konnte ich beobachten, wie jedes Jahr im Oktober die Zirkuswagen nach langer Tournee ins Winterquartier zurückkehrten. Nach der Schule spazierte ich oft zu den Gehegen, um die Tiere aus der Nähe zu betrachten. Mutti, Elmar und ich kauften Karten für jedes neue Programm. Mit 14 Jahren drehte ich im Circus Krone den Schwarz-Weiß-Film *Der dunkle Stern*. Dabei lernte ich die ganze Familie Sembach-Krone kennen.

Ein Traum wurde wahr, als ich 1969 für die Wohltätigkeitsveranstaltung *Stars in der Manege* erstmals selbst im Zirkuszelt auftreten durfte. Meine Kollegen aus *Der Kommissar* und ich fingen klein an und fungierten als Manegendiener. Bei meinem nächsten »Engagement« durchbohrte ich Uschi Glas, die in einem Kasten lag, mit Schwertern. Mit Jutta Speidel machte ich 2002 Späße als Clown, mein Bruder Elmar und ich sprangen auf Pferde auf, die im Kreis durch die Manege galoppierten.

2008 durfte ich bei der 49. und letzten Show von *Stars in der Manege* als Zirkusdirektor acht Friesenhengste vorführen. Jana Mandana Lacey-Krone brachte mir alles bei, was ich dafür wissen musste. Oberstes Gebot war, dass ich mich in der Mitte der Manege um die eigene Achse drehte, ohne mich auch nur einen Schritt von diesem Punkt zu entfernen. Sonst würde die Nummer zusammenbrechen, schärfte mir Jana ein. Denn die Pferde reagieren auf jede Bewegung.

Es hat mich sehr beeindruckt, mit welcher Eleganz und Genauigkeit die acht Friesenhengste zunächst nebeneinander aufgereiht durch die Manege trabten, dann »par quatre« (zu vier), »par deux« (zu zweit) und zuletzt hintereinander. Ich bekam es genauso hin, wie wir es geprobt hatten – und verdiente mir damit den Respekt der gesamten Zirkusfamilie.

Kapitel 11

Ich hatte Weißwürschtel für ihn, er eine bittere Pille für mich. Ende November 2020 kündigte der Produzent von *Um Himmels Willen* an, dass er mich am Tegernsee besuchen wolle. Anscheinend gab es etwas, das er nicht am Set, sondern unter vier Augen besprechen wollte. Wir hatten immer einen guten Draht zueinander, duzen uns. Ich hatte keine gute Vorahnung, doch das überspielte ich. Ich sagte möglichst fröhlich ins Telefon: »Klar, komm vorbei, und bring Hunger mit!«

Wir saßen über Eck an meinem hölzernen Esstisch, in der Porzellanterrine vor uns schwammen die brühwarmen weißen Würstchen, süßer Senf und knusprige Brezn standen ebenfalls bereit. Doch mein Gast spielte nur verlegen mit dem Zeigefinger an den Zinken der Gabel herum, die ich neben seinem Teller platziert hatte.

»Ich krieg noch nichts runter, Fritz«, sagte er. »Ich muss dir erst was sagen.«

Das hörte sich nicht gut an.

»Ich will nicht lange um den heißen Brei herumreden. Um es kurz zu machen: *Um Himmels Willen* wird eingestellt.«

Für mich war es ja nicht die erste Serie, die zu Ende ging. Ich habe fünf Jahre *Kommissar* hinter mir, 24 Jahre *Derrick*, 17 Folgen von *Zwei Brüder* und 15 von *Mord in bester Gesellschaft*. Ich kenne Gespräche wie diese schon, das gehört zu meinem Beruf. Als Schauspieler erhält man häufig

»bad news«, die man nur hinnehmen, aber nicht beeinflussen kann.

Was ich als Schauspieler aber selbst in der Hand habe, ist die Wahl meiner Rollen. Sage ich zu oder ab? Darüber bestimme ich.

Es gibt in meiner Karriere viele Entscheidungen, auf die ich mit Stolz zurückblicke. Meine Zusage für *Die blaue Kanone* von 1998 gehört nicht dazu. Als ich das Drehbuch zu dieser Slapstickkomödie sah, dachte ich noch, das könnte ganz lustig werden. Aber als ich in der Maske saß, hab' ich mich so geschämt.

Ottfried »Otti« Fischer und ich spielten Polizeiinspektoren. In Anlehnung an meine *Derrick*-Rolle hieß ich in diesem Streifen Harry Groß – haha. Kein Witz, der die Lachmuskeln übermäßig strapaziert. Aber der war eine noch zu verkraftende Randerscheinung. Als viel schlimmer nahm ich die Verkleidungen wahr, in die wir während unserer völlig irren Ermittlungen schlüpfen mussten. Neben Indianerkostümen gehörten auch Nonnenhabits dazu. Ich zog meinen an, schaute in den Spiegel und dachte nur: »Wie seh' ich denn aus?« Es war grauenvoll.

Trotzdem musste ich da durch. Denn ich war ein Spiehs-Geselle. Das heißt, befreundet mit Filmproduzent Karl »Karli« Spiehs der berühmt wurde mit Ulk-Produktionen wie *Die Supernasen*, *Piratensender Powerplay* oder *Sunshine Reggae auf Ibiza*. Als Spiehs-Geselle kann man dem Karli nur schwer absagen. Rückblickend wünschte ich, ich hätte es doch getan, trotz aller Freundschaft.

Dass ich meine Zusage noch bereuen würde, wusste ich spätestens, als Regisseur Otto Retzer, der sich wie Alfred Hitchcock gerne selber in seinen Filmen verewigte, als Polizist verkleidet und mit Halskrause vor die Kamera trat. Ich sollte ihn fragen: »Was ist denn passiert?« Und er antwortete: »Ich habe das Viagra zu langsam geschluckt, jetzt habe ich einen steifen Hals.« Das war unterste Schublade.

Immerhin waren neben Verona Feldbusch, Ingrid Steeger, Harald Juhnke und Birgit Schrowange auch der Otti und Wolfgang Fierek dabei, die ich als Kollegen besonders schätze. Geteilter Schmerz war in diesem Fall gedrittelter Schmerz.

Otti nuschelt gerne mal, sodass ich kaum was verstand, wenn die Kamera lief. Ich wollte ihn nicht vor den Kopf stoßen und meinte daher: »Otti, ich verstehe dich nicht so ganz, weil ich so viele Tontauben ohne Gehörschutz geschossen habe.« Da ist sogar was Wahres dran. Ich schlug ihm vor: »Machen wir's doch so: Ich konzentriere mich nicht auf Stichwörter von dir. Mein Zeichen für den nächsten Satz ist, wenn du den Mund zulässt.« Und dann haben wir das so gemacht. Die Dialoge waren schlecht, aber immerhin sagten wir sie durch diesen Trick mit perfektem Timing auf.

Ich muss Karli Spiehs allerdings in Schutz nehmen. Er hat auch viele tolle Produktionen gemacht, so wie die ersten beiden Folgen der Kriminalfilmreihe *Mord in bester Gesellschaft*. Darin spielte ich zehn Jahre lang – von 2007 bis 2017 – den Polizeipsychiater Wendelin Winter. Was diese Rolle für mich besonders reizvoll machte: Meine Tochter Sophie war als Winters Tochter Alexandra immer an meiner Seite. Ich hatte davor schon ein paarmal mit ihr zusammengearbeitet, zum Beispiel 2003 in einer Folge von *In aller Freundschaft* oder 2004 in der Weihnachtskomödie *Ein Engel namens Hans-Dieter*. Ihren ersten Auftritt mit mir hatte Sophie im Alter von acht Jahren in einer *Derrick*-Folge.

Aber jetzt verhielt es sich natürlich anders. Sophie war erwachsen, hatte eigene Erfahrungen als Schauspielerin gesammelt – und wir spielten in dieser Filmreihe beide eine Hauptrolle. Das machte mir große Freude, gleichzeitig fiel es mir als Vater nicht so leicht, Privates und Berufliches zu trennen. Ich habe Sophie als sehr gute Schauspielerin erlebt, neigte allerdings dazu, ihr Tipps geben zu wollen. Erst nach einer Weile habe ich verstanden und es ab da respektiert, dass sie sich nicht von mir dreinreden lassen wollte.

Darüber haben wir ein ernstes Gespräch geführt. Wenn ich danach noch versuchte, ein bisschen Einfluss auf ihr Spiel zu nehmen, sagte sie gleich: »Papi, du erinnerst dich?« Dann habe ich es sein lassen. Sophie hatte ihre eigenen Vorstellungen und die waren auch für ihre Person und ihre Rolle gerechtfertigt. Ich musste mich davon lösen, sie nur als mein Kind zu betrachten und sie stattdessen als junge Frau wahrnehmen, die sich in diesem nicht immer einfachen Beruf inzwischen völlig eigenständig bewegte.

In der Theorie war das leichter als in der Praxis. Denn in mir gibt es dieses Schutzprogramm, das immer dann automatisch startet, wenn ich denke, dass jemand, der mir nahesteht, Unterstützung benötigt. Habe ich das Gefühl, ich müsste jemandem unter die Arme greifen, kann ich diesen Reflex nur schwer unterdrücken.

Sophie: Papi und ich haben zusammen in der Serie zehn Jahre lang gespielt. Die Drehzeiten waren immer sehr intensiv. Wir verbrachten ähnlich wie in meiner Kindheit viel Zeit zu zweit, gingen jeden Abend miteinander essen. Da bekommen die Gespräche eine andere Tiefe, als wenn man sich nur ab und zu mal sieht. Man lernt sich wieder ein Stück besser kennen – auch der Papi mich im Prozess des Erwachsenwerdens.

Als wir in Südschweden gedreht haben, sind wir nach Kopenhagen gefahren. Wir kannten es beide nicht und haben es gemeinsam entdeckt. Wenn wir heute über gewisse Drehtage, Vorkommnisse oder Menschen von damals sprechen, dann teilen wir diese Erinnerungen und das fühlt sich gut an.

Aber die Zusammenarbeit mit dem eigenen Vater als Kollegen war natürlich auch herausfordernd, es gab viele Reibungspunkte. Da ging es ums Abstecken von Grenzen. Und ich wollte mich behaupten: Oft war ich »die Tochter von«, das hat mir ziemlich zugesetzt. Es hat Zeit gebraucht, das loszulassen.

Vater und Tochter im Zusammenspiel miteinander – das mögen die Zuschauer. Trotzdem entschied der Sender Ende 2015 überraschend, dass die Serie, die dienstagabends lief, eingestellt wird. Die Quoten waren zuletzt runtergegangen, aber *Mord in bester Gesellschaft* war noch beim Publikum beliebt. Ich fand es schade, dass die Serie eingestellt wurde, allerdings tat mir das karrieretechnisch nicht weh. Denn einen Großteil des Jahres verbrachte ich schon seit 2002 als Wolfgang Wöller. In der Serie *Um Himmels Willen* spielte ich den Bürgermeister des fiktiven Städtchens Kaltenthal, der mit den Nonnen des örtlichen Klosters auf Kriegsfuß steht. Das Angebot hatte ich 1999 erhalten, gar nicht so lange nach dem Ende von *Derrick*.

Bei den Dreharbeiten von *Um Himmels Willen* hatte ich wieder einen mir sehr vertrauten Partner an der Seite: meinen Hund Aron. Er beschützt mich, gibt mir die Kraft und Wärme, die ich brauche, um jeden Tag mit voller Energie meine Rolle spielen zu können.

Wenn wir beide morgens von meinem Produktionsfahrer André abgeholt wurden, hüpfte er völlig selbstverständlich in den Wagen. Während ich auf der Fahrt nach Landshut oder in die Bavaria Filmstudios meinen Text durchging, machte Aron noch mal ein kleines Nickerchen. So eng es auch war, er lag mir am liebsten auf der Beifahrerseite zu Füßen.

André: Neun Jahre lang habe ich Fritz gefahren, für *Um Himmels Willen* und einen Teil von *Mord in bester Gesellschaft*. Aber mein Aufgabenbereich ging am Ende weit übers Fahren hinaus. Ich war mehr ein Personal Assistant und kümmerte mich um den ganzen Kram, der anfällt, während er drehte. Ich hielt Fritz den Rücken frei, holte seine Sachen aus der Reinigung, ging einkaufen oder kümmerte mich um seinen Hund Aron. Der versteht sich prima mit meinem Terrier-Mix. Die beiden sind mindestens genauso verbandelt wie Fritz und ich. Ein Herz und eine Seele! Wenn wir in den Bavaria-Studios drehten, holte ich für uns Brezn von unserem Lieblingsbäcker in Grünwald. Der backt die besten von ganz München.

Nach vier Wochen hat Fritz mir das Du angeboten. Inzwischen sind die Weppers wie meine Zweitfamilie, ich habe viel mit ihnen erlebt und durchgestanden. Freude, Trauer, schockierende Nachrichten – in unseren gemeinsamen Jahren war alles dabei. Direkt nach den Herz-OPs von Fritz war ich mit Angela bei ihm auf der Intensivstation. Das waren unglaublich emotionale Momente, weil vorher nicht sicher war, ob ich ihn noch mal lebend sehe.

Ich habe Fritz gegenüber einen Beschützerinstinkt entwickelt. Ich passe gut auf ihn auf. Ging er auf einen Event, habe ich mir vorher angeschaut, wie es dort genau aussieht und den bequemsten Zugang für ihn ermittelt – ohne dass ich das Fritz gegenüber groß kommuniziert habe. Er hat Schwierigkeiten beim Gehen und wenn er bei Presseterminen eine Treppe rauf musste, sorgte ich dafür, dass die Fotografen kurz warteten, bis er oben war. Die müssen nicht alle hinterherdackeln und Bilder davon machen.

Fritz hat mich immer mit reingenommen, statt mich draußen warten zu lassen – auch wenn er von Freunden eingeladen wurde. Er stellte mich so vor: »Das ist André, mein Freund und Fahrer.« Das Wort Freund kam immer zuerst.

Ich hätte schon ein paarmal gegen Geld Interviews geben können, aber das habe ich abgelehnt. Fritz schätzt meine Loyalität und Verschwiegenheit. Im Auto hat er immer über Lautsprecher telefoniert, ich kriegte alles mit – ob es ein Streit war, um Verträge ging oder den Tod seiner Frau.

André und ich haben uns richtig angefreundet in der Zeit. Er ist Löwe, so wie ich, und ich hege ihm gegenüber ein löwenhaftes Vertrauen. Zwischen uns gibt es keine Geheimnisse. André ist einfach großartig, er hat mir sehr geholfen und mich seelisch unterstützt. Er fuhr mich ja nicht nur zum Drehort, sondern auch zu Arztterminen.

Sophie: Ich bin sehr dankbar, dass Papi André bei sich hatte. Gerade nach den Herzoperationen, weil er danach recht schnell wieder zum Drehen ging. Wir waren alle wahnsinnig besorgt, dass es ihm zu viel wird.

Ich sagte zu André: »Pass bitte gut auf. Du kennst ihn und du siehst, wenn irgendwas ist.« Es hat mich unglaublich beruhigt, dass André bei ihm war.

Es gibt wenige Menschen, die so viel von mir wissen, wie André. Er und Aron waren beim Dreh meine unverzichtbaren »partners in crime«.

Während ich mich bei jeder neuen Staffel erst mal am Set orientieren musste, überblickte Aron die Lage blitzschnell. Er benahm sich wie ein Profi, bewegte sich gekonnt zwischen Stativstangen, Kamera-Dollys und Requisiten, ohne jemanden zu stören oder Schaden anzurichten. Aron war auch dabei, wenn meine Kollegen und ich bei Textproben unsere Dialoge durchgingen. Wurde es ihm langweilig, quittierte er das Gesehene mit einem ausgedehnten Gähnen.

Unser erstes Ziel war morgens das Wohnmobil mit Garderobe und Maske. Zum Umziehen ging es in den hinteren Teil des geparkten Gefährts. Dort legte meine Kostümbildnerin Moni immer schon vorab mein Outfit für den Tag hin. Neben den Kleiderständern und anderen Arbeitsmaterialien blieben nur noch etwa zwei Quadratmeter Platz, auf denen sich Moni, Aron und ich bewegen konnten. Nun bin ich nicht gerade schmal, und Aron ist nun mal ein ausgewachsener Deutsch-Drahthaar-Rüde. Man kann sich also vorstellen, wie eng, oder sagen wir kuschelig, es war. Im Laufe der Jahre haben wir eine Technik entwickelt, uns so um die jeweils eigene Achse zu drehen, dass wir nicht übereinander fallen und es mit vereinten Kräften irgendwie schaffen, mich äußerlich schon mal in Bürgermeister Wöller zu verwandeln.

Wöller trug maßgeschneiderte Anzüge von Kiton. Die waren nicht gerade günstig, aber das hat er sich leisten können. Zwei dieser Anzüge hängen jetzt in meinem eigenen Kleiderschrank, sie passen ja nur mir haargenau. Auch Wöllers Hemden waren Maßarbeit. Die hat eine Schneiderin angefertigt, bei der ich privat seit über 50 Jahren bestelle.

Moni sorgte dafür, dass alles im Top-Zustand war, sie bügelte wie eine Weltmeisterin und nähte auch mal einen Knopf an, wenn es nötig war. Moni versorgte mich zudem mit leckeren grünen Hühnereiern. Denn sie lebt auf einem Bauernhof und hält dort Araucana-Hühner. Deren Gallenfarbstoff Oocyan sorgt für die ungewöhnliche Färbung der etwas zierlicheren Eier. Jeden Montag brachte Moni mir zum Dreh sechs davon mit und ich teilte sie mit meiner Familie. Die schmecken wahnsinnig gut! Genau wie die »kerndlgefuadada« Weihnachtsgans, die wir von Moni bekommen haben. Ein Federvieh, das nur mit guten Körnern gefüttert wurde.

Sobald ich in den Look vom Wöller geschlüpft war, ging es durch einen Vorhang in den vorderen Teil des Wohnwagens, der als Maske fungierte.

Dort versuchte meine langjährige Maskenbildnerin Michi, mich einigermaßen ansehnlich zu machen. Hier legte sich Aron am liebsten wieder direkt auf meine Füße.

Michi: Die Schauspieler kommen in der Frühe quasi nackig zu mir. Sie sind gerade aufgestanden, geduscht und sitzen dann bei mir im Stuhl. Als Maskenbildnerin muss man ein Gespür dafür haben, wie derjenige drauf ist. Will er ein Gespräch oder lieber seine Ruhe? Will er den Text lernen oder noch ein bisschen schlafen? Bei Fritz wusste ich es immer sofort, wir haben uns vom ersten Tag an super verstanden. Wenn er jemanden kennenlernt, fragt er schnell nach dem Sternzeichen. Ich bin Löwe wie er, da war das Eis sofort gebrochen.

Fritz ist in der halben Stunde, in der ich ihn geschminkt habe, meistens noch mal seinen Text durchgegangen. Er liebt es aber auch, Geschichten von früher zu erzählen, oder einige Witze. Wir hatten immer jede Menge zu lachen, da wurde die Maskenzeit das ein oder andere Mal überzogen. Haare föhnen, eincremen, pudern – Fritz hat mir immer komplett vertraut. Wenn er fertig geschminkt war, saß er oft vorm Spiegel und probierte alle möglichen Gesichtsausdrücke und Grimassen. Dabei habe ich ihm gerne zugeschaut.

In der letzten Staffel von *Um Himmels Willen* sagte eine Schauspielerin Anfang 40, die eine Gastrolle hatte, zu mir: »Mei, ich bin so ein Fan von Fritz Wepper! Ich schau mir den vor der Kamera an und denke: Wahnsinn!« Da hat sie vollkommen recht. Denn bei Fritz sitzt jedes Augenzwinkern. Die Frau fragte mich: »Überlegt der sich des, meinst du?« Aber genau das tut Fritz nicht. Nein, er ist seine Rolle. Alles kommt tief aus ihm raus. Darum wirkt es auch so authentisch. Was er vor der Kamera abliefert, ist nicht technisch, sondern menschlich. Ich glaube, das hat die Serie ausgemacht.

Mit den Jahren habe ich alle Seiten von Fritz kennengelernt. Ich konnte mit ihm Tränen lachen, wir haben aber auch zusammen geweint. Aus unserem zunächst nur beruflichen Verhältnis wurde ein sehr vertrautes. Fritz ist eine Persönlichkeit, wie es sie nur noch selten gibt. Er ist besonders in allen Facetten.

Das ganze Team war sehr bemüht, Fritz den Dreh so angenehm wie eben möglich zu machen, schließlich war er der Hauptdarsteller. Vielleicht war er dadurch nicht immer der beliebteste Kollege, aber die 20 Jahre *Um Himmels Willen* zeigen, was für ein gutes Team wir am Ende waren.

Michi und ich waren viel mehr als nur Kollegen. Aus einer beruflichen Nähe wurde eine menschliche. Das ist für mich ganz wichtig. Es gibt mir ein gutes Gefühl, wenn ich weiß, dass ich an meinem Arbeitsplatz nicht nur als Schauspieler wahrgenommen werde, sondern auch ganz einfach als Fritz. So entsteht der Teamgeist, den es braucht, um aus einer Serie etwas fühlbar Besonderes zu machen. Das gute Klima schlägt sich auf das Material nieder, das wir produzieren. Und ich mochte das Team von *Um Himmels Willen* wirklich sehr. Gut 20 Jahre lang drehten wir in beinahe unveränderter Konstellation.

Nur einmal gab es einen Neuzugang, mit dem keiner gut auskam. Er war gelinde gesagt ein A...

So einen Schauspielkollegen hatte ich noch nie erlebt: Wenn sich einer von uns versprochen hat, und das kommt ja schon mal vor, hat er ironischer Weise applaudiert. Nach dem Dreh einer Szene kam ich zurück zu meinem Wohnmobil und er saß darin, steckte seine Nase gerade in meinen geöffneten Kalender und andere Notizen. Ich schrie nur: »Raus hier, aber sofort!«

Daraufhin haben meine Kollegen und ich beschlossen, dass er sterben muss – nicht in Wirklichkeit, aber in der Serie. Wir konnten die Verantwortlichen von diesem Vorhaben überzeugen und haben ihn mit Freude zu Grabe getragen.

Über einen anderen Gastauftritt im Jahr 2019 habe ich mich dagegen sehr gefreut: Denn da spielte mein Freund Bernie Herzsprung in *Um Himmels Willen* den Halbbruder von Bürgermeister Wöller. Schon als ich das Drehbuch las, dachte ich an Bernie. Denn nachdem wir so lange miteinander befreundet sind, müssen wir den besonderen Draht zueinander gar nicht spielen.

Bernie hatte zu diesem Zeitpunkt länger nicht vor der Kamera gestanden. Ich fand, es war Zeit für sein Comeback und fragte den Regisseur, ob es möglich sei, Bernie in dieser Rolle zu besetzen. Da grinste er mich nur an und sagte: »Schon geschehen.« Zwei Kollegen, ein Gedanke. Das war meiner Meinung nach wieder einmal mehr Schicksal als Zufall.

> **Bernie:** Fritzis Bruder zu spielen war eine Zweitbesetzung. Keine Rolle für eine vorzeigbare Alterskarriere, aber ich fühlte mich geehrt, dass er sich für mich bei den Entscheidern in Stellung gebracht hat. Die Zusammenarbeit mit ihm war professionell und in Teilen sehr vergnüglich, aber – auch seiner Schwerhörigkeit geschuldet – anstrengend.

Dass unsere Zusammenarbeit kein reines Zuckerschlecken war, kann ich bestätigen. Denn manchmal hat der Bernie einen übertrieben hohen Anspruch an die Charaktere, die er darstellt. Er hätte es gerne, dass sie stets moralisch einwandfrei handeln. Ich musste Bernie erst mal runterholen von seinem Podest und ihn hinführen zu einer ernst zu nehmenden Figur mit ein paar Webfehlern.

Wir sind alle nur Menschen. Wenn einer plötzlich den Jesus spielt, ist das nicht glaubwürdig. Auch nicht in einer Serie mit dem Titel *Um Himmels Willen*. Darauf habe ich ihn freundschaftlich aufmerksam gemacht. Amen.

> **Poldi:** Ich war ein Fan von *Um Himmels Willen*. Seine Mimik und wie er die Rolle des Wöller gespielt hat – das war zu 100 Prozent der Fritz, wie er privat ist. Darum habe ich es immer so gerne gesehen.

Na ja, der Wepper ist nicht ganz so schlimm wie der Wöller. Der trat ja mitunter fragwürdig auf, konnte ziemlich intrigant und großspurig sein. Diese Eigenschaften liegen mir fern. Den Wöller zu spielen, war daher eine schöne Herausforderung. Was ich besonders an ihm mochte, war, was er nicht war: ein Rassist. Seine beiden Enkel sind Schwarz, das setzt gerade in Zeiten wie diesen ein wichtiges Zeichen auf den Fernsehbildschirmen. Rassismus ist mir zuwider, in jeglicher Form. Da sehe ich es wie Frank Sinatra, der in den 1950er-Jahren als einer der ersten amerikanischen Prominenten öffentlich dagegen ankämpfte. Sang er das Lied »Ol' Man River«, ersetzte Sinatra die Formulierung »Niggers all work on the Mississippi« durch die Worte »Here we all work«. Und er trat nur dort auf, wo man seinen Freund Sammy Davis Jr. genauso respektvoll behandelte wie ihn selber. In diesem Punkt also gehen Wöller und ich d'accord. Aber ansonsten?

»Herr Wepper, wie viel von Ihnen selbst steckt denn in der Rolle XY?«, fragen Journalisten gerne. Darauf antworte ich immer das Gleiche: wenig. Denn für meine Rollen kopiere ich weder mich selber noch andere. Jeder Mensch ist ein Unikat, und das gilt es für eine Serie oder einen Film zu erschaffen. Mit allen Mitteln, die einem als Schauspieler zur Verfügung stehen – vom Gang über die Körperhaltung, Mimik und Gestik bis hin zu Sprechtempo und Betonung. Bei *Um Himmels Willen* konnte ich auch durch Gesang zeigen, was im Wöller steckt. In jeder Folge gab es eine Gala mit Showeinlage, dabei stand auch ich oft auf der Bühne. Am meisten Spaß hat mir 2002 mein Auftritt als Elvis gemacht. Ich trug einen weißen Einteiler mit tiefem Ausschnitt, breitem Gürtel und vielen Nieten. Der war dem nachempfunden, in dem der King of Rock 'n' Roll 1973 auf Hawaii auftrat.

Eine echte Elvis-Nummer durfte ich nicht singen, weil die Nutzungsrechte zu teuer waren. Es wurde extra ein neuer Song geschrieben. Bei der Melodie half ein Musikerfreund von mir aus Schwabing, der die Münchner seit Jahrzehnten mit hausgemachtem Rock 'n' Roll beglückt. Dank der Vorbereitung mit einem Gesangscoach war meine Stimme tatsächlich so samtig wie die von Elvis, in meinem Hüftschwung steckte ein bisschen Wöller-Arroganz. Für noch mehr Authentizität tönte ich mir die Haare schwarz und hatte nachher schon Angst, die Farbe würde sich nie mehr rauswaschen.

Den Elvis-Anzug hob ich auf und schlüpfte auch nach dem Dreh noch ein paarmal rein, zum Beispiel bei der Jubiläumsfeier unserer Produktionsfirma oder dem 60. Geburtstag meines Freundes Werner Mang 2009.

Werner: Fritz war ein standfester Partygänger, aber am nächsten Morgen auch immer einer der Ersten am Frühstückstisch. Für mich ein medizinisches Wunder, welche Kondition er hatte! Er hat beruflich und privat immer Vollgas gegeben. Nach einem opulenten Frühstück mit Spiegeleiern, Wurst und Käse ließ er es sich nicht nehmen, nach dem Kaffee genüsslich seine geliebte filterlose Camel-Zigarette zu rauchen. Meine Ratschläge haben leider nichts genützt, Fritz raucht bis heute.

Als wir einmal mit meinem Schiff einen Ausflug auf dem Bodensee mit Bernd Herzsprung, Ralf Möller und einigen anderen machten, sagte Fritz mitten auf dem See: »Du, ich muss in die Schweiz fahren, ich muss mir da meine Camel-Zigaretten holen.« Ich entgegnete: »Die bekommst du doch überall!« Aber er hat so insistiert, dass ich in die Schweiz gefahren bin, und dann war Fritz zwei Stunden verschwunden, weil er ein Kiosk gesucht hat. Er kam schließlich mit zwei Zigarettenstangen zurück und hat sich gefreut wie ein kleines Kind.

Werner hat als Schönheitschirurg Karriere gemacht und empfahl mir 2015 einen kleinen Eingriff nahe des Ohrs. Er entfernte mir in seiner Klinik am Bodensee einen halben Zentimeter Haut mit einer unschönen Erhebung, auf der anderen Seite kam ein entsprechendes Stück Haut weg, damit ich nicht mit einem schrägen Gesicht herumlaufe. In der Presse wurde dies als Schönheits-OP dargestellt, was nicht stimmte. Es war eine nötige medizinische Maßnahme.

Diese Prozedur hatte natürlich auch einen straffenden Effekt. Ich war damals 73 und geschadet hat es nicht. Es wird oft darüber geredet, dass Schauspielerinnen den Druck fühlen, möglichst lange möglichst jung auszusehen. Einem Mann hilft es aber auch, wenn er vor der Kamera wieder ein bisschen frischer wirkt. Der Eingriff war zwar gravierend, stellte allerdings keine einschneidende Veränderung dar. Ich rechnete nicht damit, dass überhaupt jemand was merken würde.

Doch ich hatte die Rechnung ohne die Presse gemacht. Ich weiß bis heute nicht, wie das möglich war – aber es gelangte ein Foto an die Öffentlichkeit, das gemacht wurde, als ich unter Vollnarkose auf dem OP-Tisch lag. Von dieser Aktion wusste ich nichts. Am nächsten Tag prangte mein blutendes und aufgeschnittenes Gesicht auf der Titelseite einer großen Tageszeitung. Das war das schlimmste Foto meines Lebens!

Ich setzte meinen Anwalt auf die Sache an. Er verbot allen Medien, das OP-Bild von mir zu verbreiten und sorgte dafür, dass es auch aus dem Internet verschwand.

Weil mein Anwalt immer so viel zu tun hat, verlor ich meine alte Rechtsschutzversicherung. »Herr Wepper, Sie sollten uns kündigen«, legte mir mein damaliger Ansprechpartner nahe. »Wenn wir Ihnen kündigen, kriegen Sie nie wieder eine Rechtsschutzversicherung.« Passiert so was wie mit dem OP-

Foto, müssen mehrere Hundert Medienvertreter und Verlage verwarnt werden, da laufen hohe Anwaltskosten auf.

Ich habe die Geschichte verdaut, aber vergessen habe ich sie nicht. Immerhin bekommt dank meines Anwalts niemand mehr dieses Foto zu Gesicht. Wie Bürgermeister Wöller wohl in so einem Fall reagiert hätte? Ich würde ihn vor Wut wie Rumpelstilzchen in seinem Büro herumstampfen lassen.

Sein altes befand sich im Münchner Rathaus am Marienplatz. Der Schatzmeister stellte uns dafür seine Räumlichkeiten zur Verfügung. Wenn wir drehten, machte er Urlaub auf seiner Lieblingsinsel Kreta. Und ich saß an seinem uralten und mit Schnitzereien verzierten Schreibtisch. Im Münchner Rathaus waren anscheinend nur die fähigsten Handwerker des Landes im Einsatz – die dortigen Holzarbeiten sind ein Traum. Wer Zeit hat, sollte sich unbedingt die Juristische Bibliothek im dritten Stock anschauen. Die Decken sind fast zehn Meter hoch, es gibt verschnörkelte Balustraden und vergoldete Wendeltreppen. Studenten, die hier pauken, nennen diese heiligen Hallen scherzhaft »Hogwarts«. Recht haben sie, die Atmosphäre ist zauberhaft.

Später wurde Wöllers Büro in die Bavaria Filmstudios verlegt und erhielt einen neuen Look: alles weiß und modern, das passte meiner Meinung nach auch viel besser zu ihm.

Wenn wir in Landshut drehten, war ich immer im selben Hotel untergebracht, aß Brezn mit Gelbwurst zum Frühstück, da bin ich ein Gewohnheitstier.

Hinter dem Hotel steht ein riesiger Kastanienbaum. Dort sammelte ich im Herbst Kastanien für meine jüngste Tochter Filippa, als Mitbringsel vom Set. Drei davon steckte ich mir in die eigene Jackentasche: zwei große symbolisierten Susanne und mich, eine kleine Filippa. Ich ließ sie unterwegs, je nach seelischem Bedarf, durch meine Finger gleiten. Ein kraftspendendes Ritual.

Sanne: Als Fritz und ich schon wussten, dass wir bald Eltern werden würden, saßen wir eines Nachmittags zusammen im Augustiner Biergarten in München und überlegten uns Kindernamen. Sein erster Vorschlag lautete: »Wenn es ein Mädchen wird, soll sie Fritzi heißen.« Ein Windstoß brachte die Bäume um uns herum zum Rauschen und plötzlich segelten von oben drei Buchenblätter auf unseren Tisch herab, zwei große und ein kleines. Wir waren uns sofort einig, dass sie Vater, Mutter und Kind symbolisierten. Unsere kleine Familie. Ich steckte die drei Blätter vorsichtig ein und ließ sie für Fritz hinter Glas rahmen. Es ist seitdem eines seiner liebsten »Kunstwerke«.

Filippa und ich leben am Tegernsee nur zehn Autominuten von Fritz entfernt. Er freut sich immer sehr über unsere Besuche. Wenn ich an Fritz denke, sehe ich ihn vor mir, wie er die schwere Holztür seines Hauses öffnet und mit seinem breitesten Lächeln sagt: »Hallo, ihr Schätze!«

Ich mag Andenken. Auf meinem Kaminsims zu Hause stehen drei kleine Porzellanvögel, die ich beim Dreh von *Um Himmels Willen* in einem Antiquitätenladen in Landshut entdeckt habe. Die Vögel in meinem Garten füttere ich ab Oktober den ganzen Winter über mit Sonnenblumenkernen, darüber freuen sich Spatzen, Rotkehlchen, Amseln und Spechte. Wenn ich beim Blick durchs Fenster mal keine Besucher entdecke, schaue ich mir nun meine gefiederten Freunde aus Porzellan an.

In dem Antiquitätenladen nahm ich auch einen Stich aus dem 15. Jahrhundert mit, der die Landshuter Martinskirche zeigt. Der wird gerade gerahmt und obwohl bei mir schon viel an den Wänden hängt, werde ich sicher noch ein Plätzchen finden. Vielleicht hänge ich auch was ab, um Raum zu schaffen. Als Würdigung der Zeit, die ich als »Bürgermeister« dieser Stadt verbringen durfte. Den 130 Meter hohen Backsteinturm der Martinskirche – es ist der höchste der Welt – hatte ich bei vielen unserer Szenen im Blick.

Meinen Text lernte ich am Abend zuvor, das Pensum lag bei bis zu 15 Seiten. Jede Folge von *Um Himmels Willen* war 50 Minuten lang, wir drehten pro Tag maximal für sieben bis acht Filmminuten. Diese Zahlen verdeutlichen hoffentlich, wie viel Arbeit hinter so einer Serie steckt, auch wenn sie locker-flockig daherkommt.

Ich hatte vertraglich festlegen lassen, dass ich nicht mehr als zehn Stunden am Stück drehe, mehr möchte ich mir und meinem Körper nicht mehr zumuten. Mein Bruder Elmar stand mal 16 Stunden vor der Kamera, und um Mitternacht hat der Kameramann dann gesagt: »Ich mach nicht mehr weiter, der Elmar hat schon ganz rote Augen!«

Für *Um Himmels Willen* war der Zeitplan jedes Jahr ähnlich: Normalerweise haben wir von Mitte April bis Mitte Juli gedreht, dann folgte eine Pause von fünf bis sechs Wochen und danach ging es noch mal weiter von September bis November. Im Jahr 2020 wurde dieser Rhythmus durch die Covid-19-Pandemie auf den Kopf gestellt.

Eigentlich hätten wir am 21. April 2020 starten sollen, doch Ende März erreichte mich ein Schreiben der Produktionsfirma, das mich sehr irritierte: Darin stand, dass es möglich sei, die Dreharbeiten maximal bis zum 25. August hinauszuschieben. Sollte der Lockdown länger dauern, müsse man den Dreh für die 20. Staffel vorerst ganz absagen. Denn Schauspieler und Locations sind nur zu bestimmten Zeiten verfügbar. Noch stand kein Drehtermin fest, es war alles in der Schwebe.

Den Lockdown an sich konnte ich gut aushalten. Ich habe einen großen Garten, genoss das schier unendliche Angebot von Streaming-Diensten und ging, solange es noch erlaubt war, zur Physiotherapie. So ließen sich die Tage gut ausfüllen. Mein Schwiegersohn David kaufte für mich ein und stellte mir alle paar Tage eine volle Tüte mit Lebensmitteln vor die Tür. Wir erlaubten uns aber keine direkte Berührung. David, Sophie und meine Enkeltochter Clairchen habe ich nur auf Entfernung sehen können, auch mit Sanne und meiner Tochter Filippa traf ich mich höchstens auf Abstand. Wir wollten uns ja bei aller Liebe und Zuneigung nicht gefährden. Aber mir fehlten unsere Umarmungen, die körperliche Nähe. Die typische Corona-Begrüßung per Ellenbogen lag mir nicht, das ist nicht meine Körpersprache.

> **Sophie:** Papi und Claire haben sich wegen des Corona-Lockdowns nicht so viel gesehen, wie er es sich gewünscht hätte. Aber sie wird älter und langsam ist der Opa immer mehr in ihrem Bewusstsein. Das ist mir wichtig. Ich wünsche mir, dass Claire eine lebendige Erinnerung an meinen Vater hat. Wir sprechen jetzt auch immer mehr von meiner Mutter.

Rein privat hat diese Zeit meine seelische Grundlage gestärkt. Mir wurde noch klarer, was wirklich zählt, wenn so vieles unmöglich ist: Familie und Freunde. Das Virus, das uns voneinander fernhielt, schweißte uns paradoxerweise näher zusammen. 100 Prozent Vertrauen, null Prozent Blabla. Da passt nichts zwischen, noch nicht einmal ein My, also 0,001 Millimeter.

Aber beruflich packte mich nach einer Weile die Angst, weil die Auswirkungen und die Dauer der Pandemie überhaupt nicht absehbar waren. Wie lange würde ich nicht beschäftigt sein und damit auch kein Geld verdienen? Was wäre, wenn ich den Rest meines Lebens nicht mehr als Schauspieler würde arbeiten können? Zukunftsangst kannte ich bis dahin nicht, jetzt war sie auf einmal da. Auch, weil ich selber nichts an meiner Lage ändern konnte. Hier war nichts zu machen durch eigenes Bemühen, Fleiß oder Ehrgeiz. Wir alle waren Corona hilflos ausgeliefert, das war für mich nur schwer zu begreifen.

Ich habe natürlich Ersparnisse und Verteilungen, was die Familie anbelangt, aber in so einem Ausnahmezustand fehlt die soziale Absicherung. Schauspieler können nicht in Kurzarbeit gehen und erhalten auch kein Ausfallhonorar, falls ein Dreh nicht stattfindet. Ich trage nicht nur die Verantwortung für mich selbst, sondern fühle mich auch meiner Familie gegenüber verpflichtet. Ich werde nicht als Oberhaupt gehandelt, ich bin Papa oder Opa. Aber ich möchte, dass es allen gut geht.

Mein Beruf fehlte mir nicht nur auf finanzieller Ebene. Er ist meine Leidenschaft, meine Daseinsberechtigung, keine schnöde Beschäftigungstherapie. Ich hatte immer viele Hobbys: tauchen, jagen, fischen, Ski fahren, reisen. Aber tief drin bin ich nur glücklich, wenn ich vor der Kamera stehen kann. Das bedeutet für mich Erfüllung und Bestätigung zugleich.

Daher war ich extrem erleichtert, als Ende Juni der Dreh von *Um Himmels Willen* starten konnte. Das war eine Befreiung, auch, wenn wir nur unter strengen Auflagen arbeiten konnten. Es galten die Abstands- und Hygieneregeln und jeder, der nicht vor der Kamera stand, trug eine Maske. Das gesamte Team wurde dreimal pro Woche auf Corona getestet, zum Glück fiel kein einziges Ergebnis positiv aus. Trotz aller widrigen Umstände hatten wir Anfang Dezember eine tolle Staffel im Kasten. Das zeigt, wie stark unser Zusammenhalt war. Sonst hätten wir das nie geschafft.

Umso härter traf uns alle die Entscheidung des Senders, *Um Himmels Willen* abzusetzen. Kurz nachdem der Produzent mir diese schreckliche Nachricht überbracht hatte, erfuhren es meine Kollegen. Noch im Sommer hatte die Produktionsfirma positive Signale gesendet, was die Fortsetzung der Serie anging. Der spontane Kurswechsel war daher besonders hart. Damit hatte keiner gerechnet.

Um Himmels Willen hatte in Top-Zeiten mal acht Millionen Zuschauer, zuletzt lagen wir aber immer noch bei über fünf Millionen, was beachtlich ist. Der Rückgang dieser Zahl liegt meiner Meinung nach daran, dass viele Zuschauer Serien wie diese heutzutage in der Online-Mediathek anschauen. Diese Fans werden bei der Berechnung der Einschaltquoten nicht erfasst, was wirklich schade ist.

Ich hätte gerne noch weiter den Wöller gespielt, versuchte aber, mich mit dem Satz zu trösten, den ich in solchen Situationen immer vor mir hersage: Es müssen Dinge zu Ende gehen, damit andere beginnen können. Der Sender nannte mir sogar zeitnah einige Optionen, aber die empfand ich eher als Trostpflaster, nicht als ernst zu nehmende Alternative.

Sanne: Wenige Wochen später erhielt Fritz ein spannendes Angebot: Er sollte in einer Münchner Krimiserie den Kommissar spielen und überlegte schon, wie er die Rolle anlegen würde. Für ihn war es ein tolles Gefühl zu wissen, dass seine Karriere mit dem Ende von *Um Himmels Willen* nicht vorbei war. Es wäre nahtlos weitergegangen, so wie in den Jahrzehnten davor. Auch ein Podcast mit Fritz war in Planung. Er wollte unbedingt arbeiten! Das ist sein Lebenselixier.

Am 10. Dezember 2020 fuhr ich das letzte Mal ans Set von *Um Himmels Willen*, ein komisches Gefühl. Da versuchte ich noch zu verdrängen, dass ich die Rolle des Wöller am Abend ein für alle Mal an den Nagel hängen würde.

André: Als ich Fritz beim Dreh seiner letzten Szene beobachtete, dachte ich, ich spinne. Den Text dafür hatte er nicht wie sonst oft auf der Hinfahrt im Auto geprobt, daher wusste ich nicht, was kommt. Seine letzte Szene war der Abschied zwischen ihm als Wolfgang Wöller und Janina Hartwig alias Schwester Hanna.

Schwester Hanna sagt: »Ist es jetzt vorbei?«

Und Wöller antwortet: »Ist es das mit uns denn jemals?«

Dann zoomt die Kamera auf die Gesichter der beiden, sie schauen sich noch einmal tief in die Augen – und das war's.

Was für ein Zufall! Als der Drehplan gemacht worden war, wusste ja noch niemand, dass das die letzte Staffel sein würde und diese Szene die ultimativ letzte für Fritz.

Als sie im Kasten war, liefen nicht nur bei Fritz und Janina Hartwig die Tränen. Die beiden lagen sich in den Armen und alle drum herum haben auch geweint. Michi stand hinter mir und ich hörte ihr Schluchzen. Eine Ära war zu Ende.

Jede Episode endete mit einem Zwiegespräch zwischen Janina Hartwig und mir, diese kleinen Dialoge habe ich geliebt. Denn dabei ging's um den gezielten Einsatz von Humor und Mimik. Dieses Mal hatte sich die Vorfreude natürlich deutlich in Grenzen gehalten.

Bei meinem »Ist es denn jemals zu Ende zwischen uns?« hatte ich wirklich feuchte Augen. Das war nicht gespielt. Janina überreichte mir nachher einen Brief, den auch andere Kollegen mit unterschrieben hatten. Es waren Zeilen voller Lob und Anerkennung für meine Arbeit.

Ich las sie auf der Heimfahrt zum Tegernsee. Im Gegensatz zu sonst schwiegen André und ich, bis sein Wagen vor meiner Haustür zum Stehen kam. Mich von ihm und Michi zu verabschieden, fiel mir besonders schwer.

André: Beruflich haben sich die Wege von Fritz und mir dadurch getrennt. Mir werden unsere Gespräche im Auto sehr fehlen. Aber wir telefonieren regelmäßig miteinander. Für einen völligen Cut war unsere gemeinsame Zeit zu intensiv.

Aus dem Team wussten zu diesem Zeitpunkt nur Michi und André wirklich, wie es mir geht. Ihnen hatte ich längst erzählt, dass mich neben Corona und dem Ende von *Um Himmels Willen* noch eine viel schlimmere Botschaft erreicht hatte. Eine, die mich in den schlimmsten Kampf meines Lebens schickte ...

Kapitel 12

Dies ist nicht nur ein Buch über mein Leben.
Es ist auch ein Buch vom Überleben

Dem Tod bin ich schon oft von der Schippe gesprungen. Ich hoffe, dass es mir auch dieses Mal gelingt. Mein Leben wurde in jüngster Zeit vom Hoffen und Warten bestimmt.

Alles begann Ende Oktober 2020. Morgens um vier rissen mich Schmerzen aus dem Schlaf. Es fühlte sich an, als ob ein Elefant auf meinem Brustkorb sitzen würde, das Atmen fiel mir schwer. Ich griff nach dem Handy auf meinem Nachttisch, wählte zitternd die Nummer des Notrufs. Wepper, ruhig bleiben jetzt, dachte ich mir. Mit Verdacht auf Herzinfarkt wurde ich im Rettungswagen ins Krankenhaus Agatharied gefahren. Mein Herz schwächelt ja schon lange, ich hatte immer wieder Probleme damit.

In der Klinik wurde Gott sei Dank ein Herzinfarkt ausgeschlossen, aber man röntgte vorsichtshalber meine Lunge und fasste eine Herzkatheter-Untersuchung ins Auge. Doch diese Pläne änderten sich im Laufe des folgenden Vormittags.

Sanne: Die Ärztin, die Fritz aufgenommen hatte, zeigte mir mit einem besorgten Blick seine Röntgenaufnahmen. Ich schaute auf die schwarz-weißen Bilder, die an einem Leuchtkasten hingen. Auf den Lungenflügeln und der Leber waren unförmige weiße Punkte zu erkennen. »Das sieht gar nicht gut aus«, meinte sie.

»Das ist Krebs«, mutmaßte ein anderer Arzt ohne Umschweife. »Der hat vermutlich bei Ihnen für die Beschwerden gesorgt.« Unsensibler geht's nicht. Aber ich kannte diesen Herrn schon. Er hatte meine Frau Angela nach ihrem Treppensturz aufgenommen und sich da auch nicht gerade durch Feingefühl hervorgetan.

> **Sanne:** Ich war völlig aufgelöst. Eine Freundin, die selber in einem Krankenhaus arbeitet, versuchte, mich zu beruhigen. Sie meinte: »Ich habe schon so viele Fehldiagnosen miterlebt. Und die Leber eines 79-Jährigen sieht eben nicht mehr jungfräulich aus.«

Handelte es sich bei den weißen Flecken auf den Röntgenbildern vielleicht doch nur um Narbengewebe? Das vermuteten zumindest die Experten in Innsbruck, die ich sofort telefonisch konsultierte. Sie hatten mir bei meinen Herzproblemen schon zweimal das Leben gerettet. Nun wollten sie eine Probe aus meinen Lungenflügeln entnehmen und herausfinden, ob es sich um bösartiges Gewebe handelte oder nicht. Da ging es los mit dem Hoffen und dem Warten.

Es wurde ein Termin gemacht, die Gewebeprobe ins Labor geschickt und dann dauerte es erst mal, bis das Ergebnis vorlag. Das waren Tage voller Ungewissheit. Auf die folgte eine Entwarnung: Was auch immer da in Leber und Lunge wucherte, es war nicht bösartig.

Ich verteufelte den Arzt, der mir anfänglich so einen Schrecken eingejagt hatte. Die Diagnose Krebs war damit ja wohl vom Tisch, war ich überzeugt.

Die Spezialisten in der Universitätsklinik Innsbruck waren sich eine ganze Zeit lang nicht sicher, was genau in meinem Körper vor sich ging. Wochen vergingen. Es folgte eine Untersuchung nach der anderen, MRT (Magnetresonanztomografie), CT (Computertomografie) und so weiter.

Und auf einmal stellte sich die Lage wieder ganz anders dar. Von Metastasen war nun die Rede. Metastasen in Lunge, Leber, Magen und Gehirn. Alles lebenswichtige Organe. Metastasen sind Krebszellen, die sich von einem Tumor ablösen, durch den Körper wandern und sich dort irgendwo ansiedeln. Sie wachsen, sie zerstören. Anscheinend hatte ein malignes Melanom gestreut, doch diese Wurzel allen Übels haben die Ärzte bis heute, da ich diese Zeilen schreibe, nicht gefunden. Ein befreundeter Hautarzt untersuchte mich von Kopf bis Fuß, ohne Befund.

Bernie: Fritzi weiß nicht, wie lange er noch auf der Durchreise sein wird, geht bemerkenswert offen damit um. Er hatte mich angerufen, um mir mitzuteilen, dass sich ein Feind in seinem Körper eingenistet hätte und wie unberechenbar der sei. Ein Böser, der ihm an den Kragen wolle. Fritzi ist Realist, schaut auch denen ins Auge, die ihm nicht wohlgesonnen sind. Er weiß sehr wohl, dass sein aufwendig und in Teilen exzessiv gelebtes Leben seinen Körper hat morsch werden lassen. Wie er mit dieser lebensbedrohlichen Situation umgeht, nötigt mir exorbitanten Respekt ab.

Ich habe den Kampf um Leben und Tod schon oft miterlebt. Am eigenen Leib, aber auch bei meiner Frau Angela oder unserer Enkelin Claire. Das Kind unserer Tochter Sophie kam im Dezember 2017 als Frühchen zur Welt. Angela und ich durften die Kleine vier Wochen lang nicht im Krankenhaus besuchen. Das war eine schwierige Zeit voller Sorgen und Ängste. Es ging um Sein oder Nichtsein. Auch da hieß es: hoffen, warten. Hoffen, warten.

Als Claire nach Hause kam und wir sie auf dem Arm halten durften, waren wir seelisch befreit und unsagbar glücklich. Claire hat sich seitdem prächtig entwickelt, ich hab' sie wahnsinnig lieb. Durch die Corona-Situation sind unsere Begegnungen leider eine Weile viel zu kurz gekommen, da konnten wir uns nur über einen Computerbildschirm oder das Handy sehen. Wie froh war ich, als ich endlich wieder bei ihr sein konnte und live miterlebte, wie sie innerhalb von 14 Tagen anfing, ganze Sätze zu bilden. Diese kleinen Wunder sind ein großes Geschenk für mich.

Mit ihrem feinen Stimmchen sagt Claire nun »Opa« und zeigt mir, was sie neu gelernt oder entdeckt hat. Dieses »Opa« gibt mir Auftrieb und das Gefühl, gebraucht zu werden. Das empfinde ich auch, wenn mich meine Tochter Filippa besucht. Zum Abschied klopft sie immer noch mal von außen an die Fensterscheibe und winkt mir zu. Gesten und Augenblicke, die für mich gerade einen noch höheren Wert haben als sonst.

Ebenso verhielt es sich mit meiner Arbeit. Ich war froh, trotz des gesundheitlichen Rätselratens weiter *Um Himmels Willen* drehen zu können. Mir ging es so weit wieder gut. Und durch meine Fahrten ans Set lief wenigstens ein Teil meines Alltags weiter wie bisher. Ein Stück Gewohnheit im Chaos. Es war mir ein großes Anliegen, meinen Vertrag zu erfüllen und die Staffel erfolgreich zu Ende bringen, um zu gewährleisten, dass sie 2021 gesendet werden konnte. Ich hatte einen Vertrag unterschrieben. Hinderlich zu sein, wäre schlimm für mich gewesen.

Aber dazu kam es nicht. Ich hielt jeden Termin ein, habe wie geplant abgeliefert. Mein gesundheitlicher Zustand brachte – im Gegensatz zu Corona – nie den Drehplan durcheinander und war daher auch nicht der Grund dafür, dass die Serie eingestellt wurde, das hat die Intendantin des Senders mir gegenüber betont.

Dass ich Arzttermine in Innsbruck hatte, zu denen André mich fuhr, wussten wahrscheinlich alle am Set. Aber den Grund dafür behielt ich für mich. Ich wollte keine mitleidigen Blicke, keine Anteilnahme. Ich wollte mich einfach wie immer auf meine Arbeit konzentrieren. Für mich war es in dieser Zeit essenziell, meinen Beruf ausüben zu können. Denn das lenkte mich von dem ab, was nach Drehschluss passierte – oder nicht passierte. Hoffen, warten. Hoffen, warten.

Die Ärzte in Innsbruck empfohlen mir eine Immuntherapie, da sie das Melanom, von dem alles ausging, nicht orten konnten. Mit Infusionen wollten sie die Metastasen bekämpfen. Alle drei Wochen musste ich für eine Infusion nach Innsbruck und man klärte mich vorab auf, dass die Nebenwirkungen recht gravierend sein könnten: Sie reichten von Appetitlosigkeit über Müdigkeit und Kopfschmerzen bis hin zu Schüttelfrost und Erbrechen. Ich erhielt eine Telefonnummer, die ich wählen sollte, wenn mir etwas Ungewöhnliches auffalle – und eine für den Notfall. Wenn nötig, könne man mich so schnell wie möglich mit Tatütata in die Klinik bringen, hieß es. Das waren ja schöne Aussichten ... Doch zum Glück blieb ich von schlimmen Nebenwirkungen verschont, musste bisher weder die eine noch die andere Nummer wählen.

Es gab laut meiner Ärzte vier mögliche Szenarios, wie mein Körper auf die Immuntherapie reagieren könnte: Im schlechtesten Fall würden die Metastasen trotz der Infusionen weiterwachsen, dann läge meine Lebenserwartung nur bei ein paar

Monaten. Gut wäre, wenn ihr Wachstum gestoppt würde. Besser, wenn sich die Metastasen zurückbilden würden. Und am besten, wenn sie ganz verschwinden würden.

Die Wochen bis zum nächsten Check-up schienen endlos, die Zeit rieselte dahin wie viel zu dicke Sandkörner durch eine viel zu kleine Öffnung.

Wie würde das Ergebnis auf den nächsten Bildern am Leuchtkasten ausfallen? Gut? Schlecht? Würde ich leben? Oder nicht? Wenn ja, wie lange? Dieser Zustand war, da bin ich ganz ehrlich, nicht immer gut zu ertragen. Er machte mich extrem unsicher – ein Gefühl, das ich so nicht von mir kannte. Bisher hatte ich in jeder Lebenslage Lösungen für Probleme finden können, hatte aktiv mein Schicksal in die Hand genommen. Doch das war jetzt unmöglich. Trotzdem gab ich eins nie auf: die Hoffnung. Anders hätte ich meine Lage nicht aushalten, geschweige denn meistern können.

Gleichzeitig half es, negative Gedanken, die sich um meine Zukunft drehten, oder vielmehr das, was davon übrig geblieben war, immer wieder bewusst loszulassen. Wenn du das nicht machst, schichten sich Ängste und Zweifel auf wie Schnee und rollen irgendwann als eisige Lawine durch deinen Kopf. Du weißt nicht mehr, wo oben und unten ist. Du wirst begraben, kannst nicht mehr nach Luft schnappen. Dann bist du innerlich schon tot.

Meditation ist ein wirksamer Lawinen-Stopper, das habe ich immer wieder festgestellt. Diese Entspannungstechnik zwingt dich dazu, Sorgen loszulassen. Sorgen darüber, was passiert ist und Sorgen darüber, was eventuell unter verschiedensten Umständen noch alles passieren könnte.

Zur Meditation kam ich 1978. Bei einem Abendessen von Hubert Burda ergab sich eine Unterhaltung über Zen-Buddhismus, dieses Thema klang spannend. Eine Frau in der

Runde sagte, dass demnächst ein Zen-Meister nach Elmau bei Garmisch käme, um dort ein »Sesshin« abzuhalten. Wenn ich wollte, könnte ich daran teilnehmen. Ich wusste nicht, was ein Sesshin ist und sie erklärte mir, dass es eine intensive Form des Zazen-Übens in einer Gruppe sei.

Ich erzählte Angela davon, aber sie war strenge Katholikin und nahm das Bibel-Gebot »Du sollst keine anderen Götter neben mir haben« sehr ernst. Daher schied Buddha für sie aus und ich fuhr alleine ins Schlosshotel Elmau – ohne wirklich zu wissen, was mich in den kommenden vier Tagen erwarten würde.

Am nächsten Morgen um sechs Uhr fanden wir uns alle in einem Raum ein, es war eine Gruppe von etwa 20 Teilnehmern. In jeder Ecke stand ein Mönch mit kahl rasiertem Kopf und schwarzem Kimono. Wir wurden angewiesen, unsere Plätze auf den bunten Meditiationskissen, die am Boden verteilt waren, einzunehmen.

Dann betrat der Zen-Meister den Raum: Taisen Deshimaru. Er trug wie die anderen Mönche einen schwarzen Kimono, hatte ebenfalls eine Glatze. Aber seine Aura empfand ich als einmalig. Deshimarus Bewegungen waren ganz sanft und geschmeidig. Er besaß eine enorme Präsenz, strahlte absolute Ruhe aus. Sein Lächeln war warm und wenn er einem in die Augen sah, hatte man das Gefühl, sein Blick würde bis zur Seele vorstoßen.

Wie ich später erfuhr, war Taisen Deshimaru einer der einflussreichsten japanischen Zen-Meister des 20. Jahrhunderts, der von Paris aus den Zen-Buddhismus in Europa verbreitete. Eine buddhistische Nonne in Berlin hat mir mal erklärt, dass ich allein aufgrund der Tatsache, ein Schüler von Taisen Deshimaru gewesen zu sein, recht weit oben in der Hierarchie der Zen-Buddhisten stehe.

Unser Meister wies uns in die wichtigste Übung ein: das »Zazen«, was übersetzt einfach »sitzende Meditation« heißt. Man nimmt dabei im ganzen oder halben Lotussitz Platz. Für mich waren beide Haltungen körperlich nicht machbar, ich schaffe es einfach nicht, meine Beine derartig zu verknoten. Daher kniete ich mich im Fersensitz hin. Zunächst sollten wir die Augen schließen und unsere Gedanken wie Wolken vorüberziehen lassen – oder wie Blätter auf einem Fluss. Wir sollten sie kommen und gehen lassen, ohne uns daran festzuhalten.

Deshimaru, der sehr gut Deutsch sprach, wies uns an, uns selbst zu beobachten, unsere Körperhaltung und den Atemfluss. Diese Fokussierung verlangsamt den stetigen Strom der Gedanken. Zen ist die Kunst, in den Augenblick zu kommen und nur das wahrzunehmen, was jetzt und hier ist.

Das fiel mir anfangs recht schwer. Denn wir wussten nicht, wie lange wir so sitzen mussten. Eine halbe Stunde oder vielleicht 50 Minuten? Mit der Zeit nahmen die Schmerzen in meinen Knien zu. Ich äußerte Deshimaru gegenüber mein Problem und da gab er der ganzen Gruppe einen wichtigen Hinweis: »Wenn Sie Schmerzen haben, fühlen Sie in sich hinein. Wo steckt der Schmerz wirklich? Im Kopf oder im Knie? Im Kopf oder im Knie?«

Ihm ging es darum, den echten Schmerz von den Gedanken, die wir uns dazu machen, zu trennen. Denn unsere Gedanken sind oft viel größer und schmerzvoller als der Umstand, der sie ausgelöst hat. Unser Gehirn neigt zur Übertreibung.

Kopf oder Knie? Kopf oder Knie? Kopf oder Knie? Diese Frage stellte ich mir zwei-, dreimal. Da war der Schmerz auf einmal komplett weg! Unglaublich, aber wahr. Das war ein echtes Phänomen.

So lernte ich, den selbst gemachten Schmerz im Kopf auszuschalten. Gelingt das, ist von den körperlichen Symptomen in den meisten Fällen nicht mehr viel übrig. Zumindest nur noch so viel, dass man es gut tolerieren kann. Das erlebte ich damals schon, beim Seminar in Elmau. Meine Knie taten auf einmal gar nicht mehr weh.

Zen ist eine Lebensanschauung, die mich dazu gebracht hat, im Augenblick zu leben. Und das, was ist, zu trennen von dem, was sein könnte oder in der Vergangenheit gewesen ist. Jetzt ist jetzt, hier ist hier. Während des Seminars setzte ich mich zwischendurch im Hotel an ein Klavier und spielte ein paar Takte. Deshimaru beobachtete das und sagte dann: »Satori«. Übersetzt heißt das so viel wie Erleuchtung. Dieses Wort ist mir zu hochtrabend. Aber ich weiß, was es bedeutet: Deshimaru verwendete es immer dann, wenn einer von uns authentisch war, das Hier und Jetzt vollends empfand.

Ich stehe morgens nicht auf und sage andauernd vor mir her: »Ich konzentriere mich auf das Hier und Jetzt.« Ich lebe dieses Prinzip, es ist mir in Fleisch und Blut übergegangen. Wenn ich zum Beispiel mit Freunden zusammensitze, dann genieße ich jede Minute und denke nicht schon derweil: »Oh Gott, hoffentlich kriege ich nachher auch ein Taxi.« Sehen, spüren, zuhören – hier und jetzt. Das ist das einfachste aller Lebensmodelle, und saubequem ist es auch noch.

Damit ich das nie vergesse, hängt ein gerahmtes Bild meines Zen-Meisters Taisen Deshimaru neben meinem Bett. Wenn ich morgens aufwache, kann ich ihm links von mir in die Augen schauen. Die Begegnung mit ihm war lebensverändernd.

An der Wand neben seinem Foto steht ein hölzerner Schreibtisch im Biedermeier-Stil, den ich zu einem Meditationsaltar umfunktioniert habe. Oben drauf thront ein wuchtiger Buddha aus Bronze. Um ihn herum stehen weitere Mini-Buddhas und ein Halter für Räucherstäbchen. Unter dem Schreibtisch liegt mein rundes schwarzes Meditationskissen, das »Zafu«,

Mein Meditationsaltar

wie es im Fachjargon heißt. Darauf sitze ich, wenn ich meditiere.

Die Zen-Meditation gehört seit über 40 Jahren fest zu meinem Leben. Auch wenn ich sie nicht ständig praktiziere, hat sie Spuren in meinem Körper und Geist hinterlassen. Ich kann nur jedem empfehlen, es selber einmal auszuprobieren!

Hoffen, warten. Hoffen, warten. Meine aktuellen Sorgen ließen sich trotz Zen-Einstellung natürlich nicht in Luft auflösen, aber ich konnte sie zumindest mildern. Und endlich, Mitte Dezember 2020, erhielt ich positive Neuigkeiten: Tests hatten ergeben, dass meine Metastasen dank der Immuntherapie zurückgegangen waren. Es war also aus Ärztesicht der bestmögliche Fall eingetreten! Da hätte ich die ganze Welt umarmen können.

André: Nach der Krebsdiagnose sagte Fritz zu mir: »Okay, jetzt war's das wohl wirklich.«

Ich widersprach ihm: »Du hättest schon zehnmal tot sein müssen! Da ist irgendwer, der auf dich aufpasst. Auch das wird wieder gut ausgehen.«

Als es nach den ersten Infusionen positive Ergebnisse gab, schaute Fritz mich an und meinte: »Vielleicht hast du ja doch recht.« Er hängt am Leben und möchte noch nicht gehen.

Fritz wird bestimmt 110, wenn er überhaupt stirbt. Vielleicht lebt er für immer. Das Gefühl habe ich manchmal.

Die Immuntherapie schlug also an. Ohne sie hätten die Ärzte mir nur noch ein paar Monate gegeben, jetzt sah es besser aus. Weihnachten stand vor der Tür und ich freute mich, das Fest in Ruhe mit meiner Familie feiern zu können – ohne das Damoklesschwert, das in den vergangenen Wochen über meinem Kopf geschwebt hatte.

Doch dann, am 23. Dezember, erhielt ich einen Anruf, der mir den Boden unter den Füßen wegzog. Es war die Klinik und ein Arzt erklärte mir, man habe bei einer der letzten Untersuchungen im Magen-Darm-Bereich eine schnell wachsende Krebsart entdeckt, die anscheinend nicht auf die Behandlung anspreche. Ich kam mir vor, als säße ich in einer seelischen Achterbahn und jetzt war eine erneute Talfahrt angesagt. Würde dieses Weihnachtsfest mein letztes sein? Das konnte ich nicht glauben.

Es ist schwer zu beschreiben, wie anstrengend diese seelischen Aufs und Abs waren. Ohne den Zuspruch von Freunden und von meiner Familie hätte mich irgendwann sicher der Mut verlassen. An diesem Punkt musste ich auf alles vorbereitet sein.

Ich habe keine Angst vor dem Tod, denn der gehört zum Leben. Als Zen-Buddhist war ich mir immer schon der Tatsache bewusst, dass ich nach kleineren und größeren Dingen im letzten Schritt auch meinen Körper loslassen muss.

Sanne: 2009 sind Fritz und ich bei einem Flug von Hawaii nach San Francisco fast abgestürzt – zumindest dachten wir, dass das passieren würde. Nach mehreren Landeversuchen erfasste plötzlich eine Erschütterung die Maschine, es war wie ein heftiger Schlag. Durchs Fenster sahen wir einen Feuerschein. Wir dachten, eines der Triebwerke sei explodiert und im nächsten Moment würde die ganze Maschine zerbersten.

In Katastrophenfilmen sagen Menschen in so einem Fall meist noch ein letztes Mal »Ich liebe dich«. Doch ich schaute Fritz an und meinte nur: »Wenn wir DAS überleben, musst du mich NIE MEHR fragen, ob du bei mir abbeißen darfst!«

Es ist nämlich so: Fritz probiert gerne Speisen aller Art, bei jeder Gelegenheit und von jedem. Ich dagegen gehöre zu denjenigen, die ihre Mahlzeit gerne ohne fremden Zugriff genießen. Vor unserem Abflug hatte ich mir als Reiseproviant einen Muffin besorgt, Fritz wollte ausdrücklich keinen. Aber als ich meinen Snack im Flieger auspackte, kam von ihm prompt: »Darf ich mal probieren?« Dazu muss man wissen, dass ein Bissen von Fritz bedeutet, dass dann die Hälfte von so einem Muffin weg ist. Ich meckerte erst mal munter drauflos.

Nachdem wir doch noch heil in San Francisco gelandet waren – zum Glück hatte »nur« ein Blitz die Maschine getroffen –, steckte mir dieser Schock noch lange in den Knochen. Fritz dagegen sah es positiv:

»Ist doch toll, was die Maschine ausgehalten hat. Die Chance, dass uns so etwas noch mal passiert, ist verschwindend gering!«, meinte er zuversichtlich. Seit diesem Vorfall bedient er sich mit einem spitzbübischem Lächeln und ohne zu fragen an meinem Teller. Wenn ich protestieren will, sagt er nur: »Du hast es versprochen!«

Dass ich irgendwann sterben werde, habe ich akzeptiert. Aber das Wie bereitet mir Sorgen. Niemand wünscht sich ein qualvolles Ende. Da sehe ich es wie Woody Allen. Der sagte einmal: »Ich habe keine Angst vor dem Tod, ich möchte nur nicht dabei sein, wenn es passiert.«

Dieses Universum ist so unendlich groß. Ich habe Respekt davor, was der liebe Gott alles erschaffen hat. Und ich glaube, dass vieles davon zu gewaltig ist, als dass wir es verstehen könnten. Zahlreiche Menschen haben Nahtoderfahrungen gemacht und das berühmte Licht am Ende des Tunnels gesehen. Sie spürten eine erlösende Kraft. Die meisten waren seelisch enttäuscht, wenn es gelang, sie doch noch zurück ins Leben zu holen. Es wäre schön, wenn sich der finale Abschied so anfühlen würde.

Je älter man wird, desto näher rückt der Tod. Und gerade, wenn man sich in einer solchen Situation befindet wie ich, ist es sinnvoll, alles Wichtige vorzubereiten.

Mein Testament habe ich gemacht, alle mir wichtigen Menschen sind bedacht. Beerdigt werden möchte ich in meinem schwarzen Kimono, den ich zum Meditieren trage. Am Handgelenk möchte ich ein buddhistisches Armband mit hölzernen Perlen tragen. Beides Symbole des Loslassens. Mein letzter Ruheplatz steht schon lange fest, es ist unser Familiengrab auf dem Winthirfriedhof in München-Neuhausen. Sanne und Sophie wissen, wie dort am Tag X alles ablaufen soll.

Noch habe ich guten Grund zur Annahme, dass ich meine letzte Reise so schnell nicht antreten muss. Denn die vermeintliche Diagnose vom Dezember stellte sich Anfang Januar 2021 als falsch heraus. Eine Biopsie ergab, dass es sich bei dem betreffenden Gewebe im Magen-Darm-Bereich nicht um Krebs handelte. Das war nun wirklich eine der besten Nachrichten, die ich je in meinem Leben erhalten habe. Der zusätzliche Feind in meinem Körper, der eine Heilung unmöglich zu machen schien, verpuffte einfach so. Nach dem Telefonat mit meinem Arzt rief ich vor lauter Glück meine ganze Familie und meine engsten Freunde an.

Ich bin auf einem guten Weg, die Metastasen bilden sich weiter zurück. Die Ärzte machen mir Hoffnung, indem sie schon meine Therapietermine für die nächsten zwölf Monate planen. Rein genetisch habe ich eine gute Veranlagung: Mein Onkel wurde 100 Jahre alt und meine 89-jährige Mutter wäre sicher noch länger bei uns geblieben, wenn der Krankenhauskeim nicht gewesen wäre. Am liebsten würde ich irgendwann Methusalem spielen, den ältesten Menschen, der in der Bibel erwähnt wird. Je nachdem, welcher Überlieferung man glaubt, wurde er rund 700 oder 1000 Jahre alt. Also bin ich für diese Rolle de facto noch viel zu jung.

Ich möchte gerne weiter vor der Kamera stehen. So wie ich es mein ganzes Leben lang getan habe. *Die Brücke*, *Cabaret*, 281 Folgen *Derrick*, 260 Folgen als Bürgermeister Wöller in *Um Himmels Willen* – das ist ein beachtlicher Werdegang. Ich habe tolle Sachen machen dürfen und viel Spaß dabei gehabt.

Natürlich gibt es in meinem Leben Entscheidungen, die ich rückblickend gerne anders fällen würde. Das geht sicher jedem Menschen so. Nobody is perfect. Es geschehen Dinge, die man im Nachhinein von ganzem Herzen bedauert, die sich auch durch Erklärungen nicht wieder gutmachen lassen. Aber ich kann die Zeit nicht zurückdrehen. Ich kann nur versuchen, es besser zu machen.

Meine Familie und mein Beruf sind meine seelische Grundlage, auf der alles andere basiert. Erfolg ist meine Bestätigung dafür, dass ich beruflich auf der richtigen Spur bin. Andauernde Liebe und Freundschaft beweisen mir, dass mein Herz am richtigen Fleck sitzt. Hinter beides kann ich einen Haken machen.

Ich sehe mein Leben als gigantisches Mosaik, das sich aus Millionen von Steinchen, beziehungsweise Momenten, zusammensetzt. Im Ganzen betrachtet verschmelzen sie zu einem ewigen Augenblick.

Einige Andenken trage ich ganz nah bei mir, an einer goldenen Halskette. Daran baumeln unter anderem Angelas Ehering und zwei Kreuze, die mir Sanne geschenkt hat, dazu ein Anhänger von Filippa aus buntem Murano-Glas.

> **Sanne:** Ich habe Fritz von einem Sylter Goldschmied ein goldenes Kreuz anfertigen lassen, das ein wellenartiges Muster ziert. Dieses stammt von einem echten und auf Sylt gefundenen Rückenknochen (Schulp) eines Tintenfisches. Laut der Wissenschaft kommt alles Leben aus dem Meer. Fritz liebt das Meer, ist ihm auch als passionierter Taucher und Surfer sehr verbunden. Das Kreuz ist ein Unikat, genau wie Fritz. Es soll ihn immer an die schönen Zeiten erinnern, die wir auf der Insel verbracht haben.

Mein Zuhause empfinde ich als Trutzburg voller wunderbarer Erinnerungen. Auf einem Mauervorsprung über meinem Bett stehen dicht an dicht Fotos von den Hochzeiten meiner

Kinder, von Enkeln in unterschiedlichen Altersstufen. Eine Aufnahme zeigt meine Schwiegermutter im Krankenbett, mit einem seligen Lächeln auf den Lippen und ihrem Urenkel im Arm. Das war ein Tag vor ihrem Tod. In einem Goldrahmen an der Wand hängt ein großes Foto meiner Mutter, die die Hand Richtung Kamera hebt. Es sieht aus, als winke sie mir zu. Auch Sophies erste Schreibversuche habe ich hinter Glas gebannt: »Lieber Papi, ich liebe dich«, steht in wackeligen Großbuchstaben auf einem vergilbten Zettel. Ein Post-it von Filippa klebt am Rand: »Aron traussen«, hat sie mir darauf notiert. Familie ist das, was zählt. Dafür lebe ich.

Meine gesammelten Glückselefanten

Mein Schlafzimmer ist wie ein heiliger Lebensschrein: Dort stehen auch indianische Kachina-Puppen, die ich aus Amerika mitgebracht habe, an der Decke hängt eine marokkanische Messinglampe und auf einem niedrigen Holztisch machen sich über 70 Elefanten breit, die ich aus aller Herren Länder zusammengetragen habe. Es sind Exemplare aus Holz, Onyx, Bernstein und Glas dabei, sogar ein afrikanischer, der aus einer Blechdose gefertigt wurde. Meine Tochter Filippa hat in der Schule einen Elefanten aus Ton geformt und ihn mir geschenkt. Was diese Dickhäuter alle gemeinsam haben: den Richtung Himmel zeigenden Rüssel, das soll Glück bringen. Bei mir hat es wohl funktioniert.

Ich sorge dafür, dass ich noch möglichst viele Glücksmomente erleben darf. Manche schaffe ich mir auch selber, das muss man, das ist wichtig. Das Glück fliegt einem nicht einfach so zu. 2020 habe ich mir einen Traumwagen gegönnt. Ich bin ja schon viele gute und sehr gute Autos gefahren – aber dieses ist perfekt. Ein Audi RS6-R in Nardograu mit 740 PS. Der ist in weniger als drei Sekunden von null auf hundert, das habe ich schon persönlich getestet. Wenn ich in dieses Auto einsteige, die Anlage aufdrehe oder durch einen Tunnel fahre, Gas gebe und den Sound des Wagens in mich aufnehme – da lacht mein Herz!

Bernie: Fritzis bester Freund Aron und sein 740-PS-Bolide, dessen Innenleben wie ein Zwölfender in der Brunft röhrt, beflügeln seine Sinne. Der Spaß sowie die Ablenkung sind für ihn lebensverlängernde Momente.

Aron nimmt im Wagen auf der Hinterbank Platz, wenn wir gemütlich unterwegs sind, darf er seinen Kopf aus dem offenen Fenster strecken und sich den Fahrtwind um die Ohren wehen lassen.

Wie viele gemeinsame Tage uns bleiben, weiß ich nicht. Denn Aron hat ein Melanom, genau wie ich. Seines wurde 2019 entdeckt und operiert. Im Januar 2020 hieß es, er sei krebsfrei. Doch es tauchten neue Metastasen auf. Arons Arzt riet mir: »Machen Sie sich noch eine schöne Zeit mit ihm.« Manchmal hüpft Aron rum wie ein junger Spund, dann merkt man gar nicht, dass er krank ist. So lange es uns möglich ist, werden wir daher das tun, was uns am meisten Spaß macht:

Wir sammeln Augenblicke und genießen sie.
Wir hoffen. Aber wir warten nicht mehr.

Filmografie

1954: Sauerbruch – Das war mein Leben
1955: Der dunkle Stern
1956: Das Abschiedsgeschenk
1956: Tischlein, deck dich
1957: Heute blau und morgen blau
1957: Rübezahl, der Herr der Berge
1958: Zwei Matrosen auf der Alm
1958: Der Pauker
1959: Der Engel, der seine Harfe versetzte
1959: Die Brücke
1960: Mein Schulfreund
1961: Frage Sieben
1961: Unsere kleine Stadt
1962: Zahlungsaufschub
1963: Der eingebildete Doktor
1963: Ein besonderer Abend
1963: Was Ihr wollt
1963: Um 8 Uhr kommt Sadowski
1963: Sonderurlaub
1963: Sonnenfinsternis
1963: Die Flucht der weißen Hengste
1963: Eine Nacht außer Haus
1963: Ein Sheriff für den Sarg (Kurzfilm)
1964: Elektra

1964: Eines schönen Tages

1964: Kennwort: Reiher

1965: Platons Gastmahl

1965: Späte Liebe

1965: Colombe

1965: Schlussrunde

1965: Olivia

1965: Die fünfte Kolonne (Fernsehserie, Folge *Besuch von drüben)*

1965: Die Geschäfte des Herrn Mercadet

1965: Drei Zimmer in Manhattan

1966: Wie wär's, Monsieur?

1966: Eine unerträgliche Stelle

1966: Alle mal herhören, auch die, die schwerhören

1966: Was jede Frau weiß

1966: Jeanne oder Die Lerche

1966: Hinter diesen Mauern

1966: Studenten (Fernsehserie)

1967: Wenn es Nacht wird auf der Reeperbahn

1967: Ein Schlaf Gefangener

1967: Das Attentat – Heydrich in Prag

1968: Othello

1968: Kolportage

1968: Der Arzt von St. Pauli

1969–1976: Der Kommissar (Fernsehserie)

1969: Tausendundeine Nacht (Fernsehserie)

1969: Kinder fallen nach oben

1969: Das Go-Go-Girl vom Blow-Up

1969: Der Mann mit dem Glasauge

1969: Auf der Reeperbahn nachts um halb eins

1970: The Games

1970: Nachbarn sind zum Ärgern da

1970: Schmetterlinge weinen nicht

1970: Wir haun die Pauker in die Pfanne
1971: Olympia-Olympia
1972: Sie nannten ihn Krambambuli
1972: Der Ehefeind
1972: Was geschah auf Schloss Wildberg?
1972: Cabaret
1974–1998: Derrick (Fernsehserie)
1974: Zinngeschrei
1977: Die Fälle des Herrn Konstantin (Fernsehserie)
1983: Der letzte Kampf
1989: Zwei Bayern im Weltall (Kanal fatal)
1993: Geschichten aus der Heimat – Blattschuss
1994–2001: Zwei Brüder (Fernsehserie)
1994: Drei zum Verlieben (Fernsehserie)
1995: Zwischen Tag und Nacht (Fernsehserie)
1995: Tierärztin Christine II: Die Versuchung (Fernsehserie)
1995: Drei in fremden Kissen
1996: Drei in fremden Betten
1996: Wir Königskinder
1998: Slalom (Kurzfilm)
1999: Die blaue Kanone
1999: Evelyn Hamanns Geschichten aus dem Leben
   (Fernsehserie)
2000: Hotel Elfie (Fernsehserie, Folge *Liebeskummer*)
2000–2004: Das Traumschiff (Fernsehserie, Samoa,
   Mexiko, Bali)
2001: Mord im Orient Express
2001: Zum Glück verrückt – eine unschlagbare Familie
2001: Vera Brühne
2001: Mord im Orient Express
2002: Der Bulle von Tölz, (Fernsehserie, Folge *Mord mit*
   Applaus)
2002: Hochwürden wird Papa

2002–2021: Um Himmels Willen

2003: In aller Freundschaft (Fernsehserie, Folge *Eifersucht*)

2003: Drei unter einer Decke

2004: Derrick – Die Pflicht ruft! (Zeichentrickfilm, Stimme von Harry Klein)

2004: Ein Gauner Gottes

2004: Ein Engel namens Hans-Dieter

2004: Männer im gefährlichen Alter

2004: Tatort, (Fernsehserie, Folge *Abseits*)

2004: Ein Gauner Gottes

2005: Unter weißen Segeln, (Fernsehserie, Folge *Odyssee der Herzen*)

2005: Nicht ohne meinen Schwiegervater

2005: Weißblaue Wintergeschichten (Fernsehserie)

2006: Das Weihnachts-Ekel

2006: Nicht ohne meine Schwiegereltern

2006: Kurhotel Alpenglück

2007: Rikets røst (norwegische Fernsehserie)

2007: Ein unverbesserlicher Dickkopf

2007: Weißblaue Geschichten (Fernsehserie)

2007–2017: Mord in bester Gesellschaft

2008: Das Traumhotel (Fernsehserie, Folge *Karibik*)

2008: Unser Mann im Süden (Fernsehserie)

2008: Alter vor Schönheit

2009: Baby frei Haus

2010: Gräfliches Roulette

2010: Vater aus heiterem Himmel

2011: Lindburgs Fall

2012: Alles außer Liebe

2014: Gamle venner (norwegischer Kurzfilm)

2016: Protokolle des Bösen (Fernsehserie)

Weitere Informationen zur Filmografie: https://www.imdb.com/name/nm0921202; abgerufen 15. Juni 2021

Auszeichnungen

1964: »Filmband in Gold, Bester Nachwuchsschauspieler«
(*Kennwort: Reiher*)

1970: »Bambi«, (*Der Kommissar*)

1971: »Silberner Otto«, TV-Star männlich

1971: »Bambi«, (*Der Kommissar*)

1972: »Bambi«, (*Der Kommissar*)

1975: »Bambi«, (*Der Kommissar*)

1981: »Goldene Kamera« (*Derrick*)

1990: »Romy, Beliebtester Nebendarsteller« (*Derrick*)

1990: Bambi, Unknockable Stars

2002: »Goldene Europa«

2003: »Deutscher Fernsehpreis, Bester Schauspieler in einer
Hauptrolle« (*Um Himmels Willen*)

2004: »Karl-Valentin-Orden«

2006: »Bayerischer Fernsehpreis Beste Seriendarsteller« (*Um
Himmels Willen*)

2009: »DIVA Merit Award«

2010: »Goldene Henne, Leserpreis Schauspiel« (*Um Himmels
Willen*)

2010: Bambi, (*Um Himmels Willen*)

2019: »Bayerischer Fernsehpreis für sein Lebenswerk«

2019: »Askania Lebenswerk Award«

Zu mehr Informationen siehe: https:// www.imdb.com/name/
nm0921202/awards; abgerufen 14. Juni 2021

Danksagung

Ich war lange unsicher, ob ich dieses Buch schreiben soll oder nicht. Jetzt bin ich unendlich froh, es getan zu haben. Daher möchte ich Sanne danken. Denn ohne sie gäbe es das Buch gar nicht. Sie war immer schon überzeugt davon, dass ich mein Leben zu Papier bringen muss. Sanne machte die ersten Tonaufnahmen, während ich aus meiner Vergangenheit erzählte. Sie schrieb erste Texte und schickte diese an Verlage. Nur so wurde aus einer reinen Idee etwas, das meine Familie, meine Freunde und alle, die es interessiert, in den Händen halten können.

Was immer auch passiert, etwas von mir bleibt.

Register

Die kursivierten Zahlen im Register verweisen auf die Abbildungen.

Bildnachweis

Innenteil

Sammy Hart Fotografie: 230 links u. rechts;
Susanne Kellermann: 24, 224, 239;
Alex Kempkens: 87;
Privat: 11, 18, 41, 50, 53, 57, 95, 155 (n.n.), 184, 202, 247, 284 (n.n), 290 (n.n);

Bildteil

ADAC: 8 Oben links;
Alamy/ Allstar Picture Library Ltd.: 4 Mitte;
Bauer Media Group: 10 Unten;
ddp images: 2 Oben rechts (pwe);
getty images/ Peter Bischoff: 6 Mitte, 7 Unten, 11 Unten, 15 Oben;
Sammy Hart Fotografie: 12 Oben rechts;
Rolf Hayo: 1 Unten;
imago images: 4 Unten (1972 Courtesy Everett Collection), 8 Oben rechts (Sammy Minkoff), 14 Unten (Sven Lambert);
Susanne Kellermann: 16 Unten;
Privat Archiv Fritz Wepper: 1 Oben u. Mitte links u. Mitte rechts , 2 Oben links, 3 Oben u. Unten (n.n.), 4 Oben, 5 Oben u. Unten (n.n.), 6 Oben rechts, 7 Oben (n.n.), 9 Oben u. Unten, 11 Oben (n.n.), 12 Oben links u. Unten, 13 Oben u. Unten, 14 Oben;
picture alliance: 2 Unten, 10 Oben u. Mitte (dpa/Georg Goebel), 15 Unten (dpa/ARD Degeto/Barbara Bauriedl), 16 Oben (dpa/Tobias Hase);
Schneider Press: 6 Oben links;
Süddeutsche Zeitung Photo/ Teutopress: 6 Unten;
Ullstein Bild: 8 Unten;
ZDF/Neue Münchner Fernsehproduktion, lizenziert durch ZDF Enterprises GmbH 2021: 11 Mitte;

Der Verlag hat sich bemüht, alle Rechteinhaber ausfindig zu machen, verlagsüblich zu nennen und zu honorieren. Sollte uns dies im Einzelfall aufgrund des Zeitablaufs und der schlechten Quellenlage bedauerlicherweise einmal nicht möglich gewesen sein, werden wir begründete Ansprüche selbstverständlich erfüllen.